DROEMER

Über das Buch:
Leonid Wolkow, ein enger Vertrauter des seit Januar 2021 inhaftierten Dissidenten Alexei Nawalny, legt mit augenöffnenden Analysen und anhand persönlicher Erfahrungen die brutale imperialistische Dynamik in Putins Reich offen und zeigt, was man in Deutschland und Europa nicht wahrhaben wollte. Wer Russland, Putin und die Vorgeschichte der Invasion in die Ukraine wirklich verstehen will, kommt an diesem brisanten Buch nicht vorbei.

Über den Autor:
Leonid Wolkow (Jg. 1980) leitete 2013 die Kampagne Alexei Nawalnys bei der Moskauer Bürgermeisterwahl, 2018 als Stabschef dessen Präsidentschaftswahlkampf. Seit 2019 lebt er in Litauen, von wo aus er für Alexei Nawalnys Antikorruptionsstiftung arbeitet. Für sein Engagement verlieh ihm die Theodor Heuss Stiftung 2023 den 58. *Theodor Heuss Preis*.

Leonid Wolkow

PUTINLAND

DER IMPERIALE WAHN, DIE RUSSISCHE OPPOSITION UND DIE VERBLENDUNG DES WESTENS

DROEMER

Besuchen Sie uns im Internet:
www.droemer-knaur.de

MIX
Papier | Fördert gute Waldnutzung
FSC® C083411

Erweiterte Taschenbuchausgabe Februar 2024

Die Originalausgabe erschien 2022 im Droemer Verlag.

Ein Imprint der Verlagsgruppe
Droemer Knaur GmbH & Co. KG, München

Lektorat: Olga Kouvchinnikova-Hoppmann und Ingolf Hoppmann
Redaktion: Jan Strümpel
Covergestaltung: Verlagsgruppe Droemer Knaur
Coverabbildung: MIKHAIL KLIMENTYEV / SPUTNIK / AFP via Getty Images
Satz und Layout: Adobe InDesign im Verlag
Druck und Bindung: CPI books GmbH, Leck
ISBN 978-3-426-44663-8

2 4 5 3

Mit Vertrauen
in die europäische Zukunft
Russlands

Inhalt

Vorwort zur erweiterten Taschenbuchausgabe

Als ich im Mai und Juni 2022 das Buch *Putinland* schrieb, war nicht abzusehen, welchen Charakter der drei Monate zuvor von Putin losgebrochene Krieg in der Ukraine annehmen würde. Niemand konnte ahnen, wie lange er dauert. Ich konzentrierte mich damals auf die Frage nach den Ursachen dieses Krieges, wie es dazu kommen konnte, dass Russland seinen traurigen Weg von einer Fast-Demokratie zu einem aggressiven Totalitarismus gegangen war. Der Verlag und ich meinten, dies sei für westliche Leserinnen und Leser besonders interessant. Trotzdem wollte ich nicht nur erzählen, wie der Putinismus entstand, ich wollte auch einige Prognosen für die weitere Zukunft wagen. Unter anderem sagte ich, dass dieser Krieg ein langer Krieg werden würde. Und ich sprach davon, welche Aufgaben der Zivilgesellschaft in einem künftigen demokratischen Russland bevorstünden.

Im Juni 2022 mochten solche Prognosen gewagt wirken. Aber als ich das Buch zur Vorbereitung dieser erweiterten Ausgabe noch einmal las, sah ich, dass es an dem, was ich damals geschrieben hatte, nichts Wesentliches zu verändern gab. Meine Einschätzungen erwiesen sich im Großen und Ganzen als zutreffend. Schien es damals, in der dynamischsten Phase von Putins Krieg gegen die demokratische Ukraine, vielleicht nicht der rechte Zeitpunkt, darüber nachzudenken, auf welchen Fundamenten Putins Machtsystem errichtet ist, so hat diese Frage jetzt, da der Krieg sich festgefahren hat, umso größere Aktualität.

Putin hat den schnellen Sieg, mit dem er so fest rechnete, nicht bekommen. Aber auch die Ukraine hat keinen schnellen Sieg errungen. Der Krieg dauert nun schon sehr lange und wird leider, leider noch viel länger dauern. Das bedeutet, dass sein Ausgang in hohem Maße nicht auf dem Schlachtfeld entschieden werden wird, sondern abhängt von der Reife der gesellschaftlichen Institutionen, der Wendigkeit der politischen Systeme, der Anpassungsfähigkeit der Wirtschaft beider Kriegsparteien. Deshalb bleibt die Frage, wie »Putinland« aufgebaut ist, weiterhin sehr wichtig und aktuell.

Diesem Buch, das Sie gerade in der Hand halten, wurden für seine zweite, aktualisierte Ausgabe fünf Kapitel hinzugefügt, die ich im Frühherbst 2023 geschrieben habe. Darin erzähle ich, was in diesen anderthalb Jahren des Krieges geschehen ist, mit Putin und seinem Umfeld, in der russischen Politik, mit der russischen Zivilgesellschaft. Es hat Veränderungen gegeben, die so tiefgreifend sind, wie sie vorhersehbar waren. Putin hat sich und sein System an den Rand der Katastrophe gelenkt. In dieser Katastrophe, davon bin ich überzeugt, werden er und seine Schergen untergehen. Uns aber wird sie die Chance für einen Neuanfang bieten, sie wird Russland den Weg in eine demokratische Zukunft ebnen. Um diese demokratische Zukunft wirklich aufbauen können, müssen wir das gegenwärtige Russland verstehen – damit wir den Weg in die richtige Richtung gehen und die Fehler, die wir in unserer jüngsten Geschichte begangen haben, die Fehler, die den Putinismus möglich gemacht haben, nicht noch einmal begehen.

Vilnius, im Oktober 2023

Einführung

Im November 2021 fuhr ich nach Washington zu Gesprächen mit US-amerikanischen Politikern. Wir diskutierten, wie Alexei Nawalny frei zu bekommen sei, auf welche Weise sich der Druck auf Putins Regime erhöhen ließe, wie ein Wandel in Russland bewirkt werden könnte. Wir besprachen ein mögliches Szenario für die Zukunft Russlands. Ab einem bestimmten Moment fiel mir jedoch auf, dass meine Gegenüber nicht mehr recht bei der Sache waren, dass ihre Gedanken abschweiften. Sie fragten mich stattdessen immer wieder, was ich zum unmittelbar bevorstehenden, unvermeidlichen Krieg in der Ukraine dächte. Ich wunderte mich. Ich glaube, ich musste sogar lächeln. Was für ein Krieg? Wovon reden die?

Für einen Krieg gebe es in der russischen Gesellschaft keine Unterstützung, antwortete ich. Und es herrsche auch nicht die propagandistisch herbeigeführte Hysterie, die notwendig wäre, um einen Krieg zu beginnen. Die Tatsache, dass Putin an der ukrainischen Grenze Truppen zusammenzog, bedeutete meiner Meinung nach nicht, dass er die Ukraine tatsächlich angreifen wollte. Militärische Drohkulissen waren ihm schon öfter als probates Mittel erschienen, um die westlichen Staatsoberhäupter zu beunruhigen und an den Verhandlungstisch zu zwingen, das war immer eine Art Erpressungsmethode gewesen. Aber im 21. Jahrhundert einen richtigen Krieg anzufangen, das wäre doch purer Wahnsinn.

Was dort gerade vor unseren Augen geschehe, entgegneten meine Gesprächspartner, seien definitiv Kriegsvorbereitungen.

Es bestehe kein Zweifel daran, dass Putin einen Angriff auf die Ukraine plane, sie hätten verlässliche Informationen darüber. Ich hörte mir das an und dachte: Was für ein Unsinn. Ihr habt Putin offenbar all die Jahre hindurch nicht verstanden. Ihr begreift nicht, dass er nicht von irgendwelchen wahnsinnigen geopolitischen Ambitionen getrieben ist, sondern allein von dem Wunsch, sich grenzenlos zu bereichern und auf ewig an der Macht zu bleiben.

Putin ist ein kleines Licht, er folgt niederen Beweggründen. Das belegt zum Beispiel die Geschichte seines Schlosses am Schwarzen Meer. Als im Januar 2021 der Dokumentarfilm »Ein Palast für Putin« herauskam, eine Recherche der Antikorruptionsstiftung FBK von Alexei Nawalny, war Putin rasend vor Wut. Er ließ die Demonstrationen und Protestaktionen, die daraufhin in vielen russischen Städten stattfanden, mit beispielloser Härte unterdrücken. Nawalny selbst ließ er ins Gefängnis werfen aufgrund eines »Gerichtsurteils«, das nur eine Verhöhnung des Rechtsprinzips zu nennen ist.

Warum hatte dieser Film Putin buchstäblich ins Mark getroffen? Von der Existenz des Schlosses wusste man längst, bereits 2010 wurde darüber berichtet. Aber dieser Film ermöglichte dem Publikum einen direkten Blick in Putins Kopf. Wir hatten öffentlich gemacht, was für ein armseliger und lächerlicher Mensch Russlands Präsident ist. Man sieht einen Mann, der seit zwanzig Jahren unvorstellbare Macht besitzt, der über endlose Dollar-Milliarden aus Öl- und Gasverkäufen verfügt und damit über die Möglichkeit, in seiner Heimat blühende Landschaften zu erschaffen. Was hätte ein ambitionierter Staatschef mit solch unbegrenzten Ressourcen in dieser Zeit nicht alles bewirken können! Wissenschaft und Technik, Industrie und Landwirtschaft, das Gesundheitssystem, das Bildungssystem, die gesamte Infrastruktur hätte er auf ein internationales Spitzenniveau heben können. Und was tut er? Lässt sich einen gigantischen, nutzlosen, unfassbar kitschigen Palastklotz bauen, ein Monstrum aus Gold und rotem Samt – womit sich der kleine Wolodja Putin aus dem zwielichtigen Leningrader Bezirk Ligowka offenkundig einen Kindheitstraum erfüllt hat.

Keinen Staatsmann historischen Formats zeigte dieser Film, keinen großen Politiker, der mit visionärem Blick und schöpferischer Kraft die Zukunft seines Landes gestaltet, sondern einen schlichten Geist, der die Gunst des Zufalls genutzt hatte, um sich die Macht über eines der reichsten Länder der Welt anzueignen, und dem nichts Besseres einfiel, als diese Macht zur Erfüllung privater Bedürfnisse zu verwenden. Jetzt stand für alle sichtbar der Putin da, den wir in unserer oppositionellen Arbeit schon seit Langem gesehen hatten.

Unsere westlichen Freunde wollten nicht verstehen, wie Putin tickte, deshalb schätzten sie die Vorgänge in seiner Machtzentrale oft falsch ein. Aber nun lagen sie richtig, und wir hatten uns geirrt, schrecklich geirrt. Am 24. Februar 2022 begann der größte Krieg auf europäischem Boden seit dem Ende des Zweiten Weltkrieges. Alle unsere Prognosen stellten sich als falsch heraus. Wir dachten, wir hätten den Putinismus verstanden, wir glaubten zu wissen, wie er funktioniert. Wir sagten, Putin wird keinen Krieg gegen die Ukraine anfangen, weil er deren Armee nicht besiegen kann und weil solch ein Krieg die russische Wirtschaft in den Ruin treibt. Wir dachten, er ist zwar ein Verbrecher, ein Mensch ohne Skrupel, aber er ist nicht verrückt, er weiß Nutzen und Schaden einer Handlung rational gegeneinander abzuwägen und macht letztlich, was ihm und seinen Freunden die Möglichkeit gibt, sich weiter zu bereichern und für immer an der Macht zu bleiben.

Am 24. Februar 2022 beging Wladimir Putin den größten Fehler seines Lebens. Er hat sich katastrophal verrechnet. Putin wollte innerhalb von 72 Stunden Kiew erobern und die ukrainische Armee zerschlagen. Das hat nicht geklappt. Er dachte, dass die russischsprachigen Städte der Ostukraine seine Soldaten mit Brot und Salz empfangen, ihnen Blumen vor die Panzer streuen. Das Gegenteil war der Fall. Er dachte, er könne alle überrumpeln, und der Westen würde wie schon so oft passiv verharren. Auch darin hat er sich getäuscht. Der Westen hat mit nie da gewesenen Sanktionen reagiert, die Konsequenzen für die russische Wirtschaft sind verheerend. Ja, Putin hat sich verrechnet, aber inzwischen wissen wir auch, dass er im Rahmen seines Denksystems völlig rational entschieden hat, nur auf der Grundlage vollkommen falscher Informationen.

Die Schuld an dieser Tragödie, die sich seit Beginn des Jahres 2022 in Osteuropa abspielt, hat vor allem Wladimir Putin zu verantworten. Trotzdem wäre es zu einfach zu sagen, nur Putins Handeln habe zu dem Krieg und in die heutige Katastrophe geführt. Nach einem Treffen mit Putin 2014 soll Angela Merkel einen Satz gesagt haben, der berühmt wurde: Sie sei nicht sicher, ob er noch »in touch with reality« sei, er habe womöglich den Bezug zur Realität verloren.

Das war eine absolut zutreffende Diagnose. Aber ihr folgte keine Therapie. Einfach zu konstatieren, dass eine Nuklearmacht mit ständigem Sitz im UN-Sicherheitsrat von einem Mann geführt wird, der den Bezug zur Realität verloren hat, war zu wenig. Man akzeptierte Putin weiterhin als legitimes Staatsoberhaupt, man traf sich mit ihm, redete mit ihm, Russland nahm an allen möglichen internationalen Formaten teil, auch am G20-Gipfel, man drückte ihm die Hand und versuchte, den Dialog aufrechtzuerhalten. Als ließe sich mit einem Mann, der in einer Parallelwelt lebt, ein wirklicher Dialog führen.

Nach der Annexion der Krim im Jahr 2014 wurden Sanktionen gegen Russland beschlossen, die eher symbolische Bedeutung hatten und praktisch wirkungslos blieben. Ich denke, dass man im Kreml bei jeder neuen Sanktion damals die Korken knallen ließ, hieß das doch nur neues Futter für die Propaganda. Da seht ihr ja, konnte man sagen, der Westen will uns die Luft abschnüren, jeden Tag rückt der Feind näher an unsere Grenzen heran. Jetzt müssen wir zusammenhalten, unsere Reihen schließen, uns hinter unserem großen Führer versammeln, denn nur Putin weiß, wie wir uns wirksam verteidigen können gegen die immer größer werdende Gefahr aus dem Westen! Der Westen bedroht unsere Existenz, wegen ihm verdienen die Menschen bei uns so wenig und bleibt der Lebensstandard so niedrig. Für jedes Problem, mit dem der einfache russische Bürger zu kämpfen hat, kennt die Propaganda die Universalantwort: Der Westen mit seinen Sanktionen ist schuld.

Währenddessen entfernte sich Putin immer weiter von der Wirklichkeit. Besonders kritisch wurde es seit Beginn der Corona-Pandemie. Aus Angst vor dem Virus isolierte er sich praktisch vollständig von der Außenwelt. Seine Kontakte beschränkten sich bald auf den engsten Kreis weniger hochrangiger Generäle und ausgewählter Funktionäre, mit denen er sich, wie wir inzwischen wissen, vor allem mit der Planung seines Krieges beschäftigte. Der Westen kaufte unterdessen weiterhin fleißig Öl und Gas von Russland, ließ weiterhin Tag für Tag Milliarden Dollar, Euro und Pfund in Putins Kassen fließen und finanzierte ihm seinen persönlichen Luxus genauso wie seine Kriegsvorbereitungen.

Und so landeten wir da, wo wir heute sind. Weil wir Putin eben doch nicht wirklich verstanden haben und weil wir die Entwicklung, die in Russland vor unseren Augen vonstattenging, nicht ernst genug genommen haben. Der Westen hat verschlafen, was direkt vor seinen Augen passierte: die Metamorphose eines halbwegs demokratischen Landes zu einem vollständig faschistischen System, einen Aggressor, eine Gefahr für die gesamte Welt.

Dieses Buch sucht nach Antworten auf die Frage, wie all dies möglich wurde. Wie konnte dieses Russland, auf das wir nach dem Zerfall der Sowjetunion so viele Hoffnungen gesetzt hatten, das anfangs einen so vielversprechenden Weg der Demokratisierung eingeschlagen hatte, zu einem so leichten Opfer eines blassen politischen Emporkömmlings werden, dessen einzige herausragende Qualitäten seine diktatorischen Allüren und sein Drang nach Selbstbereicherung sind? Wie konnte es geschehen, dass maßlose Korruption zum Fundament des russischen Regierungssystems wurde, die das Land in Willkür, Repression und schließlich in den Krieg trieb?

Ich habe den Zerfall des russischen Rechtsstaats aus nächster Nähe miterlebt, an der Seite von Alexei Nawalny, dem Begründer der stärksten Oppositionsbewegung Russlands. Wir haben in den vergangenen zehn Jahren darum gekämpft, ein Gegengewicht zum System Putin zu schaffen. Wir arbeiteten an politischen Strukturen, die es möglich machen sollten, nach Putins Ende die Entwicklung einer demokratischen Gesellschaft voranzutreiben.

Vieles, was wir uns vorgenommen hatten, blieb ohne Erfolg, denn Putin ist noch immer an der Macht. Aber unsere Arbeit war nicht sinnlos. Ich möchte davon erzählen, wie tiefgehend sich die russische Gesellschaft in den letzten zehn Jahren tatsächlich verändert hat, sodass man trotz allem mit Optimismus in die Nach-Putin-Zeit schauen kann. Ich denke, ich kann zeigen, dass dem Russland nach Putin nicht ein neues Chaos wie nach dem Zerfall der UdSSR bevorsteht, dass es keine neue Diktatur geben wird.

Ich wehre mich gegen den Gedanken, die russischen Bürger seien nicht fähig zur Demokratie. Ich weigere mich zu glauben, dass auf dem riesigen Territorium der Russischen Föderation kein normales europäisches Land entstehen könne, ein Land mit einer echten Demokratie, mit funktionierenden Institutionen und einer Rechtsstaatlichkeit, die diesen Namen auch verdient. Der Gedanke, dass sich mein Land niemals in diese Richtung entwickeln könne, ist reine Russophobie. Vor allem hat er nichts mit der Realität zu tun. Er gründet nicht auf Fakten, sondern auf sehr falschen Vorstellungen von den politischen Gegebenheiten der russischen Gesellschaft.

Ich bin Mathematiker, nach dem Studium habe ich mehrere Jahre als IT-Spezialist gearbeitet. Als Diplomat, Journalist oder Politiker wurde ich nicht ausgebildet. Mein Weg in die Politik hat sich zufällig ergeben, weil ich in einem bestimmten Moment den Wunsch verspürte, mich für den demokratischen Wandel in meinem Land zu engagieren. Nach vielen turbulenten Wendungen war ich gezwungen, Russland zu verlassen. Heute lebe ich im Ausland und erfülle gewissermaßen die Aufgaben eines Außenministers der russischen Opposition. Ich bin auf Reisen, treffe westliche Politiker, diskutiere mit Experten, berate mich mit Politologen, spreche mit Journalisten.

80 Prozent meiner Tätigkeit besteht darin, Fragen zu beantworten. Ich weiß, dass man die richtigen Fragen stellen muss, wenn man treffende Antworten bekommen will. Oft erlebe ich, dass Menschen die falschen Fragen stellen. Zum Beispiel, warum die Russen sich das alles gefallen lassen, warum sie nicht massenweise auf die Straße gehen und Putin davonjagen. Wer so fragt, geht schon davon aus, dass die Russen schwach und feige und willenlos seien, der tut so, als könne man eine Diktatur einfach so stürzen. Manche fragen auch direkt, warum denn alle Russen Putin unterstützen, als wüssten sie, dass es tatsächlich so ist, als ließe sich methodisch zuverlässig messen, welchen Grad der Unterstützung Putin bei der russischen Bevölkerung tatsächlich genießt.

Dieses Buch kann sicher nicht alle Fragen über Russland beantworten. Aber es will die richtigen Fragen stellen und bei der Suche nach Antworten helfen, für ein besseres Verständnis dessen, was mit meinem Land passiert ist. Wladimir Putin hat in Russland eine faschistische Diktatur errichtet, und die Welt hat es geschehen lassen. Sie hat es verschlafen, ihm rechtzeitig Grenzen aufzuzeigen und Widerstand zu leisten. Das ist tragisch. Aber wie ein Blick in die Menschheitsgeschichte zeigt: Vieles lernt man nur durch schmerzhafte Erfahrung. Das Grauen der beiden Weltkriege hat in Europa vieles zum Positiven verändert. Die Menschen haben daraus gelernt. Nicht nur für die ukrainische Gesellschaft wird es eine Zeit nach dem Krieg geben, sondern auch für die russische. Eine Zeit, in der man sich daranmachen wird, Zerstörtes zu heilen, und sich neu auf ein Zusammenleben in Frieden besinnt.

Russlands »wilde Neunziger«

Als im Jahr 1991 die Sowjetunion zerfiel, verschwand mit ihr neben dem System der Planwirtschaft auch das totalitäre politische System. Im Leben der russischen Bürger, die bis eben noch »Sowjetmenschen« gewesen waren, kamen plötzlich fremdartige Begriffe wie Glasnost, Demokratie, Pluralismus und Konkurrenz auf und beanspruchten Geltung. Die Gesellschaft erlebte somit kardinale Veränderungen in zwei zentralen Lebensbereichen zugleich, in Politik und Wirtschaft. Diese Parallelität musste sich nicht zwangsläufig ergeben. Es gibt Länder mit totalitärer politischer Struktur, die von der Plan- zur Marktwirtschaft übergingen, ohne ihr politisches System zu ändern, China etwa. Und es gibt Länder mit funktionierender Marktwirtschaft, die ihre pluralistische Gesellschaft zu einem totalitären oder semi-totalitären System umgebaut haben, in dem divergierende Meinungen nicht geduldet werden; das klassische Beispiel dafür ist Singapur.

Die Menschen jedoch, die Anfang der 1990er-Jahre auf dem Gebiet der Sowjetunion lebten, erfuhren die systemischen Veränderungen in Wirtschaft und Politik als einen einzigen zusammenhängenden Kollaps, und vermutlich war das eine zu große Erschütterung. Man führe sich vor Augen, was allein der abrupt, ja schockartig vollzogene Wechsel von der staatlich gelenkten Planwirtschaft zur freien, konkurrenzgesteuerten Marktwirtschaft für die Menschen bedeutete. Sie, die bis eben noch diktatorisch beherrscht wurden, mussten sich rasend schnell ihnen bis dahin völlig unbekannte Zusammenhänge erschließen. Sie mussten fast den gesamten Erfahrungsschatz ihres bisherigen Lebens innerlich entsorgen und mühsam Dinge lernen, die ihren westlichen Zeitgenossen in Fleisch und Blut steckten. Solch elementare Dinge wie: Was ist eigentlich Geld?

Moment mal, höre ich Sie sagen, Geld gab es doch auch vorher schon! Es gab die sowjetischen Rubel, das stimmt. Es gab auch Geschäfte, in denen man mit ihnen einkaufen konnte. Es gab vieles, was äußerlich aussah wie im Westen. Aber was heißt das schon? So gesehen, gab es in der Sowjetunion auch politische Wahlen. Alle paar Jahre fand eine Veranstaltung statt, bei der die Leute in ein Wahllokal gingen, dort gab es Wahlurnen und Wahlkabinen für die Stimmabgabe, und man bekam einen Wahlzettel, darauf musste man sein Kreuzchen machen und ihn dann in die Urne einwerfen. Aber bekanntlich waren das keine Wahlen, die ihren Namen verdienten. Auf dem Zettel stand nur ein einziger Kandidat, und man konnte nicht einmal mit Nein stimmen. An einen Machtwechsel durch Wahlen war selbstredend nicht zu denken. Das Ganze war eine Theateraufführung, die die Regierung aus unerfindlichen Gründen weiter auf dem Programm beließ, obwohl man sie auch gleich ganz hätte absetzen können.

Genauso war es mit dem Geld. Äußerlich gesehen hatten diese bunten Scheinchen, bedruckt mit unterschiedlichen Zahlen, große Ähnlichkeit mit Zahlungsmitteln. Aber kaufen konnte man sich damit spätestens seit den Achtzigerjahren eigentlich nichts mehr. Um in den Besitz gewöhnlicher Konsumgüter zu gelangen, half Geld nicht allzu sehr, man brauchte gewisse Bezugskarten oder, sehr wichtig, einen guten Platz in der Warteschlange oder, noch besser, gute Beziehungen. Wenn ich sage, dass ein Sowjetmensch im Grunde nicht wusste, was Geld ist, übertreibe ich nicht. Und als er im Jahr 1991 urplötzlich in der Marktwirtschaft aufwachte, hatte er absolut keine Ahnung, wie das funktionierte. Er fand sich einer komplett neuen Realität gegenüber und musste lernen, und zwar schnell. Denn es ging um elementare Fragen. Was ist Privatwirtschaft? Wie geht Unternehmertum, Preisgestaltung? Was ist meine Arbeitsleistung wirklich wert? Und es gibt da diese Banken, dort lagert mein Geld, aber es lässt sich anscheinend auch mittels Aktien vermehren. Klingt gut, wie funktioniert das?

Dieser Lernprozess war für viele Menschen ziemlich schmerzhaft. Die frühen Neunziger waren ein Eldorado für Trickbetrüger. Kleine und große Gauner arbeiteten nach dem berüchtigten Ponzi-Schema, einem Schneeball- oder Pyramidensystem. Sergei Mawrodi, der mit seiner Aktiengesellschaft MMM geschätzt an die 15 Millionen Menschen um ihr Erspartes brachte, war wohl der bekannteste und virtuoseste Finanztrickser in Russland. Da die Leute keinerlei Vorstellung davon hatten, wie ein freies Finanzsystem funktioniert, kam es ihnen nicht weiter seltsam vor, dass man irgendwo 100 Rubel einzahlte und eine Woche später 300 Rubel zurückbekam. Für sie war das ganz logisch: Man kauft Aktien, die Aktien steigen im Kurs, und dann verkauft man sie für das Dreifache, so muss es sein, so hatten sie es irgendwo gelesen.

Die Bürger landeten aber nicht nur über Nacht in einem neuen Wirtschaftssystem, in das sie sich von null an hineindenken mussten. Sie verloren zugleich das Wirtschaftssystem, mit dem sie aufgewachsen waren, das ihr Leben, ihr Bewusstsein geprägt hatte. Für den normalen Sowjetbürger hatte die Planwirtschaft Stabilität bedeutet, Verlässlichkeit und Vorhersehbarkeit. Man ging jeden Tag zur Arbeit in seine Fabrik, leistete seine Stunden ab und ging wieder nach Hause. Man hatte gewissermaßen die Sicherheit eines Beamtendaseins. Die Fabrik stellte natürlich auch etwas her, irgendein Produkt. Was das für ein Produkt war, konnte dem Arbeiter egal sein. Man hatte seine Norm zu erfüllen, sagen wir 100 Stück am Tag, damit hatte man seinen Teil erledigt. Wer ehrgeizig war, fertigte

110 Stück und erhielt eine Prämie oder eine Belobigung. Ob es für dieses Produkt eine Nachfrage gab, ob es sich verkaufen ließ und wie, das spielte für den gewöhnlichen Arbeiter keine Rolle. Er produzierte für den Fünfjahresplan, der in den schummrigen Büros der staatlichen Planungskommission geschrieben wurde.

Dort interessierte man sich auch nicht immer für die realen Bedürfnisse der Bürger. So konnte es passieren, dass Produkte aus der einen Fabrik in der einen kleinen Stadt in einer anderen Fabrik in einer anderen kleinen Stadt von anderen Arbeitern wieder auseinandergebaut und entsorgt wurden, weil sich herausgestellt hatte, dass dieses Produkt gar nicht in dieser Stückzahl gebraucht wurde. Trotzdem lief die Produktion weiter, weil sich erst mit dem nächsten Fünfjahresplan etwas daran ändern ließ. Aber für den Arbeiter war das nicht wichtig. Er hatte seinen sicheren Arbeitsplatz, den ihm der Staat garantierte, egal ob die Arbeit gebraucht wurde oder nicht.

Und auf einmal kam die Marktwirtschaft, plötzlich herrschten die Gesetze des Marktes, nach denen nur eine Existenzberechtigung hat, wofür es eine Nachfrage gibt. Und all diese kleinen Fabriken in all diesen kleinen Städten, die nach bürokratisch aufgestellten Fünfjahresplänen irgendwelche Produkte herstellten, verloren mit einem Schlag ihre Existenzberechtigung. Das war die totale Katastrophe, zumal es viele »Monostädte« mit nur einer einzigen produzierenden Fabrik gab, von der alle Bewohner abhingen. So verloren etliche Millionen Menschen ihre Arbeit und ihre Existenzgrundlage. Sie blieben ohne jede Perspektive, ohne Aussicht, eine andere Arbeitsstelle zu finden, denn in den Monostädten gab es keine andere Arbeit. Millionen junger Menschen wurden in den Alkoholismus oder in die Kriminalität getrieben. Hunderttausende starben in den Kämpfen rivalisierender Banden, die sich vor allem in den großen Städten auf den Trümmern der sowjetischen Wirtschaft rasch ausbreiteten und die neu entstehenden Wirtschaftsunternehmen unter ihre Kontrolle zu bringen versuchten. Von daher kommt das Wort von den »wilden Neunzigern«, das im Vokabular der russischen Bürger fest verankert ist. In dieser Zeit machten viele Millionen Menschen traumatische Erfahrungen: Sie sahen ihr Leben scheitern und konnten nicht einmal begreifen, wodurch sie das verschuldet hatten.

Natürlich gab es auch solche, die sich der Realität sehr schnell anpassten, die die neuen Regeln sofort begreifen und anwenden konnten, die sehr gute Geschäfte machten und sehr viel Geld verdienten. In dieser Zeit entstand der Begriff vom »Neuen Russen«. Er steht für die besondere Spezies, die sich in diesem weitgehend konkurrenzlos bespielbaren Feld wunderbar zurechtfand, die sich grenzenlos bereicherte und ihr leicht und schnell zusammengerafftes Geld benutzte, um sich mit grotesker Pracht zu umgeben.

Neben der Planwirtschaft war, wie gesagt, auch das Staatswesen zusammengebrochen. Das System des totalitären Monopolismus in den Händen einer kommunistischen Einheitspartei war zerfallen. Am 4. März 1990 fanden die ersten freien Parlamentswahlen der Russischen Föderation statt. Es gab konkurrierende Kandidaten und sogar einen richtigen Wahlkampf. Die Städte waren mit Plakaten nur so zugepflastert, Menschen aller Altersklassen, auch viele junge Leute, drängten in die Politik, bewarben sich um ein Abgeordnetenmandat im Obersten Sowjet oder um einen Sitz in einem Regionalparlament. Für eine erfolgreiche Bewerbung brauchte es nicht viel, man musste nur gut reden können und ein halbwegs sinnvolles Wahlprogramm schreiben, mit dem man die Leute beeindruckte. Das reichte vollkommen, schließlich hatten alle etwa die gleichen Voraussetzungen, alle waren mehr oder weniger unbeschriebene Blätter ohne jede Demokratieerfahrung. Die Vorstellungen davon, wie demokratisch legitimierte Politik funktionieren sollte, waren unter den aktiven Politikern genauso naiv wie unter den Menschen, die sie wählen sollten. Die frisch aus der Taufe gehobenen Parteien waren keine ideologisch grundierten Verbände, sondern eher spontane Zusammenschlüsse um eine charismatische Persönlichkeit. Die neue politische Realität war also ähnlich chaotisch wie die wirtschaftliche.

Das wirtschaftliche und das politische System kollabierten zur gleichen Zeit, was nicht heißt, dass hier ein ursächlicher Zusammenhang bestand. Den postsowjetischen Massen haben sich beide Ereignisse gleichwohl als eine einzige Katastrophe ins Bewusstsein eingeschrieben. Die Neunzigerjahre sind ihnen in Erinnerung geblieben als die schwerste Zeit ihres Lebens – als Phase eines existenzbedrohenden wirtschaftlichen Chaos wie der politischen Unsicherheit. Die gerade geborene Demokratie bedeutete ihnen nicht neu gewonnene Freiheit, sondern sie stand für Unwägbarkeit und Schrankenlosigkeit und wurde als bedrohlich empfunden. Überall sprossen Parteien aus dem Boden, ständig erschienen unbekannte, schillernde Politikergestalten, die lautstark miteinander konkurrierten. All das verwob sich im Bewusstsein der Bürger zu der bleibenden Empfindung eines katastrophischen Traumas. Und das eben machte es später Wladimir Putin so leicht, der russischen Bevölkerung sein politisches Mantra zu verkaufen: Demokratie ist schlecht, Demokratie ist eine Katastrophe, Demokratie heißt Armut, Demokratie heißt Finanzpyramide, Bandenkämpfe, Demokratie ist Chaos, Demokratie ist etwas, das ihr nicht braucht.

In der Sowjetunion lebten 280 Millionen Menschen, in Putins Russland leben noch 140 Millionen Staatsbürger. Der Zusammenbruch des sowjetischen Imperiums war eine Folge seiner Niederlage im Kalten Krieg. Diese Niederlage empfanden viele Menschen als eine Kränkung, für die es keine Revanche gab. Ich denke, man kann das, was in den Köpfen vieler Russen geschah und von Putin für den Aufbau seiner Diktatur leider so erfolgreich genutzt werden konnte, mit einigem Recht als Versailles-Syndrom bezeichnen. Man fühlte sich, ähnlich wie die Deutschen nach ihrer Niederlage im Ersten Weltkrieg 1918, schuldlos gekränkt und ungerecht behandelt. Nachdem der Westen die Sowjetunion im Kalten Krieg besiegt hatte, vergaß er Russland für einige Zeit, ließ das zerfallende Imperium mit seinen Problemen allein. Es gab keinen Marshallplan, der geholfen hätte, die russische Wirtschaft wiederaufzubauen und in die Weltwirtschaft zu integrieren.

Natürlich hatte die Welt genug eigene Probleme und akute Konfliktherde. Und anscheinend dachte man, das große Russland mit seinem riesigen Territorium und all seinen natürlichen Ressourcen, mit seinen begabten Ingenieuren und agilen Unternehmern werde schon allein zurechtkommen. Das tat es ja zunächst auch. In den Nullerjahren gab es ein enormes Wachstum, das Russland unter die führenden fünf Wirtschaftsnationen der Welt katapultierte. Viele Städte blühten wieder auf, die russische IT-Branche drängte in den Weltmarkt. Die magische Hand des Marktes, auf die die liberalen Reformer der Neunziger vertraut hatten, tat also doch das Ihre. Aber das einmal erlittene nationale Trauma war aus dem kollektiven Gedächtnis der Russen nicht auszulöschen: Wir wurden ungerecht behandelt, unser Land ist in Stücke zerbrochen, keiner hat uns geholfen, man hat uns in schwierigster Zeit allein gelassen, wir sollten verrecken. Und zweifellos hatte die Zeit der schwersten Entbehrungen in der Seele vieler Russen tiefe Narben hinterlassen. Fast zum Symbol dieser Zeit wurde die karierte Jumbo-Falttasche aus Plastik. So mancher schlecht bezahlte Lehrer fuhr mit solchen Monstertaschen in die Türkei, kaufte dort billige Klamotten ein und verscherbelte sie in Russland mit marginalem Gewinn auf irgendeinem dieser trübseligen improvisierten Straßenmärkte, die das ganze Land überzogen.

Sicher ist nur allzu verständlich, dass die Mehrheit der Bevölkerung nach den ersten euphorischen Jahren der Demokratisierung, in denen so mancher wendige Neupolitiker mit ein wenig Schwung und vielen schönen Worten Karriere machte, angesichts jahrelanger Stagnation nichts mehr auf schöne Worte geben wollte und sich kompetentere Entscheider, vor allem fähige Ökonomen, in der politischen Verantwortung wünschte. Die Menschen wollten Sicherheit und Berechenbarkeit, sie wollten, dass ihr Lohn pünktlich bezahlt wurde, sie wollten Stabilität. Das alles konzentrierte sich im Begriff des »starken Wirtschaftsführers«, deshalb gewannen bei den Wahlen auf einmal Leute, die offen sagten: Ich bin kein Politprofi, ich halte keine schönen Reden, aber ich bin ein erfahrener Manager, bei mir wird Ordnung herrschen.

Wladimir Putin begann seine politische Karriere als Assistent und später Stellvertreter eines der großen Polit-Tribunen der Neunzigerjahre. Anatoli Sobtschak, studierter Jurist, war ein brillanter Redner, dessen Reden das ganze Land im Fernsehen oder im Radio hörte und in den Zeitungen las. Sobtschak war Bürgermeister von Sankt Petersburg, der zweitgrößten Stadt des Landes. Als 1996 erneut Wahlen anstanden, ging er fest davon aus, dies werde für ihn ein gemütlicher Spaziergang sein, denn der einzige ernst zu nehmende Konkurrent war sein Stellvertreter Wladimir Jakowlew, ein Ingenieur und farbloser Technokrat. Jakowlews Wirkungsbereich in der Stadtverwaltung war der kommunale Wohnungsbau, ein unspektakuläres Betätigungsfeld, weit entfernt von den großen Fragen politischer Gestaltung.

Erster Stellvertreter von Anatoli Sobtschak und damals sein Wahlkampfleiter war Wladimir Putin. Was niemand erwartet hatte, geschah: Sobtschak verlor die Wahl gegen den langweiligen Pragmatiker Jakowlew. Putin wurde arbeitslos, und eine Weile überlegte er, wie er später einmal erzählte, als Taxifahrer anzufangen. Diese Niederlage war für ihn eine äußerst schmerzhafte Erfahrung. Doch er zog seine Lehren daraus, auch wenn seine Stunde noch nicht gekommen war.

Als Putin beschloss, seine politische Konkurrenz aus dem Feld zu räumen, lagen die Neunzigerjahre schon eine Weile zurück. Im Volk jedoch hatte sich die kollektive Erinnerung an eine schwere und traumatische Zeit festgesetzt, und Putin und seine Propagandisten hatten es leicht, diese Erzählung für sich nutzbar zu machen. Die Befreiung vom Erbe der wilden Neunziger und die Behauptung nunmehr erlangter Stabilität: Das sind die zentralen Narrative, auf denen die Popularität von Wladimir Putin gründet. Zu Hilfe kam ihm die Erholung der russischen Wirtschaft nach der Krise von 1998 und vor allem der schnell steigende Ölpreis. Die Reallöhne stiegen spürbar an, die Menschen verdienten wieder Geld, sie kamen allmählich in der neuen Realität an. So hatte Putin es leicht, die gute Gegenwart mit markanten Parolen gegen die schrecklichen Neunzigerjahre abzuheben, in der Art: Damals habt ihr gehungert, heute sind die Läden voll, damals herrschte schlimmstes Chaos, heute Stabilität, früher war alles finster, heute liegt vor euch eine lichte Zukunft.

Im Jahr 2008 kam die nächste Finanzkrise, und mit dem Wachstum war es vorbei. Tatsächlich war in Russland der Gipfel der Entwicklung insgesamt erreicht, die Wirtschaftsleistung späterer Jahre blieb stets dahinter zurück. Von heute aus gesehen tritt die russische Wirtschaft nun schon seit fünfzehn Jahren auf der Stelle, auf sehr unsicherem Grund. Aber im Vergleich zu den Neunzigerjahren hat auch Stagnation den Anschein von Stabilität, und die Propaganda konnte damit arbeiten. Die Neunzigerjahre waren eine Zeit extremer Turbulenzen gewesen, in der es für die Menschen permanent auf und ab ging; manche machten über Nacht ein riesiges Vermögen, andere, manchmal auch dieselben, stürzten genauso schnell in schlimmste Armut. Es war die reinste Achterbahnfahrt. Dagegen bot sich Putin als eine Art Plateau dar, überschaubar und trittsicher, und mit dem Signet der Stabilität konnte er sich sehr erfolgreich verkaufen. Wollt ihr etwa zurück in die wilden Neunziger? Seit 2008, als das Wirtschaftswachstum keine Früchte mehr abwarf, die man politisch nutzen konnte, orientierte sich die Propaganda der putinschen Agitatoren und der Regierungspartei Einiges Russland vollständig an dieser Schwarz-Weiß-Malerei: Neunzigerjahre-Chaos versus neue Stabilität.

Diese Methode funktioniert noch heute, obwohl inzwischen eine neue Generation herangewachsen ist. Seit dem Zusammenbruch der Sowjetunion sind mehr als dreißig Jahre vergangen. Die Menschen, die damals im Arbeitsleben standen und am schwersten zu kämpfen hatten, sind heute Rentner. Aber die Erinnerung ist tief im Bewusstsein der Massen verwurzelt und wird von Generation zu Generation weitergegeben. Selbst Kinder und Jugendliche, die nach dem Jahr 2000 geboren wurden, die nur die Putin-Zeit kennen, reden mit Schaudern über die wilden Neunziger. Hier hat sich das Gefühl nationaler Kränkung dauerhaft und auf gefährliche Weise mit imperialer Nostalgie vermischt.

Putins Rhetorik war anfangs nicht antiwestlich, nicht antieuropäisch. Im Gegenteil, sein Programm, mit dem er 2004 nach Ablauf seiner ersten Amtszeit zur Wiederwahl antrat, nennt als politische Ziele den Beitritt zur NATO und zur Europäischen Gemeinschaft. Aber schon im Februar 2007 klang, was er in seiner Rede auf der Münchner Sicherheitskonferenz sagte, ganz anders. Es sei an der Zeit, die alte Weltordnung zu verändern. Das monopolare Modell sei nicht nur ungeeignet, sondern auch unmöglich. Und er stellte fest, dass seine Worte bei vielen Bürgern seines Landes auf offene Ohren stießen, dass sein Kurswechsel ihm viel Popularität einbrachte. Von einer Integration Russlands in EU und NATO war fortan keine Rede mehr. Putins Rhetorik wurde immer kämpferischer, er ging zunehmend auf Konfrontationskurs. Sein Propaganda-Apparat hämmerte den Bürgern pausenlos ein, wie verfault der Westen sei, wie moralisch zerrüttet, wie durch und durch verdorben und schädlich. Die NATO sei eine Bedrohung für Russland, alle müssten sich um den nationalen Führer scharen, um Russlands historische Einzigartigkeit zu verteidigen, seine Stabilität zu schützen, denn – zum hundertsten Mal – man wolle und dürfe nicht in die schlimmen Neunzigerjahre zurückfallen.

Das war im Grunde eine sehr schlichte Form der Manipulation, aber sie bewirkte effektiv die Zunahme und Konsolidierung der persönlichen Macht Wladimir Putins und ermöglichte den Aufbau einer Diktatur in Russland, die schließlich auf direktem Weg zur Tragödie des russischen Angriffs auf die Ukraine im Februar 2022 führte.

Es mag paradox erscheinen, aber dies veranlasst mich auch, mit einem gewissen Optimismus in die Zukunft zu schauen. Ja, es ist Putin gelungen, vielen, wenn auch nicht allen Russen einzureden, die Demokratie sei ungeeignet für sie. Aber die Generation, die die Neunzigerjahre noch in Erinnerung hat, wird nach und nach von einer jüngeren Generation abgelöst, die keine große Furcht hat vor dem Schreckgespenst des politischen Wettbewerbs. Im Gegenteil, diese Generation, deren ganzes Leben unter Putins Herrschaft verlief, wünscht sich einen Wechsel, sie möchte neue Persönlichkeiten sehen, sie wünscht sich den politischen Wettbewerb.

Dazu kommt, dass die russische Wirtschaft, so abstrus verfilzt und so stark abhängig sie vom Verkauf von Gas und Öl ist, immer noch eine Marktwirtschaft ist. Und auch wenn das politische System nach einer kurzen halbdemokratischen Phase inzwischen wieder in einer Weise autoritär ist, die dem in der Sowjetunion herrschenden Totalitarismus kaum nachsteht: Eine Rückkehr zur Planwirtschaft hat nicht stattgefunden. Allen Schwierigkeiten zum Trotz gibt es in Russland viele fähige Unternehmer in vitalen Branchen. Auch im Bereich der Finanztechnologie können die Russen mit den Westeuropäern mithalten. Die Zahl der Privatinvestoren auf dem Aktienmarkt ist vergleichbar mit normalen europäischen Ländern. Die Menschen verstehen inzwischen sehr gut, was Geld ist und woher es kommt und wie man es verdienen kann. Gerade viele junge Leute möchten irgendwann ein eigenes Geschäft eröffnen, das Kleinunternehmertum gilt in der Gesellschaft als sehr attraktiv. Man bedenke, noch vor wenigen Jahrzehnten, in den letzten Jahren der Sowjetunion, konnte man für privatwirtschaftliche Initiative sehr schnell im Gefängnis landen.

Vielleicht erscheint es seltsam, wenn ich das sage, aber ich glaube tatsächlich, dass Russland bald bessere Zeiten bevorstehen. Einen Totalzusammenbruch des wirtschaftlichen Systems wird es nicht geben, und deshalb muss man vor der Zukunft keine Angst haben. Wenn die Ära Putin vorbei ist, wird es einen demokratischen Wandel geben, und der wird nicht mehr so schmerzhaft sein wie der erste, denn die Veränderung, die uns bevorsteht, haben viele Länder im östlichen Europa schon sehr erfolgreich durchlaufen. Der finstere Mythos der Neunzigerjahre gründet auf falschen Prämissen, auf der den Menschen untergejubelten Behauptung, Demokratie bedeute Armut und Krise. Aber so ist es nicht. Und deshalb werden viele Russen, auch die, die jetzt immer noch Angst vor den wilden Neunzigern haben, schließlich und endlich, wenn Putins Zeit vorbei ist, feststellen, dass sie all diese Jahre hindurch betrogen wurden, dass sie gar keinen Grund zur Angst hatten.

Die Errichtung der Machtvertikale

Da ich von meiner Ausbildung her Mathematiker bin, denke ich manchmal in mathematischen Begriffen. Ein interessantes Prinzip aus der Theorie der stetigen Funktionen ist der sogenannte Satz von Bolzano und Cauchy. Der geht, anschaulich formuliert, so: Wenn eine stetige Funktion zu einem bestimmten Zeitpunkt einen Wert unter null annimmt und zu einem bestimmten Zeitpunkt einen Wert über null, dann muss sie auch zu einem bestimmten Zeitpunkt durch null gehen. Stellt man sich dies grafisch in einem Koordinatenkreuz vor, ergibt sich ein einfaches und klares Bild, das sich sehr gut auf das Leben übertragen lässt. Es hilft mir dabei, einige Dinge in der konkreten Realität besser zu verstehen.

Putins Russland ist heute ein totalitärer Staat. Im Frühjahr 2000 aber fanden bei uns noch relativ demokratische Präsidentschaftswahlen statt, bei denen sogar mehrere Kandidaten gegeneinander antraten. Nun hat in den vergangenen 24 Jahren aber durchaus keine Revolution stattgefunden, das Land hat sich vielmehr ganz allmählich verändert. Es ist wie bei der stetigen Funktion in unserer Grafik. Die Kurve steigt behutsam, aber stetig an, irgendwann geht sie durch null, und die Werte wechseln das Vorzeichen. Auf die politische Entwicklung Russlands übertragen heißt das: Irgendwann hat diese Entwicklung den Punkt erreicht, an dem die Demokratie endgültig in Autoritarismus umschlug. Wann das genau gewesen ist, darüber sind sich die Experten und Politologen nicht einig, sie bestimmen diesen Punkt unterschiedlich.

Für mich lässt sich mit einiger Bestimmtheit sagen, dass er dem Jahr 2000 deutlich näher liegt als dem Jahr 2022. Ich glaube, Putin hatte entweder von Anfang an vor, die Demokratie zu demontieren, oder ihm war schon sehr bald nach Beginn seiner Präsidentschaft klar, dass er das tun konnte und wollte. Für viele Beobachter war der symbolische Moment, der für das endgültige Ende der Demokratie steht, die faktische Verstaatlichung des Senders NTW, des letzten großen privaten russischen Fernsehsenders, im Jahr 2001. Natürlich war das ein schwerer Schlag gegen die Meinungsvielfalt. Aber NTW wurde vom Oligarchen Wladimir Gussinski finanziert, der Sender war kommerziell nicht erfolgreich und deshalb eine zu leichte Beute.

Zuvor gab es den tragischen Vorfall mit dem Atom-U-Boot »Kursk« im Jahr 2000, bei dem 118 Seeleute starben. Nur fünf Monate nach Amtsantritt war Putin mit der ersten Krise nationalen Ausmaßes konfrontiert. Er reagierte sehr ungeschickt, hielt es nicht für nötig, seinen Urlaub zu unterbrechen, sprach kein Wort des Trostes an die Nation, kurz, er zeigte keine Führungsqualitäten. Aber ich denke, auch das war nicht der entscheidende Punkt, an dem der Totalitarismus begann. Der Untergang der »Kursk« war eine schreckliche Tragödie, aber eben ein Unfall, ein zufälliges Ereignis.

Wirklichen Vorsatz im Hinblick auf die Schaffung der politischen Machtvertikale mit einem starken Herrscher an der Spitze sehe ich in der Reform des Staatshaushalts. Denn erst durch den Aufbau der wirtschaftlichen Machtvertikale, mit dem Putins Regierung schon ganz zu Anfang seiner ersten Amtszeit begann, wurde es faktisch möglich, den Föderalismus in Russland zu demontieren.

Laut Verfassung ist Russland nach wie vor ein föderaler Staat, so wie die USA oder Deutschland. Ursprünglich gab es 89 Gebietseinheiten als »Föderationssubjekte«, später waren es 83, jetzt, nach der Annexion der Krim mit Sewastopol, sind es 85 (22 Republiken, 9 Regionen, 46 Gebiete, 4 autonome Kreise, ein autonomes Gebiet und 3 Städte mit föderaler Bedeutung). Formal sind diese Föderationssubjekte so unabhängig wie die US-amerikanischen Bundesstaaten, sie haben eine eigene Legislative, die Republiken sogar eine eigene Verfassung, sie können ein eigenes Budget aufstellen usw. – formal, denn faktisch ist das alles Makulatur. In der Realität wird das Land zutiefst zentralistisch regiert. Doch das war nicht immer so. In den 1990er-Jahren waren die Regionen tatsächlich in hohem Maße unabhängig und selbstständig, sie wurden von starken Persönlichkeiten geführt, die in freien Wahlen bestimmt wurden. So mancher von ihnen trug, wie man sagte, einen Marschallstab im Tornister und blickte selbstbewusst in Richtung Premierministeramt als mögliche Fortsetzung seiner Karriere.

Die Spitze der Regierung jedoch – in Gestalt des relativ liberalen Ministerpräsidenten Michail Kassjanow und seines relativ liberalen Ministers für wirtschaftliche Entwicklung und Handel Herman Gref – beendete 2001 mit einem einfachen, aber wirksamen Manöver die Selbstständigkeit der Regionen. Mit der Schutzbehauptung, gegen die »Ineffektivität der Mittelverwendung auf regionaler und kommunaler Ebene«, mit anderen Worten, gegen Korruption anzukämpfen, vollzogen sie eine radikale Steuerreform, mit der sie die Staatsfinanzen maximal zentralisierten. In ihrer Folge war die überwiegende Zahl der Regionen, von den Städten gar nicht zu reden, fortan nicht mehr in der Lage, ihre laufenden Ausgaben selbst zu finanzieren.

Konkret sah das so aus: Als ich im Jahr 2009 in meiner Heimatstadt Jekaterinburg, der viertgrößten Stadt des Landes, als Abgeordneter in die Stadtduma einzog, entfiel der Großteil des städtischen Steueraufkommens auf die Einkommensteuer.

Sie wurde von den im Stadtgebiet lebenden natürlichen Personen eingezogen. Von der Gesamtsumme dieser Steuer flossen 40 Prozent in die Stadtkasse, die übrigen 60 Prozent wurden an die höhere Ebene des Haushaltssystems abgeführt. Alle anderen Ortssteuern wie Gewinnsteuer der ansässigen Unternehmen, Mehrwertsteuer usw. flossen nicht in das Budget der Stadt ein.

Dieses für die Städte schon nicht besonders vorteilhafte Verhältnis von 40 zu 60 Prozent wurde in den folgenden Jahren weiter verschoben. 2013, als ich die Stadtduma verließ, war der Satz, der in der Stadtkasse verblieb, schon auf 30 Prozent gekürzt worden, und heute liegt er je nach Region zwischen 12 und 16 Prozent der Einkommensteuer.

Der Finanzbedarf der Regionen ist natürlich weit höher. Sie sind also auf Transfers oder Subventionen aus den oberen Etagen des Steuersystems angewiesen. Das bedeutet zweierlei. Zum einen haben die Regionen keine besondere Motivation, lokale Unternehmen zu fördern, was zwar Arbeitsplätze schaffen würde, aber wenig Geld in die Stadtkasse brächte. Zum anderen sind die Regionen und Städte gezwungen, bei der Zentralregierung im Kreml zu antichambrieren. Sie müssen buchstäblich betteln gehen: Bitte gebt uns Geld für dieses und für jenes.

Damit hat sich die Position der regionalen Regierungen natürlich radikal verändert. Charismatische, kreativ denkende Politiker, die eine eigene, unabhängige Politik gestalten wollen, kann es nicht mehr geben. So wurde die ökonomische Machtvertikale zur Basis der politischen Machtvertikale. Indem die Zentralregierung den Geldhahn beliebig auf- und zudrehen kann, wird jeder unbotmäßige Regionalpolitiker schnell in die Knie gezwungen. Er steht vor der Wahl: Entweder du tust, was man dir sagt, oder wir drehen dir den Geldhahn zu, dann kannst du deine Gehälter nicht mehr zahlen, die Straßen nicht reparieren, die Kindergärten müssen dichtmachen; dann ist es schnell vorbei mit deiner Karriere.

Dieses extrem zentralisierte Haushaltssystem stammt im Grunde noch aus sowjetischer Zeit, es ist letztlich ein Bestandteil der Planwirtschaft. Und es ist, neben allen anderen Nachteilen, enorm korruptionsanfällig. Hängt die Mittelbewilligung von der Gnade Moskaus ab, kann sich die dafür zuständige Person die Gewährung leicht materiell entgelten lassen. Die Staatsbeamten haben das sehr schnell gelernt.

Ich erzähle ein Beispiel aus meiner Zeit als Stadtverordneter, ich staunte selbst nicht schlecht darüber. Das System der Wasserversorgung von Jekaterinburg war völlig marode, eine Generalsanierung war unabdingbar geworden. Die Kosten dafür wurden auf rund 60 Milliarden Rubel kalkuliert. Das gesamte Jahresbudget der Stadt belief sich zu der Zeit auf 35 Milliarden Rubel, es war klar, dass die Stadt diese Ausgabe allein nicht stemmen konnte. Es bestand aber dringender Handlungsbedarf, die Versorgung brach immer öfter zusammen. Uns stand das Wasser bis zum Hals.

Die Stadtverwaltung schickte also ihre Abgesandten nach Moskau, um eine Sonderfinanzierung aus dem Staatshaushalt zu erbitten. Sie wurde gewährt, das Geld würde in die Stadtkasse von Jekaterinburg fließen – aber 10 Prozent der bewilligten Summe mussten durch ein Löchlein in der Kasse wieder nach Moskau zurückfließen, in bar. Die Stadt sollte ihre 60 Milliarden für die Sanierung bekommen, aber ganze sechs Milliarden davon musste sie irgendwie den Beamten zukommen lassen, die über die Finanzierung entschieden.

Man sieht, die wirtschaftliche Machtvertikale war die Basis nicht nur der politischen, sondern auch der Korruptionsvertikale. Das war die logische Kette: Der russische Föderalismus war beseitigt, die ehemals starken und einflussreichen Regionalpolitiker waren kaltgestellt oder verschwunden, und die erfolgreich vollzogene Zentralisierung der Geldströme läutete das große Projekt der hemmungslosen Ausplünderung des Landes ein.

Ich halte Präsident Putin nicht für besonders klug oder gebildet, und bekanntlich war »ausreichend« die häufigste Note in seinem Abgangszeugnis. Seine Zulassung an der angesehenen juristischen Fakultät der staatlichen Universität von Sankt Petersburg erhielt er nur über eine Sportquote, nicht wegen seiner schulischen Erfolge. Aber auch im KGB machte er keine besonders eindrucksvolle Karriere, nicht einmal seine späteren Biografen konnten aus diesem Lebensabschnitt viel Saft herauspressen, obwohl sie sich alle Mühe gaben, Putins Dienstzeit mit einer Aureole des Heldentums zu umgeben. Mit 35 Jahren war er immer noch Major, was gemessen am Alter und der Zahl der Dienstjahre kein besonders hoher Rang ist, und seine Funktion war die Leitung des Hauses der Deutsch-Russischen Freundschaft in Dresden. Viele seiner Kameraden und Kollegen vom KGB waren die Karriereleiter längst höher hinaufgestiegen, einige bereits im Generalsrang, wovon Putin nicht einmal träumen konnte. Aber der große Weitblick war von ihm wohl auch nicht zu erwarten, wo hätte das herkommen sollen? Er hatte eine schwierige Kindheit und Jugend in einem Problemviertel von Sankt Petersburg durchlebt, verbrachte seine freie Zeit vor allem mit Sport, und auch seine Arbeit beim KGB bestand wohl im Wesentlichen darin, jede Menge operative Berichte zu schreiben, die kein Mensch jemals wirklich las. Das alles ist nicht unbedingt förderlich für die Entwicklung einer Persönlichkeit.

Aus den ersten Biografien über Putin aus den 2000er-Jahren, die in ziemlich schmeichelhaftem Ton gehalten sind, erfahren wir nichts über vielseitige Interessen oder eine Neugierde für Phänomene der Weltkultur. Die Personen, die ihn vor seiner

Zeit als Präsident kannten, bezeugen jedoch, dass er ein Mensch ist, der an einer Sache dranbleibt, der seine Lektionen gründlich, teils zwanghaft lernt. Dieses Muster lässt sich bei ihm immer wieder beobachten. Putin bekommt seine Lektion, paukt die Regeln und hält sich dann strikt daran.

Ein Beispiel aus jüngster Zeit: Im Frühjahr 2020 wurde die Welt von der Corona-Pandemie heimgesucht. Die westlichen Länder reagierten alle etwa gleich: Sie gingen in einen harten Lockdown und stellten Finanzreserven für ein groß angelegtes Hilfsprogramm für die Unternehmen zur Verfügung, damit die Menschen ohne Sorge zu Hause bleiben konnten. Die Mehrheit der europäischen Länder wendete dafür zwischen 20 und 40 Prozent ihres Bruttoinlandsprodukts auf. Putin dagegen lehnte es lange ab, überhaupt irgendwelche Kompensationszahlungen zu leisten, obwohl ihm riesige Gold- und Devisenreserven zur Verfügung standen und die Staatsverschuldung extrem niedrig war. Im Endeffekt flossen vielleicht 4 Prozent des BIP für solche Zahlungen, also etwa zehn Mal weniger als in den Ländern Westeuropas. Warum? Weil Putin seine Lektion bei seinem ehemaligen Finanzminister Alexei Kudrin gelernt hatte. Der war beinharter Monetarist, ein Gegner hoher Staatsausgaben und Wirtschaftssubventionen, die seiner Meinung nach nur die Inflation anheizten. Kudrins Credo war die Reduzierung der Staatsschulden und die Bildung möglichst großer Gold- und Devisenreserven für schlechte Tage.

Als die Corona-Pandemie einsetzte, war Kudrin schon seit neun Jahren nicht mehr Putins Finanzminister, die beiden hatten sich während der Herbstproteste 2011 zerstritten. Aber die Lektion, die Putin damals gelernt hatte, saß bombenfest: möglichst wenig Geld drucken, die Hand fest auf dem Portemonnaie halten, komme, was da wolle. Das war ihm heiliges Gesetz, und daran hielt er sich hartnäckig.

Und so war es von Anfang an gewesen, seit er 1996 seine erste schmerzhafte Lektion erteilt bekam. Damals hatte er als Wahlkampfleiter Anatoli Sobtschaks für alle Zeiten gelernt, dass man bei einer freien Wahl böse Überraschungen erleben kann, ganz gleich wie populär ein Kandidat ist und welche Ressourcen ihm für seinen Wahlkampf zur Verfügung stehen. Freie Wahlen waren fortan nichts mehr für ihn.

Die nächste wichtige Lektion folgte im Jahr 2000, der Oligarch und Medienmogul Boris Beresowski und die Familie des scheidenden Präsidenten Boris Jelzin erteilte sie ihm. Damals lernte Putin, welche Wunder sich vollbringen lassen, wenn man die Kontrolle über die Fernsehgesellschaften hat und sie als Propagandamedium einsetzen kann. Vor seiner Kandidatur für das Amt des Präsidenten der Russischen Föderation war der Name Wladimir Putin völlig unbekannt gewesen. Ein unscheinbarer KGB-Funktionär, der sich noch durch nichts hervorgetan hatte, war plötzlich zum Ministerpräsidenten ernannt worden und wurde kurz darauf Jelzins Nachfolger. Bekanntheitsgrad und Umfragewerte lagen bei null, waren schlicht inexistent. Aber das Fernsehen besorgte sie ihm innerhalb kürzester Zeit. Putin erkannte: Mithilfe gezielter propagandistischer Manipulation kann man sogar einen Fußschemel zu einem aussichtsreichen Kandidaten machen. Die Lehre daraus, an die er sich fortan beharrlich hielt, lautete: Niemand anderes darf das Fernsehen für sich nutzen, und niemand, der nicht unter seiner Kontrolle steht, darf Geld in die Politik stecken.

Seine wichtigsten Lektionen hat Putin also schon während seiner ersten Amtszeit gelernt. In einer Phase positiven Wirtschaftswachstums, als die Preise für Gas und Öl auf dem Weltmarkt explodierten, als sich die Wirtschaft nach der Krise von 1998 zu erholen begann, in der Zeit, in der sich dieser verdammte Gesellschaftsvertrag bildete, wonach die Menschen im Tausch für ein relativ sattes und bequemes Leben bereit waren, sich aus der Politik herauszuhalten, gerade in dieser Zeit fing Putin an, das Gelernte in die Praxis umzusetzen.

Kein Zugang zum Fernsehen ohne Einverständnis von Wladimir Putin – das war 2001 der Todesstoß für den unabhängigen Sender NTW. Niemand darf Geld in die Politik fließen lassen ohne Absprache mit Wladimir Putin – das sind der Fall des Ölkonzerns Yukos und der Prozess gegen Michail Chodorkowski und Platon Lebedew im Jahr 2003.

2004 war die Errichtung der Machtvertikale im Großen und Ganzen vollzogen. Und die Russen hatten es gar nicht bemerkt. Die Abschaffung der Gouverneurswahlen, für die die Tragödie der Geiselnahme von Beslan als Vorwand diente, war nur noch die Kirsche auf dem Sahnehäubchen. An der Situation an sich änderte das schon nichts mehr, denn die Gouverneure hatten zu diesem Zeitpunkt ihre politische Selbstständigkeit längst verloren.

Die wesentlichen Schritte im Verlauf der Demontage demokratischer Institutionen und des Aufbaus der Machtvertikale waren natürlich von einer Reihe weiterer Maßnahmen flankiert. Zum Beispiel wurden zu einem bestimmten Zeitpunkt die regionalen Parteien vollständig verboten. Politische Parteien durften von da an nur noch auf staatlicher Ebene gegründet werden. Noch 2002 unterlag Putins Partei Einiges Russland in meiner Heimatregion, der Oblast Swerdlowsk, bei den Wahlen zu den Regionalparlamenten einer lokalen Partei mit einem ganz auf die Region fokussierten Programm und namhaften, zugkräftigen Lokalpolitikern an der Spitze. Einiges Russland landete mit 18 Prozent der Stimmen auf dem zweiten Platz.

In dieser Zeit wurde auch ein neues Wahlgesetz verabschiedet. Zwei Jahre zuvor, also im Jahr 2000, hatte man die Institution des »Generalbevollmächtigten des russischen Präsidenten« geschaffen. Das Land wurde in sieben neue »föderale Kreise« eingeteilt, an deren Spitze vom Präsidenten eingesetzte, also nicht gewählte, und ihm unmittelbar unterstellte »Generalbevollmächtigte« stehen, Putins Satrapen, die direkt in seine Machtvertikale eingebunden sind und als eine Art Aufpasser über die Gouverneure dienen. Eine solche Konstruktion ist in der russischen Verfassung gar nicht vorgesehen, sie ist ein willkürlich erfundenes und willkürlich durchgesetztes Instrument zur Optimierung der Machtvertikale.

So erfolgte die Beseitigung demokratischer Strukturen Schritt für Schritt, und als der eine oder andere erkannte, was da vor sich ging, war es für Gegenmaßnahmen schon zu spät. Bei den Wahlen zur Staatsduma im Herbst 2003 kamen die beiden alten liberalen Parteien, Repräsentanten der demokratisch eingestellten Wähler, schon nicht mehr über die Fünf-Prozent-Hürde. Seit 2003 sind in der Staatsduma nur noch Parteien vertreten, die überwiegend oder vollständig von der Präsidialverwaltung, letztlich vom Präsidenten selbst, kontrolliert werden. Man kann sagen, der russische Parlamentarismus ist gestorben, ohne das Teenager-Alter erreicht zu haben.

Das Volk aber verhielt sich still, wie es in Russland Tradition hat. Es ging uns ja nicht schlecht. Man konnte Geld verdienen, sich manches leisten. Viele haben sich in dieser Zeit ihr erstes Auto gekauft oder ihr Sommerhäuschen gebaut, etliche sind zum ersten Mal in die Türkei oder nach Ägypten gereist und haben mit Taucherbrille und Schnorchel das Rote Meer erkundet. Die Leute genossen ihr privates Leben und schauten optimistisch in die Zukunft.

Widerstandsgeist und Protestbewegung

Wäre Putin nach zwei Amtszeiten 2008 nicht mehr zur Wahl angetreten, er wäre als der erfolgreichste und populärste Präsident aller Zeiten in die russischen Geschichtsbücher eingegangen und würde heute auch international als Staatsmann von Format gelten, davon bin ich überzeugt. Doch sein Projekt der Umwandlung Russlands von einer gesteuerten Demokratie in eine Diktatur war noch längst nicht erledigt. Erreicht hatte er bereits, dass die Masse der Menschen zunehmend abgestumpft bis desinteressiert auf alles Politische reagierte. Die Havarie der »Kursk« (2000), die Zerschlagung des Fernsehsenders NTW (2001), das Geiseldrama im Moskauer Dubrowka-Theater (2002), die Tragödie von Beslan (2004), die Ermordung von Anna Politkowskaja und Alexander Litwinenko (2006), das waren düstere Ereignisse für eine sehr schmale Schicht russischer Bürger, die das politische Geschehen tatsächlich noch aufmerksam verfolgten, die sich die Mühe machten, sich mit Informationen zu versorgen. Die meisten Menschen aber lasen kaum Zeitung, schauten zwar viel Fernsehen, aber keine Informationssendungen, sondern Unterhaltungsprogramme.

Als 2008 Dmitri Medwedew in das Amt des Präsidenten befördert wurde, war jedem im Land klar, dass er nur eine Marionette Putins war, kein selbstständiger Akteur. Putin brauchte einen willigen Platzhalter, um die Verfassung zu wahren, wonach er sich nach zwei Amtszeiten als Präsident nicht sofort wiederwählen lassen konnte. Trotzdem sahen die Leute Medwedew ziemlich positiv. Er war jung, hatte relativ fortschrittliche Ansichten, sprach die richtigen Dinge an. Und wenngleich die Leute wussten, dass das Ganze nur pro forma stattfand, gefiel ihnen doch, dass die Form immerhin gewahrt wurde. Sieh mal an, dachten sie, die Staatsmacht respektiert unsere Verfassung. Putin hat nicht einfach eine dritte Amtszeit angetreten, obwohl er das sicher hätte tun können bei all seiner überwältigenden Popularität. Aber nein, er hat es nicht getan. Medwedew ist jetzt Präsident, und das heißt, bei uns geht alles legal zu, wie es in einer Demokratie sein soll. Das Recht steht über der Regierung, und wenn man will, kann man die Regierung abwählen und eine andere bekommen.

Aus heutiger Sicht staune ich darüber, mit welchem Optimismus der fortschrittliche Teil der Gesellschaft die Präsidentschaft von Medwedew begrüßte. Aber zu Beginn sagte er tatsächlich allerhand richtige Sachen. Er wollte das Verhältnis zu Europa und der westlichen Welt insgesamt verbessern, er plante, eine Art elektronische Regierung zu schaffen, er hielt Online-Konferenzen ab. Medwedew wirkte modern und aufgeschlossen für innovative Projekte, er förderte Start-up-Unternehmer, versorgte sie mit Wagniskapital und wollte ein russisches Silicon Valley voranbringen. Er sprach die gleiche Sprache wie die gerade entstehende Mittelklasse aus Programmierern, Designern, Managern, Marketingexperten, aufstrebenden Kleinunternehmern und Freiberuflern, deren Zahl in den großen Städten immer mehr anwuchs.

Wir alle steckten voll positiver Erwartungen. Ich weiß noch, wie geschmeichelt ich mich fühlte, als ich als frischgebackener Stadtverordneter von Jekaterinburg nach Moskau eingeladen wurde, um in einer Arbeitsgruppe der offenen Regierung mitzuwirken und die Erfahrungen aus meiner Arbeit in der IT-Branche dort einzubringen. Medwedew hatte damals so ein ulkiges Organ geschaffen, eine Art Schattenregierung aus lauter Experten, ein Gremium, das der richtigen Regierung in bestimmten Fragen konkrete Vorschläge erarbeiten sollte. Und ich beteiligte mich an einer Arbeitsgruppe mit dem Ziel, ein elektronisches System für staatliche Dienstleistungen zu entwickeln.

Ich fand das natürlich großartig, ich dachte, hey, die nehmen uns ernst, die interessieren sich wirklich für die Meinung junger Profis. Und ich fuhr ohne Bedenken nach Moskau, nahm an diesen Sitzungen teil, half dabei, irgendwelche Konzepte zu entwerfen, alles pro bono, ohne Bezahlung. Aber mir war keine Sekunde meiner Zeit zu schade, um daran mitzuarbeiten, den russischen Staat effektiver zu gestalten. Auch Alexei Nawalny war als unbezahlter Berater tätig, für den Gouverneur der Region Kirow, Nikita Belych, den Führer der liberalen Partei »Union der rechten Kräfte«, der 2008 von Präsident Medwedew für dieses Amt vorgeschlagen und dann von der regionalen Duma bestätigt wurde.

Heute, im Jahr 2022, ist eine solche Zusammenarbeit mit einer Regierung, deren Hände mit Blut besudelt sind, die jeden Tag immer neue Verbrechen begeht, vollkommen undenkbar. Aber vor 2011 sah das völlig anders aus. Viele Menschen hatten damals unsere Einstellung. Es war eine neue Mittelklasse entstanden, die dem Staat trotz all seiner Mängel konstruktiv gegenüberstand, ihm gewissermaßen ein menschliches Antlitz zugestand. Wir waren nicht naiv: Ja, wir wussten, das System ist unvollkommen, es gibt noch viel Korruption, und klar, die Verwaltung ist in vielerlei Hinsicht ineffektiv usw. Aber das bedeutete eben, dass wir uns engagieren mussten, dass wir in das System hineingehen, Teil davon werden mussten, dass wir von innen heraus daran arbeiten mussten, es zu verändern, zu verbessern.

Alle, die anders dachten, Oppositionelle und Menschenrechtler, waren für uns Radikale, Außenseiter, sie gehörten marginalen Gruppierungen an, denen nur daran lag, mit destruktivem Alarmismus möglichst viel Spektakel zu veranstalten. Sie zeigten auf irgendwelche Einzelprobleme: Da ist jemand ungerecht eingeknastet worden, dort wurde einem mithilfe der Strafverfolgungsbehörden das Geschäft weggenommen, Michail Chodorkowski sitzt immer noch in Haft usw. Wir sahen schon, dass die Staatsmacht manchmal ein wenig zu weit ging, die Daumenschrauben manchmal ein wenig zu fest anzog, aber daran hatte man sich irgendwie gewöhnt. Man hielt es für die Ausnahme, nicht für die Regel, nicht für systemisch. Wir dachten, unsere Demokratie ist eben noch jung, sie kann ja noch nicht vollkommen sein.

Diese in der neuen Mittelklasse weitverbreitete Denkweise ging zurück auf die »Theorie der kleinen Taten«, die Ende des 19. Jahrhunderts im Kreis der sozialrevolutionären Bewegung der Narodniki entstanden war. Man glaubte daran, die Verhältnisse im Kleinen, an konkreten Problemen und Aufgaben verändern zu können. Und so habe ich damals, 2009 und 2010, mit großem Engagement und viel Zuversicht bei dieser »offenen Regierung« mitgearbeitet, wie viele andere auch, die heute das Putin-Regime scharf kritisieren, Sergej Gurijew zum Beispiel.

An der Spitze des Landes hatten wir jetzt doch genau solche Leute wie wir, den jungen progressiven Präsidenten Medwedew und den noch progressiveren Arkadi Dworkowitsch, ab 2012 Vizepremier, der die Wirtschaftspolitik maßgeblich mitbestimmte; der hatte sogar in Amerika studiert. Mit solchen Leuten kann man sich verständigen, dachten wir, wir sprechen die gleiche Sprache. Ja, wir waren ganz sicher, es wird vorwärtsgehen, unsere Zeit ist gekommen.

Aber dann lief die Zeit plötzlich rückwärts. Und im Unterschied zu der Frage nach dem genauen Zeitpunkt, an dem die Demokratie endete, kann man hier Jahr, Tag und Stunde, sogar die Minute genau benennen. Am 24. September 2011 fand ein Parteitag der Regierungspartei Einiges Russland statt. Dieses Datum ist mir noch aus einem anderen Grund im Gedächtnis geblieben, denn am selben Tag präsentierten mein Freund und Kollege Fjodor Krascheninnikow und ich unser neues Buch »Bewölkte Demokratie«. Dieses Buch hatten wir ganz unter dem Eindruck dieser Idee der offenen elektronischen Regierung Medwedews geschrieben. Wir theoretisierten darin über die Möglichkeit eines transparenten elektronischen Systems der Entscheidungsfindung auf der Basis maximaler Partizipation der Bürger an allen demokratischen Prozessen, also über die praktisch-technische Möglichkeit einer echten elektronischen Demokratie.

Den Ort unserer Buchpräsentation hatten wir mit Bedacht gewählt: eine kleine klassizistische Villa auf dem Moskauer Gartenring, in der eine Organisation mit Namen INSOR ihren Sitz hatte, das Institut für Moderne Entwicklung. Zwei namhafte Wirtschaftswissenschaftler aus dem näheren Umfeld von Dmitri Medwedew leiteten es: Igor Jurgens und Jewgenij Gontmacher. Letzterer vor allem galt als ausgewiesener Liberaler, er war unter Boris Jelzin stellvertretender Minister für soziale Aufgaben, stellvertretender Vorsitzender des sozialpolitischen Beratungsgremiums des Präsidenten sowie Abteilungsleiter im russischen Staatsministerium gewesen. INSOR galt als der wichtigste liberale Think Tank im Umfeld von Präsident Medwedew, das Institut zeichnete für die Konzeption der wichtigsten liberalen Reformen verantwortlich. Man kann sich vorstellen, dass dieses Institut für uns von höchster symbolischer Bedeutung war. Für uns Vordenker der elektronischen Demokratie, die wir schon davon träumten, Estland, den anerkannten Führer in Sachen Digitalisierung, zu überholen, war es Ehre und Ansporn, an diesem Ort unser Buch vorstellen zu dürfen.

Und wir waren begierig darauf, in Medwedews bevorstehender zweiter Amtsperiode, für die er noch viel weitergehende Reformen angekündigt hatte, an der Modernisierung des Staates praktisch mitzuwirken, unsere theoretischen Ideen und Vorschläge in die Praxis umzusetzen. Nicht dass wir in Gedanken schon irgendwelche Staatsämter oder Ministerposten verteilt hätten, das nicht, aber wir konnten uns sehr gut vorstellen, an diesen oder jenen staatlichen Projekten mitzuarbeiten. Medwedews erste Amtszeit war doch vielversprechend verlaufen, und die zweite sollte noch besser werden. Denn dass er wiedergewählt würde, daran bestand für uns kein Zweifel.

Der Termin für unsere Buchpräsentation war lange geplant. Als wir erfuhren, dass der Parteitag von Einiges Russland für denselben Tag angesetzt worden war, dachten wir, na gut, das müssen wir irgendwie miteinander kombinieren. Also wurde im Foyer der Villa ein riesiger Plasmafernseher installiert, auf dem wir die Direktübertragung des Parteitags verfolgen konnten. Dann, während einer Pause, versammelten wir uns alle in aufgeräumter Stimmung im Foyer, unter uns Jurgens und Gontmacher, schauten gespannt auf den Bildschirm und erwarteten, dass Medwedew seine zweite Kandidatur offiziell bekannt geben würde.

Wie man weiß, wurde etwas ganz anderes bekannt gegeben: Wladimir Putin verkündete, Medwedew und er hätten beschlossen, ihre Ämter zu tauschen. Medwedew werde die Partei Einiges Russland bei der Wahl zur Staatsduma führen und das Amt des Regierungschefs übernehmen, Putin dagegen auf den Präsidentensessel zurückkehren.

Ich sah, wie Jurgens und Gontmacher buchstäblich die Kinnladen herunterfielen. Was immer sie erwartet hatten, das jedenfalls nicht. Und ehrlich gesagt, keiner von uns hatte das erwartet. Es war ein Schock. Ein Schock, der die ganze Mittelklasse erfasste. Mit einem Schlag war allen bewusst geworden, dass Putin seinen Posten niemals räumen würde, dass er für immer bleiben sollte. An diesem Tag hatten das alle verstanden, sogar die, die es vorher absolut nicht hatten wahrhaben wollen. Vor allem den Jüngeren ging es wie mir, alle rechneten innerlich nach. Putin hatte kurz zuvor die Verfassung ändern lassen, die Amtszeit des Präsidenten war von vier auf sechs Jahre verlängert worden, das bedeutete, würde er jetzt wiedergewählt, könnte er bis 2024 durchregieren, jetzt bin ich soundso alt, und 2024 … Es lief uns kalt den Rücken herunter.

Dabei hatten wir die Zeit unter Putin zwischen 2000 und 2008 gar nicht in schlechtester Erinnerung, wir hatten ja ganz gut gelebt. Aber die Aussicht, noch einmal zwölf Jahre unter seiner Regierung zu leben, schien uns die reinste Horrorvorstellung. Vermutlich lag das nicht an Putin selbst, sondern daran, auf welch perfide Weise sie diese Ämterrochade eingefädelt hatten. Denn jetzt war nicht mehr zu übersehen, dass Putin und Medwedew sich nicht einmal mehr den Anschein zu geben brauchten, als würde sie die Meinung der Menschen in ihrem Land interessieren, als hätten die wahlberechtigten Bürger bei diesem Spiel der Macht noch irgendwie mitzumischen. Ganz offensichtlich meinten sie, dass ihre Machtvertikale schon stabil genug gebaut war. Sie waren sicher, ein System konstruiert zu haben, das ihnen jedes gewünschte Ergebnis bescheren würde, sei es bei der bevorstehenden Wahl zur Staatsduma, sei es bei der Präsidentenwahl 2012 oder bei der Präsidentenwahl 2018, wann immer sie wollten. Sonst hätten sie diese Show nicht so dreist und offen veranstaltet.

Putins Ankündigung löste in den sozialen Netzwerken eine Welle der Empörung aus. Arkadi Dworkowitsch, der liberale Wirtschaftsberater Medwedews, fand noch den Mut, den Beschluss von Putin und Medwedew auf Twitter öffentlich zu kritisieren. Auch sehr viele bis dahin vollkommen unpolitische Menschen fingen auf einmal an, sich Gedanken zu machen, ihnen war mit einem Schlag schmerzlich klar geworden, dass man sie aus allen politischen Entscheidungsprozessen komplett ausgeschlossen hatte. Zum ersten Mal stellte sich die russische Gesellschaft – oder ein substanzieller Teil von ihr – mit allem gebotenen Ernst die Frage: Was sollen wir tun? Wie schaffen wir es, dass unsere Stimme wieder gehört wird, wie werden wir erneut Teil des politischen Lebens? Doch im Grunde war es da schon zu spät. Im September 2011 war die Machtvertikale schon fest zementiert. Die Mittelklasse, die unter Putin entstanden war und sich unter Medwedew konsolidiert hatte, begriff plötzlich, dass sie in den vergangenen zwölf Jahren, in denen sie sich mit sich selbst beschäftigt hatte, in denen sie gewissermaßen ihren Wohlstandsspeck angesetzt hatte, nach und nach sämtlicher Mittel und Möglichkeiten der politischen Partizipation beraubt worden war.

In diesem Jahr 2011 war es praktisch schon nicht mehr möglich, eine unabhängige politische Partei zu gründen, dafür existierten jetzt schier unüberwindliche gesetzliche Barrieren. Zum Beispiel war eine Mindestzahl von 50 000 Mitgliedern vorgeschrieben, die sich zudem auf mindestens 45 Regionen verteilen mussten. Dann gab es die absurde Bestimmung, dass sich in jeder dieser 45 Regionen mindestens 500 Personen gleichzeitig an einem Ort versammeln mussten, um die Gründung der regionalen Sektion der Partei zu beschließen. Das ganze Verfahren war zudem sehr kostspielig. Und was mit einem passiert, der Geld in die Politik investiert, hatte uns der Fall Chodorkowski anschaulich gezeigt. Aber nicht nur die Gründung einer neuen Partei war nun ein Ding der Unmöglichkeit. Zugleich waren die noch existierenden Parteien in die Bedeutungslosigkeit gedrängt worden. Die Sperrklausel für den Einzug in die Staatsduma hatte man von 5 auf 7 Prozent hinaufgesetzt. Von den Parteien, die formal liberale Positionen vertraten, aber vollständig unter der Kuratel der Präsidialadministration standen, war nach 2007 keine über magere 1 bis 2 Prozent der Stimmen gekommen. Im Jahr 2011 war nicht einmal im Traum daran zu denken, diese Hürde überwinden zu können.

Auch die außerparlamentarische politische Meinungsäußerung wurde zusehends schwieriger. Seit dem 31. Juli 2009 veranstaltete eine Gruppe radikaler Oppositionspolitiker um den berüchtigten Schriftsteller Eduard Limonow und die altsowjetischen Dissidenten Ljudmila Alexejewa und Walerija Nowodworskaja an jedem 31. eines Monats, sofern es einen 31. gab, friedliche Straßenproteste. Die Gruppe nannte sich »Strategie 31«, in Erinnerung an Paragraf 31 der russischen Verfassung, der die Meinungs- und Demonstrationsfreiheit garantiert.

Anfangs wurden diese Demonstrationen entweder nicht groß bemerkt oder mehr oder weniger ignoriert. Aber als sie allmählich zahlreicher wurden, ging der Staat mit aller Härte dagegen vor. Die Demonstrationen wurden aufgelöst, viele Teilnehmer oder auch unbeteiligte Zuschauer oder Passanten verhaftet. In der Folge entwickelte sich ein ausgeklügeltes System von Ordnungsstrafen und Arresten, mit denen man gegen Demonstrierende vorging, auch das Demonstrationsrecht wurde geändert. Formal blieb Paragraf 31 der Verfassung weiterhin in Kraft, wonach es jedem Bürger erlaubt ist, friedlich und unbewaffnet auf die Straße zu gehen und für seine Meinung einzutreten. In der Praxis aber musste man sich dafür jetzt die Erlaubnis der örtlichen Behörde einholen, und diese kann sie nach Gutdünken erteilen oder verweigern.

Im Herbst 2011 war es also schon sehr schwierig geworden, noch eine legale und effektive Form des Protestes zu finden. Ganz unmöglich war es noch nicht. Wichtig wurde die zivilgesellschaftliche Wahlbeobachterbewegung, ein spezifisch russisches Phänomen. Für viele Menschen war die Mitwirkung an der Wahlbeobachtung ihr erster Schritt in Richtung politischer

Aktivität. Für mich auch. Als ich an den Wahlen zur Staatsduma im Dezember 2007 als Beobachter teilnahm, war das meine erste bewusste politische Handlung überhaupt. (Damals konnte man in meiner Heimatstadt Jekaterinburg die unabhängigen Beobachter an einer Hand abzählen. Vier Jahre später waren es schon mehrere Hundert.) Und was ich dort zu sehen bekam, erschütterte mich derart, dass ich mich, solange ich in Russland lebte, bei jeder Wahl in irgendeiner Form an den zivilen Wahlbeobachtungen beteiligte, entweder direkt als Beobachter oder als Koordinator, Ausbilder, Berater oder dergleichen.

Der Herbst 2011 war ein echter Höhepunkt der Wahlbeobachterbewegung. Ich war Koordinator bei »Golos« (»Stimme«), der ältesten Organisation dieser Art in Russland. In meiner Heimatregion Swerdlowsk konnten wir 2010 bei den Wahlen zum Regionalparlament 35 freiwillige Beobachter rekrutieren und in die Wahllokale schicken. Bei den Wahlen zur Staatsduma am 4. Dezember 2011 registrierten sich schon mehr als 200 Personen.

Eine andere wirksame Form des Widerstandes war die Protestwahl. Die zur Wahl zugelassenen quasi-liberalen Parteien waren unselbstständig und schwach; sie hatten keine zugkräftigen Politiker, die neue Wähler mobilisieren konnten, und auch keine Finanzmittel für den Wahlkampf. Angesichts der hohen Sperrklauseln waren die für diese Parteien abgegebenen Stimmen de facto verloren. Deshalb suchte die Opposition effektivere Formen des Protestes. Der ehemalige Schachweltmeister Garri Kasparow, einer der Anführer der Bürgerbewegung »Strategie 31«, rief zum Wahlboykott auf. Boris Nemzow, Ex-Vizeministerpräsident und Anführer der stärksten außersystemischen liberalen Bewegung »Solidarnost«, rief dazu auf, die Wahlzettel ungültig zu machen. Aber bei den öffentlichen Debatten, die im Sommer 2011 auf einer Konferenz der demokratischen Kräfte geführt wurden, favorisierte man vollkommen überraschend eine dritte Strategie des Protestwählens, obwohl der Mensch, der sie sich ausgedacht hatte, weder die Popularität eines Kasparow noch die Amtswürden eines Nemzow vorweisen konnte.

Alexei Nawalny war ein junger Blogger, dessen Antikorruptions-Blog auf der Plattform »LiveJournal« in Russland zu der Zeit unglaublich populär war. Er schrieb hauptsächlich über die Ineffizienz und Korruption staatseigener Betriebe. Seine erste wirklich spektakuläre Enthüllung drehte sich um die Gesellschaft Transneft, die staatliche Kredite für den Kauf von Bohranlagen veruntreut hatte. Seine Themen hatten auf den ersten Blick wenig mit Wahlen zu tun. Aber während einer Radiodiskussion mit einem Mitglied von Einiges Russland, Jewgeni Fjodorow, hatte Nawalny einen markigen Satz geäußert, der zum Schlagwort der Opposition bei der Wahl zur Staatsduma wurde, die auf die Rochade von Putin und Medwedew folgte: Einiges Russland sei eine Partei von Gaunern und Schlitzohren, sagte Nawalny.

Im Handumdrehen wurde ein geflügeltes Wort daraus, und der einigende Slogan der Opposition bei diesem Wahlkampf lautete: Keine Stimme für die Partei der Gauner und Schlitzohren! Stimmen Sie für eine beliebige Partei außer für die Partei der Gauner und Schmarotzer! Nawalny rief oppositionelle Wähler somit auf, zur Wahl zu gehen (anders als Kasparow) und ihre Stimme nicht zu vergeuden (anders als Nemzow). Er rief dazu auf, taktisch zu wählen. Natürlich lehnte man auch die anderen Parteien ab, die eine Chance auf Sitze im Parlament hatten, wie die Kommunistische Partei oder die nationalistische LDPR – aber es waren eben »andere« Ganoven und Schmarotzer. Ihre Wahl hätte wenigstens das seit elf Jahren währende Machtmonopol der Partei Einiges Russland gebrochen. Außerdem hatten die Wähler dadurch ihre Favoriten, für die sie »mitfiebern« konnten, und die unabhängigen Wahlbeobachter hatten Stimmen, für die es sich lohnte zu kämpfen.

Das Ganze war so simpel wie effektiv im Sinne der Mobilisierung, denn die Menschen brauchten eine einfache und praktikable Idee, an die sie glauben konnten. Denn wir glaubten wohl noch daran, auf diese Art etwas erreichen zu können. Wir glaubten, wenn jeder von uns ein paar Leute dazu bringt, gegen Einiges Russland zu stimmen, und wenn wir in die Wahllokale gehen und aufpassen, dass unsere Stimmen nicht gestohlen werden, dann können wir die Zeit zurückdrehen, und alles ist wieder in Ordnung. Wir haben nicht verstanden, wie allumfassend Putin seine Machtvertikale bereits aufgebaut hatte. Wir haben nicht verstanden, wie stark unser Gegner war und wozu er bereit ist.

Aber Nawalnys Strategie funktionierte. Millionen Wählerinnen und Wähler stimmten für alle möglichen pseudo-oppositionellen Parteien, Hauptsache nicht für Einiges Russland. Bei der Auszählung zeigte sich, dass Putins Partei die einfache Mehrheit der Parlamentssitze verpassen würde. Es bedeutete, dass die gedemütigte und servile Quasi-Opposition auf einmal große Macht und Bedeutung erlangte und dass es in Russland wieder politischen Wettbewerb gab. Das passte Putin gar nicht ins Konzept.

Es war klar, dass Einiges Russland ein Wahldebakel erleiden würde, denn die Stimmen im Ural, in Sibirien und im Fernen Osten waren schon ausgezählt und in den amtlichen Wahlprotokollen erfasst. In meiner Region zum Beispiel, der Swerdlowsker Oblast, kam die Partei der Regierung auf den zweiten Platz, im regionalen Zentrum Jekaterinburg sogar nur auf den dritten, mit einem Stimmenanteil von wenig mehr als 20 Prozent. Die Stimmen, die Einiges Russland zum Sieg brauchte, konnte sie jetzt nur noch in den Metropolen im europäischen Teil Russlands holen. Die Wahlkommissionen stoppten die

Stimmenauszählung und warteten auf Anordnungen der Wahlleitung. Und dann ging man daran, die Protokolle umzuschreiben. Die bereits dokumentierten Ergebnisse wurden auf telefonische Anweisung ausgetauscht. Unabhängige Beobachter, die das verhindern wollten, wurden aus den Wahllokalen gedrängt, oft von Beamten der Polizei. Viele von ihnen wurden verprügelt.

Die massiven Manipulationen, die wir 2011 zu sehen bekamen, waren für viele ein Schock. Auf Befehl von oben wurden Wahlurnen mit gefälschten Wahlzetteln aufgefüllt, die Wahlprotokolle wurden umgeschrieben und was sonst noch alles an Machenschaften möglich war. Das Ausmaß und die Dreistigkeit waren unfassbar. Wahlanalytiker wie Sergej Schpilkin fanden in den Statistiken typische Unregelmäßigkeiten beziehungsweise sonderbare Regelmäßigkeiten, wenn etwa der exorbitant hohe Stimmenanteil der Regierungspartei Einiges Russland in vielen Wahllokalen immer runde Ziffern ergab. Die Statistiken zeigten aber auch, dass sich das Niveau der Fälschungen im Jahr 2011 kaum von dem im Jahr 2007 unterschied. Für erfahrene Wahlbeobachter war das keine Überraschung, aber die neuen, von denen viele einem Aufruf Alexei Nawalnys folgten, waren einfach nur entsetzt.

Ausmaß und Methoden der Wahlfälschung hatten sich seit 2007 nicht verändert. Etwas anderes aber war 2011 neu: ein Phänomen namens YouTube. Im Bereich der Digitalisierung hatte Russland nach dem Zerfall der Sowjetunion ein hohes Tempo hingelegt. Die Zögerlichkeit mancher westlichen Länder konnte man den Russen nicht nachsagen. Der Ausbau der Kommunikationsnetze ging zügig voran, das Internet war zugänglich und preiswert. Und so kam es, dass das Runet, das russische Internetsegment, im Jahr 2011 von simplen Handyvideos aus den Wahllokalen überflutet wurde. Die unabhängigen Wahlbeobachter hatten einfach gefilmt, was sie sahen, und verbreiteten es über YouTube. Und gesehen hatten sie die Tatsache, dass den Bürgern die Wahl gestohlen wurde. Schon am nächsten Tag, dem 5. Dezember 2011, gingen die Menschen auf die Straße, um gegen die Fälschungen zu protestieren.

Die erste spontane Demonstration bei den Tschistyje Prudy in Moskau war noch nicht so zahlreich, dort kamen vielleicht an die 10 000 Menschen zusammen. Aber sie setzte ein Zeichen. Die Menschen hatten jetzt auf YouTube gesehen, dass die Wahlen gefälscht wurden, es war praktisch vor ihren Augen geschehen. Und ihre Wut und Empörung trieb sie auf die Straße. Damit war eine vollkommen neue Situation eingetreten – ein Beispiel dafür, was technologische Entwicklung bewirken kann.

2007 spielten die sozialen Netzwerke noch eine eher marginale Rolle, YouTube war so gut wie unbekannt, und es gab auch kaum Smartphones. Ein unabhängiger Wahlbeobachter, der in seinem Wahllokal Fälschungen sah, wusste nicht, wie er diese Verstöße einschätzen sollte. Er konnte ja nicht wissen, ob es sich um einen Einzelfall handelte oder ob es auch anderswo Manipulationen gab und wenn ja, wie viele. Russland ist riesig, es gibt mehr als achtzig Regionen, rund 96 000 Wahllokale. Vielleicht hatte er einfach nur das Pech, in einer Stadt zu wohnen, wo geschummelt wurde, während anderswo alles korrekt lief. Und dann: Ein paar falsche Stimmzettel, was ändert das schon, das bleibt doch sowieso ohne Auswirkungen. Warum sich also aufregen?

2011 sah das auf einmal ganz anders aus. Die Leute hatten überall Internet, fast jeder nutzte YouTube und andere Kommunikationsplattformen. Jetzt konnte man seine Erfahrungen unmittelbar mit Wahlbeobachtern überall im Land austauschen, jetzt sahen die Wahlbeobachter in einer Stadt ganz im Osten des Landes, dass es ganz im Westen genauso zuging, in der nächsten Stadt, in der übernächsten und immer so weiter.

Jetzt konnte man am Computerbildschirm sehen, wie überall Gruppen sportlicher junger Männer in Bussen bei den Wahllokalen vorfuhren, sich die Wahlurnen vornahmen, mit mitgebrachten Wahlzetteln füllten, wieder in die Busse stiegen und weiterfuhren, zum nächsten Wahllokal.

Das Internet veränderte elementar einen Faktor, den sich die Propaganda bislang hatte zunutze machen können. Ein regierungskritisch gestimmter Bürger war früher oft ganz auf sich gestellt gewesen. Vor allem einem Bewohner ländlicher Gebiete ging es so. Die Menschen um ihn herum dachten nicht wie er, und er fühlte sich mit seiner Unzufriedenheit allein. Er dachte vielleicht, die Bürgerrechte werden mehr und mehr beschnitten, aber na gut, außer mir scheint sich keiner darüber aufzuregen, alle finden das richtig, im Fernsehen sind sie ja auch alle dafür. Ich bin wahrscheinlich der letzte Liberale von Bärenwinkel. So war es 2007.

Wenige Jahre später waren alle diese Leute über das Internet miteinander verbunden. Jetzt konnten sie sehen, dass sie nicht allein waren, dass es überall im Land Menschen gab, denen es genauso ging wie ihnen. Und weil die Menschen sich nicht mehr allein fühlten mit ihrer Unzufriedenheit, trauten sie sich, auf die Straße zu gehen und ihren Protest zum Ausdruck zu bringen. Erst vielleicht nur wenige, aber weil die anderen ihre Proteste sahen, gingen auch sie auf die Straße, und so wurden es immer mehr. Die Demonstrationen vom 10. und 24. Dezember in vielen Städten, deren Symbol der Moskauer Bolotnaja-Platz ist, schlugen eine neue Seite der politischen Geschichte Russlands auf. Als wir später durch die Regionen reisten, um Nawalnys Stäbe aufzubauen, bestätigten uns viele junge Leute, mit denen wir sprachen, dass die Wahlfälschungen von 2011 sie wachgerüttelt hatten. »Wir sind die Generation von Bolotnaja«, das hörten wir immer wieder.

Das Internet hat eine radikale Bewusstseinsänderung ausgelöst. Die Methoden der russischen Regierung hatten sich ja im Grunde nicht verändert, sie waren seit Jahren die gleichen. Auch früher schon waren Menschen aus politischen Motiven ermordet worden. Einer der bekanntesten Fälle ist der von Anna Politkowskaja, ein weniger bekannter der von Juri Tscherwotschkin, der 2007 von Mitarbeitern des »Zentrums E« (Zentrum für Extremismusbekämpfung beim Innenministerium, eine Art politische Polizei für den Kampf gegen Andersdenkende und politische Gegner) zu Tode geprügelt wurde. Und es gab auch prominente politische Gefangene wie Michail Chodorkowski und Platon Lebedew.

Das alles hatte die Menschen nicht wirklich berührt. Aber diese dreiste, gigantische Wahlfälschung, die machte sie wütend. Dabei waren es noch nicht mal richtige Wahlen. Für die Bürger gab es im Grunde nichts zu wählen. Es gab keine unabhängigen Parteien, es gab kaum unabhängige Kandidaten, das heißt, ihr Kreuzchen auf dem Stimmzettel war ohnehin bedeutungslos. Wofür gingen sie also jetzt auf die Straße? Offenbar nicht für einen bestimmten Kandidaten oder für eine andere Politik. Sie gingen auf die Straße, weil sie sich betrogen sahen, für eine Art abstrakte Gerechtigkeit, für das Prinzip von Recht und Ordnung. So war es auf den Transparenten zu lesen. »Wir haben nicht für diesen Gauner gestimmt, wir haben für den anderen Gauner gestimmt!« Das war ein beliebter Slogan. Sie wussten, dass nur Alibiparteien zugelassen waren und dass sie mit ihrem Stimmzettel nicht wirklich etwas ändern konnten. Aber sie wollten, dass ihre Stimmen ehrlich ausgezählt wurden. Und jetzt sahen sie, dass all die ehrenwerten Herrschaften von Wladimir Tschurow, dem Vorsitzenden der Zentralen Wahlkommission der Russischen Föderation, bis zu Wladimir Putin sich keinen Deut um ihre Stimmen scherten. Sie sagten, wir zählen eure Stimmen, wie es uns passt, und spuckten ihnen damit gleichsam ins Gesicht.

Der Proteste von 2011/12 waren heftig, aber sie verglühten rasch, und sie waren noch sehr naiv. Man darf nicht vergessen, dass die protestierenden Menschen nicht das System an sich bekämpften. Sie wollten nicht die Regierung stürzen. Sie glaubten an die »Theorie der kleinen Taten«, daran, dass sich das System von innen heraus verändern lasse. Später gab es viele heftige Auseinandersetzungen darüber, ob man nicht hätte radikaler vorgehen sollen, ob man nicht die direkte Konfrontation mit der Polizei hätte suchen sollen. Aber das ist Quatsch. Es fehlten alle Voraussetzungen für gewaltsamen Widerstand. Niemand wollte eine Revolution. Die Menschen, die damals auf die Straße gingen, hatten an Medwedews Liberalisierungsfantasien geschnuppert, sie wollten auf dieser Linie weitermachen, womöglich auch unter Putin, egal.

Während der ersten russischen Revolution von 1905 forderten die Bürger auch nicht den Sturz des Zaren, im Gegenteil, sie appellierten an seine Unterstützung, sie trugen Banner mit seinem Porträt vor sich her. Sie wollten eine Verfassung, Bürgerrechte. Die Bewegung war zu schwach, deshalb war es so leicht und verführerisch, sie zu unterdrücken, man brauchte nur in die unbewaffnete Menge zu schießen. Aber weil man 1905 die Chance auf einen friedlichen Wandel verpasst hatte, verlief die nächste Revolution zwölf Jahre später, die Oktoberrevolution von 1917, so erbarmungslos und blutig.

2011/12 war es vielleicht ganz ähnlich. Vielleicht gab es eine kleine Chance auf friedlichen Wandel. Putins Elite jedenfalls schien zu schwanken. Finanzminister Alexei Kudrin erschien auf dem Bolotnaja-Platz, stand Schulter an Schulter mit den Demonstrierenden (und sollte kurz darauf in Ungnade fallen), auch mehrere Liberale aus der Nomenklatura schlossen sich der Bewegung an. Das Gebäude der Machtvertikale wackelte, aber es hielt. Und dann schlug die Regierung zurück. Eine Protestkundgebung, zu der sich am 6. Mai 2012 wieder eine sehr große Anzahl Menschen auf dem Bolotnaja-Platz versammelte, wurde mit großer Brutalität aufgelöst, mehrere Dutzend Teilnehmer wurden festgenommen und wegen Widerstandes gegen die Staatsgewalt in propagandistisch ausgeschlachteten Schauprozessen zu langen Freiheitsstrafen verurteilt. Die Staatsmacht rächte sich für die Angst, die sie für einen Moment durchlebt hatte.

Und doch: Die russische Protestbewegung war entstanden. Der politische Aktivismus in Russland späterer Jahre hat seine Wurzeln in den Winterprotesten von 2011/12.

Bürgermeisterwahl in Moskau

Am 4. Juni 2013 kündigte der Bürgermeister von Moskau, Sergej Sobjanin, überraschend seinen Rücktritt an, es war der Tag, an dem Alexei Nawalny seinen 37. Geburtstag feierte. Dazu muss man sagen: Wenn in Russland ein Politiker seinen Rücktritt einreicht, heißt das noch lange nicht, dass er seinen Posten aufgeben will. Sobjanin hatte durchaus nicht vor, sich zurückzuziehen, im Gegenteil, er wollte sich wiederwählen lassen, bei vorgezogenen Neuwahlen. Es war ein taktischer Schachzug. Das Bürgermeisteramt von Moskau ist ein gigantischer, reibungslos funktionierender Beamtenapparat mit einem Budget von zwei Billionen Rubel, umgerechnet rund 60 Milliarden Euro – eine Summe, die das Budget der meisten russischen Regionen um das Zehnfache übersteigt – und einer riesigen Propaganda- und Medienmaschinerie. Mit ihrer Unterstützung konnte Sobjanin seiner Wiederwahl entspannt entgegensehen.

Der Zeitpunkt seiner Rücktrittsankündigung Anfang Juni war keineswegs zufällig gewählt. In Russland finden Wahlen immer am zweiten Sonntag im September statt, das hieß, dass der Wahltag 2013 auf den 8. September fiel. Der Wahltermin muss laut Gesetz mindestens drei Monate zuvor festgesetzt sein. Sergej Sobjanin erklärte seinen Rücktritt genau drei Monate und vier Tage vor dem möglichen Wahltermin. Wobei er bereits im Januar oder Februar seinen Propagandaapparat und die von ihm kontrollierten Informationsmedien in Gang gesetzt hatte, sodass ihm effektiv ein halbes Jahr für seinen Wahlkampf zur Verfügung stand, während möglichen Konkurrenten nur die minimale Frist von drei Monaten blieb.

In der Tat kam Sobjanins Rücktritt wie ein Donnerschlag aus heiterem Himmel. Und alle dachten, dass der alte Bürgermeister Moskaus selbstverständlich auch der neue sein werde. Aber warum entschied er sich gerade jetzt, im Frühsommer 2013, zu diesem Schritt? Sobjanins Amtszeit dauerte noch zwei Jahre, er war erst 2010 zum Bürgermeister Moskaus ernannt worden, nachdem Juri Luschkow, eines der letzten Schwergewichte der Jelzin-Ära, durch Putin von der politischen Bühne geräumt worden war, jener Luschkow, der Ende der Neunzigerjahre selbst nach der Macht greifen wollte, gemeinsam mit dem damaligen Ministerpräsidenten Jewgeni Primakow.

Sobjanin war ein loyaler, Putin ergebener Apparatschik, aber ihm war auch sehr daran gelegen, ein Bürgermeister auf der Höhe der Zeit zu sein. Er ließ es sich sehr viel kosten, Moskau zu einer europäischen Stadt zu machen, mit lebendiger Infrastruktur für die urbanen Hipster, mit modernen Museen und Galerien, sogar mit Fahrradwegen. Er tat viel, um sich bei den kreativen Schichten der Stadt, bei der Jugend und den liberal denkenden Menschen beliebt zu machen. Sobjanin schien großen Wert darauf zu legen, dass man ihn mochte, und darin unterschied er sich sehr von der großen Mehrheit aus dem Heer von Putins Beamten und Gouverneuren. Aber eine Heilsgestalt war er auch wieder nicht – ein Budget von zwei Billionen Rubel ist eine zu große Versuchung, Sobjanin konnte nicht verhindern, dass ein hübscher Teil dieser Summe an seinen Händen kleben blieb.

Die Methode des »Rasspil«, des »Zerhackens« öffentlicher Gelder in handliche Stücke, war allgemein üblich. Vizebürgermeister Marat Khusnullin, der Leiter der Moskauer Baubehörde, praktizierte es ausgiebig, was allgemein bekannt war, desgleichen Vizebürgermeister Maxim Liksutow, Chef des öffentlichen Nahverkehrs, oder Vizebürgermeister Pjotr Birjukow, der Leiter der Moskauer Wohnungs- und Kommunalwirtschaft. Das sind Namen, die neben vielen anderen in den Ermittlungsakten von Nawalnys Antikorruptionsstiftung eine zentrale Rolle spielen sollten.

Sobjanin hatte aber auch eine andere Sorte von Beamten unter sich, solche wie Sergej Kapkow, der seit 2011 den Moskauer Kultursektor leitete. Kapkow gestaltete den Gorki-Park – jenen legendären Gorki-Park aus dem Song der Scorpions – von einem trostlosen Stadtpark sowjetischer Manier zu einem modischen Szenetreff und Amüsierviertel um. Sobjanin finanzierte Unternehmungen wie das Kulturzentrum »ARTStrelka«, das sehr teure und fortschrittliche Projekte zum Thema Urbanismus präsentierte, Lesungen veranstaltete und Filmvorführungen der angesagtesten Regisseure, alles kostenlos. Er tat wirklich viel, um sich bei der Moskauer Jugend beliebt zu machen. Als dann im Dezember 2011 die Protestwelle losbrach, die monatelang anhielt, war er angeblich bitter enttäuscht. Wie es heißt, wurde er sogar in den Kreml zitiert und abgekanzelt. Siehst du, Sergej Semjonowitsch, sagte man ihm da, du hast eine Milliarde nach der anderen aus dem Fenster geworfen, um dir das Wohlwollen deiner geliebten Hipster zu erkaufen, und jetzt stoßen die dir ein Messer in den Rücken.

Seitdem waren fast zwei Jahre vergangen. 2013 war die Vision einer fortschrittlichen, aufgeklärten Regierung, eines russischen Singapur, schon etwas abgekühlt. Vor den Protesten von 2011 war diese Idee sehr populär gewesen und Sobjanin einer ihrer profiliertesten Anhänger. Nur was ist eigentlich Singapur? Eine autoritäre Regierung unter den Bedingungen eines Aufschwungs in sämtlichen gesellschaftlichen Bereichen außer dem politischen. Aber schon 2012 sah die Situation innerhalb der Gesellschaft ganz anders aus. Die allgemeine Korruption hatte ein solches Ausmaß erreicht, dass sie zu einer schweren

Hypothek für die Volkswirtschaft wurde, die sich nach der Weltfinanzkrise von 2008/09 ohnehin nicht in dem Tempo erholte wie die Wirtschaft anderer Länder. Die Zustimmung für die Regierung nahm deutlich ab, Putins Umfragewerte näherten sich in diesem Jahr zum ersten Mal seit Amtsantritt nach offiziellen Schätzungen der Schwelle von 50 Prozent – von oben her kommend! Noch lagen sie darüber, trotzdem war das eine unangenehme Nachricht für ihn. Bis dahin hatten die staatlichen Meinungsforschungsinstitute immer Werte zwischen 60 und 70 Prozent ermittelt oder auch mehr. Wenn man nur 50 Prozent hat und ein wenig darüber, kann man auch ganz schnell unter 50 Prozent landen. Und dann?

2013, als Sobjanin sich zum Rücktritt entschloss, war deutlich spürbar, wie sich die Stimmung im Land verschlechterte. Die Menschen waren es auch allmählich leid, von immer denselben Politikern regiert zu werden, ohne jede Aussicht auf Veränderung. Schon nach der Machtrochade zwischen Putin und Medwedew im September 2011 herrschte in den sozialen Netzwerken trübe Stimmung. Die fehlende Aussicht auf eine wirtschaftliche Verbesserung, die Unsicherheiten im Hinblick auf Bürgerrechte und Freiheiten, das alles wirkte bedrückend auf die Menschen.

Dabei gab es zu der Zeit noch so etwas wie einen offenen politischen Raum, man konnte im Radio und im Fernsehen oppositionelle Stimmen hören, damals war es noch nicht völlig unmöglich, die herrschende Macht zu kritisieren, man konnte sogar ohne Gefahr politische Versammlungen anmelden und durchführen. Das alles war möglich, und so veränderte sich die gesellschaftliche Meinung gewissermaßen auf ganz natürliche Weise. Damit einhergehend begannen die Zustimmungswerte für die Regierung langsam, aber doch kontinuierlich zu sinken.

Weil Sobjanin diesen Trend erkannte, dachte er sich, es sei an der Zeit, zurückzutreten, um nicht zurücktreten zu müssen. Er begriff, dass es zwei Jahre später, also 2014 oder 2015, wohl sehr viel schwieriger sein würde, die Wahlen zu gewinnen. Wenn er seine Konkurrenten jetzt mit dem knapp terminierten Wahltag kalt erwischte, würde er dagegen locker im Amt bleiben können. Aber dabei hatte er einen Umstand nicht genügend bedacht. Die Unzufriedenheit der Moskauer städtischen Mittelklasse war tatsächlich sehr groß, und in dieser Mittelklasse gab es jemanden, der bekannt genug und bereit war, Sobjanin offen den Kampf anzusagen. Das war Alexei Nawalny.

Den Gedanken, dass Alexei Nawalny an der Wahl zum Moskauer Bürgermeister teilnehmen sollte, hatten damals sehr, sehr viele Menschen. Gleich nach Sobjanins taktischem Rücktritt appellierten sie in den sozialen Netzwerken an ihn, für das Amt zu kandidieren. Dies kam nicht von ungefähr. Schon 2012, als der Oligarch Michail Prochorow bei den Präsidentschaftswahlen ein bisschen Opposition gegen Präsident Putin gespielt hatte, waren Stimmen laut geworden, Nawalny sei doch der bessere Kandidat der Opposition. Allerdings saß Nawalny zu diesem Zeitpunkt gerade in Haft, es war sein erster Fünfzehn-Tage-Arrest, dem noch viele weitere folgen sollten. So hatte er gar nicht die Möglichkeit, sich als Kandidat registrieren zu lassen.

Inzwischen aber hatte sich die Idee, dass es möglich sein könnte, gegen die herrschende Macht zu kämpfen, in den Kreisen der liberalen Intelligenz festgesetzt. Für Nawalny gab es freilich noch eine Reihe von Hindernissen auf seinem Weg. Zum einen war das ein laufendes Gerichtsverfahren. Jede Woche einmal, teils sogar zweimal fuhr er in die Stadt Kirow etwa 1000 Kilometer östlich von Moskau, wo tief in den dichten Wjatski-Wäldern der absurde KirowLes-Prozess stattfand, das erste von zahlreichen berüchtigten Strafverfahren gegen Alexei Nawalny. Auf den Punkt gebracht, warf man Nawalny vor, quasi den gesamten Wald um Kirow herum geklaut zu haben.

Genauer gesagt, soll er als ehrenamtlicher Berater des Gouverneurs der Region Kirow im Jahr 2009 der staatlichen Forstgesellschaft KirowLes geraten haben, die Holzvermarktung zu zentralisieren, um maximale Effizienz zu erzielen, womit er großen finanziellen Schaden angerichtet habe.

Die Prozessakten lesen sich wie ein fantastischer Roman. Kurz gefasst lautete die Anklage so: Die nach einer Idee von Alexei Nawalny gegründete Wjatka-Forstgesellschaft unter der Leitung des mit Nawalny befreundeten Geschäftsmanns Pjotr Ofizerow habe der staatlichen Forstgesellschaft KirowLes Holz für 14 Millionen Rubel abgekauft und dieses dann für 16 Millionen Rubel weiterverkauft. Klingt eigentlich nach einem ganz normalen Handelsgeschäft. Die Ermittler jedoch füllten Dutzende dicker Aktenordner mit komplizierten Berechnungen, die bewiesen, dass KirowLes das Holz besser selbst an den Endkunden hätte veräußern sollen, dann wäre ihr der Gewinn zugefallen, den sich stattdessen Wjatka-Forst in die Tasche steckte. So sei durch die kriminellen Machenschaften von Nawalny und Ofizerow der Staatskasse der Region Kirow ein kolossaler Schaden entstanden. Zudem fanden sie auf wundersame, mir bis heute nicht begreifliche Weise heraus, dass der Schaden sich nicht etwa auf zwei Millionen, also die Differenz zwischen Einkauf und Verkauf, belief, sondern auf die gesamten 16 Millionen der Verkaufssumme.

Der politische Charakter des Prozesses lag auf der Hand. Zu jedem Verhandlungstag wurde Nawalny von Dutzenden Journalisten begleitet, der Prozess zog gewaltige Aufmerksamkeit auf sich, er wurde sogar live im Fernsehen übertragen. Damals dachte noch niemand daran, die Öffentlichkeit von dem Verfahren auszuschließen. Dieses Gerichtsverfahren mit der unvermeidlichen Verurteilung zu einer Haftstrafe war natürlich eine schwere Bürde für Nawalnys geplante Teilnahme an der Wahl zum Moskauer Bürgermeister. Aber nicht die einzige.

Hier muss ich ein paar Worte zur Erklärung einfügen. Das Amt des Bürgermeisters von Moskau entspricht entgegen seiner kommunalen Anmutung dem eines Gouverneurs einer Oblast, einer höheren Verwaltungsregion der Russischen Föderation. Moskau und Sankt Petersburg stellen als Städte eigene Föderationssubjekte dar, ähnlich wie Hamburg oder Bremen in Deutschland.

Ursprünglich wurden die Gouverneure vom Volk gewählt. Diese Regelung schaffte Putin jedoch 2004 ab, von da an ernannte er – natürlich ihm genehme – Gouverneure selbst. Dies war einer der ersten Schritte auf seinem Weg zu absoluter Macht. Die Gelegenheit dazu bot ihm das Geiseldrama von Beslan. Nordkaukasische Terroristen hatten mehr als 1100 Kinder und Erwachsene in einer Schule im nordossetischen Beslan in ihre Gewalt gebracht, von denen bei der Erstürmung durch russische Einsatzkräfte über 300 starben. Ein Zusammenhang zwischen diesem tragischen Ereignis und der Wählbarkeit der Gouverneure ist zwar nicht erkennbar, aber da Putin irgendeinen Anlass brauchte, erklärte er kurzerhand, die Gouverneure sollten zentral eingesetzt werden, so könne man mehr Stabilität im Land gewährleisten.

Dies war ein schwerer Schlag für den ohnehin schwach entwickelten russischen Föderalismus. Dass 2012 die Gouverneurswahlen wieder eingeführt wurden, war eine der wenigen, aber bedeutsamen Errungenschaften der Proteste von 2011/12. Aber es bedeutete natürlich nicht, dass wirklich freie oder wirklich demokratische Wahlen bevorstanden. Tatsächlich hatte man zahlreiche Hindernisse und Beschränkungen in das Wahlverfahren eingebaut, die gewährleisten sollten, dass nur Putin genehme Kandidaten eine Chance hatten. Das wichtigste Instrument dafür war der »munizipale Filter«: Ein Kandidat musste die Zustimmung eines gewissen Prozentsatzes der lokalen Abgeordneten einholen, je nach Region zwischen 5 und

10 Prozent. Die Zustimmung musste zudem in notarieller Form erfolgen.

Ein interessantes Detail, das zeigt, wie Putins Propaganda funktionierte, ist, dass Putin sich hier auf eine westliche, nämlich französische Rechtslage berief. Um in Frankreich zur Präsidentschaftswahl zugelassen zu werden, benötigt ein Kandidat die Unterstützung von mindestens 500 gewählten Mandatsträgern aus mindestens 30 verschiedenen Départements. Solcher Verweise auf »internationale Erfahrungen« bediente sich Putin immer gern, wenn es ihm ins Konzept passte. Was ihm nicht gefiel, bezeichnete er als »westlich« und damit unbrauchbar. Um eine Schikane zu installieren, kam ihm der Verweis auf praktische westliche Erfahrungen aber gerade recht. So war es beim fatalen »munizipalen Filter«. Er machte es unabhängigen Kandidaten praktisch unmöglich, zu den Wahlen zugelassen zu werden. Denn der größte Teil der Abgeordneten der Regionalparlamente gehört entweder selbst der Regierungspartei an oder will sich auf die eine oder andere Art mit der Regierung gut stellen. Das Abgeordnetenhaus steht somit praktisch komplett unter Kontrolle der regionalen Administration, sodass diese unerwünschte Bewerber jederzeit von der Kandidatenliste fernhalten kann.

So auch in Moskau. Die Stadt besteht aus 125 Bezirken mit je eigenen Parlamenten, die insgesamt rund 1500 Abgeordnete haben. Ein Kandidat für die Wahl zum Moskauer Bürgermeister muss zu seiner Registrierung die Unterschriften von 110 Abgeordneten vorlegen. Damals gab es aber höchstens 70 oder 80 Abgeordnete, die wirklich unabhängig vom amtierenden Bürgermeister waren – dieser »munizipale Filter« war also für einen unerwünschten Kandidaten absolut undurchlässig.

Zudem war Sergej Sobjanin durchaus nicht unpopulär. Er hatte, wie gesagt, mit sehr viel Geld und zweifellos auch ein wenig Herzblut Moskau den Anstrich einer modernen europäischen Stadt verliehen. Natürlich erfassten die Veränderungen nicht die gesamte Zwölf-Millionen-Stadt, aber die Fassade hatte er ziemlich fein rausgeputzt. Für Kreative und Freiberufler aller möglichen Sparten gab es reichlich Möglichkeiten zur Selbstverwirklichung. Sobjanin war als Bürgermeister zweifellos populärer als Putin als Präsident. Er galt noch nicht als jemand, der an seinem Amtssessel klebt – er war ja erst seit 2010 in Moskau –, auch nicht als übermäßig korrupt, und man lastete ihm nicht die brutalen Auflösungen der Demonstrationen von 2011/12 an, jeder wusste, dass der Befehl dazu aus dem Kreml gekommen war.

Selbst wenn es Nawalny also gelingen sollte, sich zwischen der Skylla des »munizipalen Filters« und der Charybdis des KirowLes-Prozesses hindurchzunavigieren, war noch lange nicht sicher, dass er Sobjanin die Stirn bieten konnte. Doch ebendieser Umstand sollte erklären, dass Alexei Nawalny dann tatsächlich an der Wahl teilnehmen konnte. Denn Sobjanin wollte nicht einfach nur wiedergewählt werden: Er ganz persönlich wollte Nawalny eine vernichtende Niederlage zufügen und sich so ein paar schöne Extrapunkte auf Putins Streberzettel verdienen.

Die Sache war nämlich die, dass Nawalny nach den Protesten von 2011/12, bei denen er mit einem sehr starken Votum in den Koordinationsrat der russischen Opposition gewählt worden war, von immer mehr Menschen als ernsthafter Konkurrent Putins angesehen wurde, als jemand, der dem Präsidenten wirklich den Kampf ansagen konnte. Solche Ambitionen wollte Sobjanin zerstören.

Wir wissen natürlich nicht, welche Absprachen es im Kreml gegeben hat. Aber wir wissen, dass einige Leute im Zentrum der Macht prinzipiell dagegen waren, Nawalny eine Tribüne zu geben. Beschlossen wurde es schließlich anders. Sobjanin durfte sein Experiment durchführen, Nawalny zur Wahl zuzulassen und ihm Wahlkampf zu gestatten, um ihn gnadenlos niederzustrecken und politisch zu vernichten.

Sobjanins Hauptargument für dieses Vorhaben waren vermutlich die aktuellen Meinungsumfragen. Zu dem Zeitpunkt, als Sobjanin seinen Rücktritt bekannt gab, also Anfang Juni 2012, hatten sich etwa 75 Prozent der Bürger für ihn ausgesprochen; nur 3 Prozent der Befragten sagten, sie wollten für Nawalny stimmen. Das war eine bequeme Ausgangslage: ein Konkurrent, der voraussichtlich demnächst vorbestraft war, der keine Chance hatte, durch den »munizipalen Filter« zu kommen, dessen Umfragewerte kümmerlich waren und der keinerlei Medienmacht aufzubieten hatte.

Unter diesen Vorzeichen konnte unser Wahlkampf beginnen. Ich sage »unser« Wahlkampf, denn zu diesem Zeitpunkt war ich schon Leiter von Nawalnys Wahlkampfstab. Das hatte sich vollkommen spontan ergeben. Am 5. Juni rief mich Alexei an und fragte, was ich über seine mögliche Teilnahme an der Wahl dächte. Ich sagte, er solle es probieren. Daraufhin fragte er mich, ob ich sein Wahlkampfleiter werden wolle.

Dieses Angebot kam für mich völlig überraschend, und es erreichte mich am unpassendsten Ort, ich war zu der Zeit nämlich gar nicht in Russland. Nicht nur das, ich hatte just in diesem Moment die Chance, in den Vorstand einer großen IT-Firma einzutreten, und in diesem Kontext sollte ich auch Direktor einer großen Regionalvertretung dieses Unternehmens werden. Ich war sehr geneigt, dieses äußerst verlockende Angebot anzunehmen.

Im Nachhinein wurde mir klar, dass ich damals an einer jener schicksalhaften Weggabelungen stand, an der sich entscheidet, in welche Richtung der Lebensweg weiterführt. Hätte ich Nawalny abgesagt, wäre ich wahrscheinlich heute noch in der IT-Branche tätig. Aber die Aussicht, eine Wahlkampagne Moskauer Größenordnung zu leiten, fand ich wahnsinnig interessant, und natürlich schmeichelte mir Alexeis Angebot auch nicht wenig. Ich sagte zu.

Ich habe Alexei nie direkt danach gefragt, warum er gerade mir dieses Angebot gemacht hat. Ich vermute, eine nicht unbedeutende Rolle spielte der Umstand, dass ich nicht in Moskau lebte. Ich wohnte zu der Zeit in Jekaterinburg, knapp 2000 Kilometer entfernt, in Moskau war ich nur gelegentlich. Somit hatte ich keinerlei Berührung mit den Schlüsselfiguren der Moskauer Politik. Die oppositionelle Szene der Stadt zeigte damals alle typischen Merkmale einer in sich geschlossenen Subkultur, in der wenige Personen seit sehr langer Zeit miteinander kommunizierten. Da gab es Clans und Fraktionen, da gab es Streite, Konflikte und eine lange Geschichte solcher Streite und Konflikte, wer mit wem in derselben Zwergorganisation zusammensteckte, die sich dann noch mal aufspaltete und so weiter, was alles unvermeidlich zu komplizierten persönlichen Beziehungen führte. Mit alldem hatte ich nichts zu tun, deshalb konnte ich viel leichter einen Wahlkampfstab zusammenstellen, der Vertreter verschiedener Organisationen und Strömungen zusammenbrachte. Ich hatte die Erfahrungen aus meinem erfolgreichen Wahlkampf zur städtischen Duma von Jekaterinburg im Jahr 2009, außerdem die Erfahrung der gemeinsamen Arbeit mit Alexei bei der Wahl zum Koordinationsrat im Oktober 2012. Unsere persönliche freundschaftliche Beziehung spielte am Ende bestimmt auch eine Rolle.

So flog ich also am 8. Juni nach Moskau, um dort nur drei Monate vor der Wahl gegen einen übermächtigen Konkurrenten die Bürgermeisterwahl in einer Zwölf-Millionen-Stadt für Alexei Nawalny zu entscheiden.

Über diesen Wahlkampf ist viel geschrieben und gesagt worden, deshalb spare ich mir hier die Einzelheiten, auch dazu, wie es uns doch gelang, den »munizipalen Filter« zu überwinden. Wichtig ist zu verstehen, dass Alexei Nawalny aus diesem

Wahlkampf als der unangefochtene Führer der russischen Opposition hervorging.

Nach offiziellen Angaben erhielt Nawalny 28 Prozent der abgegebenen Stimmen, Sobjanin 51 Prozent. 51 Prozent, das ist eine wichtige Zahl. Hätte der amtierende Bürgermeister weniger als 50 Prozent plus eine Stimme errungen, wäre es zu einer Stichwahl gekommen. Das wollte Sobjanin aber auf jeden Fall vermeiden, denn bei einer Stichwahl war das Ergebnis völlig unvorhersehbar. Und Sobjanin wusste, was ihm blühen konnte: Seit der Wiedereinführung der Gouverneurswahlen im Jahr 2011 hatte es in fünf Fällen einen zweiten Durchgang gegeben: in den Regionen Irkutsk, Chabarowsk, Wladimir, Chakassien und Wladiwostok. In allen fünf Fällen war der Kandidat der Regierungspartei durchgefallen, und das sogar, wenn er im ersten Durchgang 49 Prozent der abgegebenen Stimmen erhalten hatte.

Wie war das möglich? Die Menschen hatten einfach den Sinn demokratischer Wahlen erkannt. Sie stellten fest, dass der ihnen von Moskau vorgesetzte Kandidat der Partei Einiges Russland, der Kandidat Putins, kein unumstößliches Schicksal sein musste. Dass er überwindbar war, und zwar durch ihre Stimme. Mehr Menschen bekamen wieder Lust aufs Wählen, mit der Folge, dass sie tatsächlich ihnen unliebsame Kandidaten der Regierungspartei stürzen konnten.

Sergej Sobjanin hatte nicht die Absicht, es auf eine solche Situation ankommen zu lassen. Und so kann man am offiziellen Ergebnis der Moskauer Bürgermeisterwahl von 51 zu 28 Prozent deutlich Sobjanins Widerwillen ablesen, sich auf eine Stichwahl einzulassen. Das zeigen auch die Rückläufe der unabhängigen Wahlbeobachter, die unser Team ausgewertet hat. Nach diesen Zahlen hatte Sobjanin 45 Prozent erreicht, Nawalny 36 Prozent. Sobjanin lag damit zwar vorn, aber er hätte in den zweiten Durchgang gemusst. Natürlich konnten unabhängige Wahlbeobachter nicht allen Fällen von Einflussnahme auf die Spur kommen. Jenseits direkter Wahlfälschung sind die Methoden behördlicher Wahlmanipulation sehr vielfältig. 2011 hatten die dreisten Betrügereien in Moskau und anderen großen Städten Zehntausende auf die Straße gebracht. Die Proteste damals waren in erster Linie eine Bewegung der betrogenen Wahlbeobachter, die diese Fälschungen mit eigenen Augen gesehen hatten. Nun in Moskau versuchte man, direkte Wahlfälschungen zu vermeiden, was aber nicht heißt, dass die Wahlen korrekt waren.

Kurz zum Verständnis: Ein uneingeweihter Beobachter selbst in Russland, ganz zu schweigen von einem ausländischen Beobachter, bringt oft zwei völlig verschiedene Dinge durcheinander – eine korrekte Wahl und eine korrekte Stimmenauszählung. Eine Wahl gilt gemeinhin als korrekt oder fair, wenn die Kandidaten unter gleichen Bedingungen kämpfen, wenn sie für ihren Wahlkampf die gleichen Möglichkeiten haben. Dann spiegelt sich der Wille der Wähler in den Wahlergebnissen wider. In Russland aber gilt eine Wahl meist dann als korrekt, wenn immerhin eine korrekte Stimmenauszählung stattfindet, wenn die Zahlen, die am Ende bekannt gegeben werden, den Kreuzchen auf den Wahlscheinen entsprechen. Die Frage ist nur, wie die Kreuzchen auf die Wahlscheine kommen. Warum haben die Wähler so oder so abgestimmt? Wurde ihr Wille auch nicht manipuliert? Das kann man nicht wissen, das bleibt hinter dem Vorhang.

Bei den Wahlen in Moskau 2011 waren die Protokolle der in den Wahlurnen gelandeten Wahlzettel einfach umgeschrieben worden. Jetzt nahm man die Auszählung der Wählerstimmen wieder peinlich genau vor, aber die Wahl selbst war trotzdem nicht korrekt. Die Stadtverwaltung hat eine Unzahl effektiver Instrumente zur Wahlmanipulation. An erster Stelle stehen die ungleichen Voraussetzungen für die Kandidaten. Der amtierende Moskauer Bürgermeister verfügte über die gesamte Medienholding der Regierung, einschließlich des Moskauer städtischen Fernsehsenders TWZ, der Lokalzeitung Wetschernaja Moskwa und Hunderter kleinerer Lokalzeitungen, die den Bürgermeister buchstäblich auf jeder einzelnen Seite von vorn bis hinten glorifizierten. Natürlich nur den Bürgermeister als Amtsperson, nicht als Kandidat.

Dann gibt es da noch das städtische Sozialsystem. Dort hat man ein Verzeichnis aller Menschen mit Behinderung, die das Haus nicht verlassen und normalerweise nicht zur Wahl gehen. Nun schickt der Moskauer Bürgermeister eine Woche vor der Wahl eine Schar Boten los, die diese Adressen abklappern und Lebensmittelpakete verteilen, mit gutem traditionellem Buchweizen, Nudeln und allem Möglichen, was die Leute mögen, unbedingt auch Kekse und Schokolade. Zwischen all den Leckereien steckt ein persönliches Kärtchen von Sergej Sobjanin, mit dem der Bürgermeister der Stadt seinen Bürgern zu irgendwelchen Feiertagen gratuliert. Es gibt sehr viele Feiertage in Russland, und wenn die existierenden nicht reichen, denkt man sich noch welche aus. Sehr günstig liegt zum Beispiel der Tag des Wissens am 1. September oder der Tag der Stadt, den feiert man in Moskau sehr vorteilhaft Anfang September. Um nichts dem Zufall zu überlassen, fragen die Sozialarbeiter, die die Pakete verteilen, die Leute so ganz nebenbei, wen sie denn wählen wollen. Und ein paar Tage später stehen sie bei denen, die »Sobjanin« gesagt haben, mit einer tragbaren Wahlurne wieder vor der Tür. Das ist eine ganz einfache, unkomplizierte Manipulation, die allein dem Kandidaten der Regierung locker an die 5 Prozent einbringen kann. Denn tatsächlich stimmen etwa 5 Prozent der Wähler zu Hause ab.

Es gibt noch viele weitere Methoden der Wahlmanipulation. Deshalb wussten wir, dass die bei unseren Wahlbefragungen ermittelten Zahlen, die ein Stimmenverhältnis von 45 zu 36 Prozent ergeben hatten, noch lange keinen zweiten Wahldurchgang garantierten. Aber sie zeigten immerhin, das Alexei Nawalny ein ernst zu nehmender Konkurrent war.

In der Nacht vom 8. auf den 9. September fiel, als das Ergebnis ermittelt wurde, das automatische System der Stimmenauszählung für mehrere Stunden irgendwie komplett aus. Die Auszählung stockte für ein paar Stunden und ging erst am nächsten Morgen weiter, wobei jetzt die passenden Zahlen vorlagen: 51 zu 28 Prozent.

Dieses Ergebnis löste eine Art Revolution im Bewusstsein der Massen aus. Den Menschen wurde auf einmal klar, dass für diesen Alexei Nawalny, einen Blogger, gegen den ein Strafprozess lief, dessen Urteil während des Wahlkampfes verkündet wurde, fast 700 000 Moskauer gestimmt hatten, fast ein Drittel der Bürger, die bei traditionell schwacher Wahlbeteiligung ihre Stimme abgegeben hatten. Das bedeutete, dass trotz massiver staatlicher Propaganda nicht alle Menschen geschlossen hinter Wladimir Putin standen. Das bedeutete, dass nicht bloß jämmerliche 2 Prozent der Menschen liberal denken. Das bedeutete, die Opposition kann an Wahlen teilnehmen, sie kann mit ihren Ideen, ihren Botschaften ein breiteres Publikum erreichen, nicht nur die hauchdünne Schicht der ewig Unzufriedenen bei Facebook. Das bedeutete einen revolutionären Wandel in der Einstellung zu politischen Wahlen, es wies einen Weg, mittels Wahlen gegen die autoritäre Staatsmacht zu kämpfen. Und das war an sich eine neue Realität, mit der Putin von nun an rechnen musste.

Nach dieser Bürgermeisterwahl in Moskau wusste jeder im Land: Die russische Opposition hat mit Alexei Nawalny einen neuen Führer.

Nach der Annexion der Krim

Wenn in Russland ein Strafverfahren gegen dich eingeleitet wird, muss in der Klageschrift ganz genau angegeben werden, zu welchem Zeitpunkt du den Vorsatz zu der dir vorgeworfenen Straftat gefasst hast. Das klingt dann folgendermaßen: »Der Angeklagte Wolkow, Leonid Michailowitsch, geboren am 10. November 1980, fasste nicht später als am 15. Januar 2021 den vorsätzlichen Entschluss, offenkundig minderjährige Personen zu verschiedenen politischen Protestaktionen anzuwerben, was sich zweifelsfrei daraus ergibt, dass er nicht später als am 16. Januar 2021 auf der Internet-Plattform YouTube ein Video publiziert hat, das junge Menschen zur Teilnahme an politischen Versammlungen aufruft.« Das sind typische Formulierungen aus einer meiner Strafakten, ich könnte beliebig viele weitere hinzufügen.

Es ist sehr zu hoffen, dass auch Wladimir Putin, der schlimmste Verbrecher des 21. Jahrhunderts, einmal auf der Anklagebank sitzen wird. Sollte die Anklage in Russland erhoben werden, dann gelten auch für ihn die verfahrensrechtlichen Bestimmungen. In der Klageschrift könnte dann stehen: Der Angeklagte Putin, Wladimir Wladimirowitsch, geboren am 7. Oktober 1952, fasste den vorsätzlichen Entschluss zur widerrechtlichen Machtaneignung in Gestalt der Verweigerung der Machtübergabe an einen legalen Nachfolger nicht später als am 23. September 2011, was sich zweifelsfrei daraus ergibt, dass er am 24. September 2011 seine Rochade mit dem zu diesem Zeitpunkt amtierenden russischen Staatspräsidenten

Medwedew, Dmitri Anatoljewitsch erklärte, mit der vorsätzlichen Absicht, auf ewig weiter zu regieren.

Spätestens seit dem Frühjahr 2014 ist klar, dass ein solches Strafverfahren eines Tages anstehen wird, seit der Annexion der Krim, seit den Aktionen im Donbass, seit dem Abschuss der malaysischen Boeing mit der Flugnummer MH-17.

In der Zeit davor, zwischen September 2011 und Juli 2014, herrschte noch eine gewisse Unklarheit. Es war nicht wirklich zu erkennen, wohin sich alles entwickeln sollte, man konnte vielleicht glauben, es könne sich doch noch alles zum Guten wenden. Nebulösen Gerüchten zufolge erwog Putin, aus der aktiven Politik auszusteigen, sich vielleicht auf irgendeinen prestigeträchtigen Posten auf internationaler Bühne zurückzuziehen, wo er bis ans Ende seiner Tage Ruhm und Unantastbarkeit genießen könnte, als Präsident des Internationalen Olympischen Komitees oder dergleichen. Noch im Februar 2014, während der Olympischen Winterspiele in Sotschi, wurden solche Gerüchte lauter. Damals stand Putin im Ruf eines international respektierten Staatschefs. Zur Eröffnung der Olympiade kamen die Oberhäupter etlicher Staaten angereist. Und Putin streute öffentlich das Bild des müden Landesvaters, der es leid sei, wie ein Galeerensklave zu schuften. Diese Koketterie mag damals schon ein Zeichen besonderer Verschlagenheit gewesen sein. Dabei hatte niemand Grund, an seiner Aufrichtigkeit zu zweifeln, schließlich verlangt der Job des russischen Staatspräsidenten gewaltige Anstrengungen, viel Verzicht und Opfer, und er war ja nun schon seit anderthalb Jahrzehnten dabei. Vielleicht hat er sich auch gar nicht so sehr verstellt.

In dieser Zeit zwischen 2011 und 2014 ging es in Russland sehr turbulent zu. Auf der einen Seite war es nach der großen Protestwelle von 2011/12 zu einer teilweisen Liberalisierung in der Politik gekommen. Es wurden, wenn auch in zurechtgestutzter Form, die Gouverneurswahlen wieder eingeführt, und es war leichter, eine neue Partei zu gründen, was zur Folge hatte, dass Parteien wie Pilze aus dem Boden schossen. Auf der anderen Seite aber gab es den Fall Pussy Riot; er löste einen der bekanntesten politischen Prozesse in der Geschichte Russlands aus, durch den Zeichen gesetzt wurden. Auf der einen Seite durfte Alexei Nawalny an der Bürgermeisterwahl in Moskau teilnehmen – es war das letzte Mal, dass er an einer Wahl teilnehmen durfte –, auf der anderen Seite wurde er im Februar 2014 unter Hausarrest gestellt, der ein Jahr lang, bis zu seinem Gerichtsurteil in einem neuen Strafverfahren, aufrechterhalten blieb.

In den Umfragen fielen Putins Sympathiewerte. Im Herbst 2013 lagen sie kaum mehr über 50 Prozent, zum ersten Mal in seiner gesamten Regierungszeit. Nicht nur Putin war erschöpft von seiner Herrschaft über Russland – auch Russland war erschöpft von der Herrschaft Putins. Im Rückblick lässt sich sagen, dass dies wohl der letzte Moment war, in dem die Geschichte einen anderen Weg hätte einschlagen können. Aber Russland hat wohl eine besondere Begabung, an allen historischen Wegscheiden falsch abzubiegen.

Der Entschluss zur Annexion der Krim war sicher nicht von langer Hand geplant. Es war eine vollkommen spontane Entscheidung, die eine sich bietende Gelegenheit beim Schopf ergriff. Wie das so ist bei günstigen Gelegenheiten: Man muss schnell zugreifen; was man dann damit anfängt, sieht man später. Dieser Schritt war offenkundig ein riesiger Fehler, ein Fehler schon für sich genommen, umso mehr aber, als darin der Keim für die blutige Tragödie des Jahres 2022 liegt. Daran hat Putin zu diesem Zeitpunkt natürlich nicht gedacht, die Krim konnte er ja einfach so mit links annektieren, ohne einen Schuss und unter dem Beifall der Bevölkerung. Putin zog daraus einen scheinbar nützlichen, doch letztlich fatalen Schluss: Ein kleiner siegreicher Krieg ohne Blutvergießen bringt dir die grenzenlose Liebe des ganzen Volkes ein, und deine Umfragewerte steigen in himmlische Höhen.

Nach der Annexion der Krim folgten die kriegerischen Ereignisse im Donbass und der Abschuss des malaysischen Passagierflugzeugs durch eine russische Flugabwehrrakete über ukrainischem Staatsgebiet mit 298 Todesopfern. Putin war auf den Geschmack gekommen, nicht mehr nur sein eigenes Volk zu knechten, sondern auch Außenpolitik mit zunehmend aggressiven Mitteln zu führen. Jetzt konnte es keinen geordneten Rückzug mehr geben, um in seinem Palast ein beschauliches Rentnerdasein zu führen.

Nicht später als im Juli 2014 war Putins Entschluss, auf ewig an der Macht zu bleiben, unverrückbar gefasst und zementiert. Damit war der Weg in die Katastrophe unvermeidbar geworden. Nur dass er in diesem Moment noch nicht wirklich voraussehbar war. Die Dinge standen für Putin so gut wie nie. Nawalny stand unter Hausarrest, die Opposition war zerschlagen, der Präsident höchst populär, das Volk jubelte in der Krim-Euphorie.

Wie war die Lage der Opposition zu diesem Zeitpunkt? Während der großen Proteste zur Jahreswende 2011/12 teilte sich das oppositionelle Lager in der Wahrnehmung vieler Russen in drei verhältnismäßig gleich große und etwa gleich bedeutende Gruppen, die sich, vereinfacht gesagt, als Liberale, Linke und Nationalisten bezeichnen lassen. Genauer waren das die außersystemischen Linken unter Führung von Sergei Udalzow, die sich von der Kreml-gesteuerten Kommunistischen Partei abgrenzten; dann die von diversen pittoresken Gestalten geführten außersystemischen Nationalisten, deren Potenzial unter anderem in radikalen und zu vielem bereiten Jugendverbänden bestand; und schließlich die Liberalen, ein amorphes, aus vielen verschiedenen Gruppen und Strömungen bestehendes Konglomerat. Sie betrieben fast schon traditionell zu nennende Oppositionsarbeit, die das Spiel der vom System erlaubten Parteien nicht mitspielen wollte, nur wusste man von ihnen nicht genau, für welchen Weg sie eigentlich standen.

Die Ereignisse von 2014 lösten einen radikalen Umbruch in der russischen Opposition aus. Die Linken wurden überwiegend zu feurigen Anhängern Putins und verziehen ihm alles, was sie ihm vorher vorgeworfen hatten, denn er stellte das Imperium wieder her und korrigierte die Jahrhundertkatastrophe des Zerfalls der Sowjetunion – so jedenfalls sahen sie die Dinge. Die Nationalisten waren in der Mehrzahl ebenfalls bereit, Putin alles zu vergeben, sie huldigten ihm, weil er die russische Erde sammelte und das russische Volk und die russische Sprache schützte. Die wenigen Nationalisten, die Putin nach der Annexion der Krim nicht unterstützt hatten, traf jetzt, da sie den Schutz der Partei nicht mehr genossen, die ganze Härte staatlicher Repression, sie wurden der Reihe nach mit vorfabrizierten Strafverfahren überzogen und verschwanden in den Gefängnissen.

Die Liberalen schließlich wussten selbst nicht so recht, ob sie eine bedeutsame politische Kraft darstellten oder nicht. Natürlich, für sie sprach das Ergebnis der Moskauer Wahlen von 2013, bei der rund 30 Prozent der Wähler ihre Stimme Nawalny gegeben hatten. Aber Moskau war nicht Russland, in Moskau gab es eine liberale Mittelklasse, dort lag das Durchschnittseinkommen um ein Mehrfaches über dem der Bürger in den Regionen, die Moskauer reisten ins Ausland, ihr Bewusstsein war weltoffen und fortschrittlich. Aber im Rest des Landes? Wer interessierte sich da für politische Freiheit? Ihr Liberalen seid 2 Prozent Dreck, sprach der Fernsehmoderator Wladimir Solowjow, eines der populärsten Propagandasprachrohre der Regierung, ungeniert aus. Und leider gaben ihm die meisten Angehörigen der liberalen oppositionellen Bewegungen insgeheim recht, sie hielten sich selbst für marginal. Die Tatsache, dass die liberalen Systemparteien seit vielen Jahren bei genau 2 Prozent der Wählerstimmen stagnierten, schien sie in dieser Selbstauffassung nur zu bestätigen. Die Situation nach der Annexion der Krim verstärkte diese Mutlosigkeit noch einmal erheblich.

So war es um das politische Kräfteverhältnis vor Beginn des neuen politischen Zyklus bestellt. Die Staatsduma wurde jetzt für fünf Jahre gewählt, der Präsident aber neuerdings für sechs, womit sich die Wahlperioden desynchronisierten. Die nächsten Wahlen zur Staatsduma standen im September 2016 an, die Präsidentschaftswahl erst anderthalb Jahre später, im März 2018. Für die Wahlen zur Duma wurden keine oppositionellen Parteien zugelassen, die systemischen liberalen Parteien erhielten tatsächlich weniger als 2 Prozent der Stimmen, alles lief glatt, die Dominanz der Partei Einiges Russland blieb unangefochten, sie erhielt 343 von 450 Sitzen, also eine Verfassungsmehrheit. Die schlimmsten Befürchtungen waren eingetreten, und nun war für jeden klar zu erkennen, dass niemand mehr Putin herausfordern konnte.

Genau in dieser Situation, unter diesen erschwerten Bedingungen, gab Alexei Nawalny seine Absicht bekannt, bei den Präsidentschaftswahlen im Jahr 2018 kandidieren zu wollen.

Nawalnys Präsidentschaftswahlkampf

Nach der Annexion der Krim glich das politische Feld in Russland einer Monokultur – es wuchs nur noch, was nach Putins Willen gedeihen sollte, alle anderen zarten Pflänzchen wurden rigoros bekämpft. Putins Zustimmungswerte lagen offiziell bei sagenhaften 86 Prozent. In unseren eigenen Umfragen sind wir zwar nie auf diesen hohen Wert gekommen, aber an die 80 Prozent hat er wohl tatsächlich erreicht.

Eigenständige Meinungsforschung, das sei hier erwähnt, war von Anfang an ein wichtiger Bestandteil unserer Arbeit, schon als Nawalnys Antikorruptionsstiftung noch ein kleines und sehr kompaktes Team war. Wir begriffen sehr früh, dass ungeprüfte Daten aus fremden Quellen keine gute Grundlage für eine bürgerorientierte und effektive Politik sind. Deshalb investierten wir viel Kraft und Zeit in den Aufbau eines eigenen Meinungsforschungsbüros, das gezielt nach unseren jeweiligen Erfordernissen arbeitete und dem wir vollkommen vertrauen konnten. Dieses Büro hat uns immer wieder in heiklen Situationen wichtige Daten geliefert, auf deren Grundlage wir unsere bisweilen schwierigen politischen Entscheidungen treffen konnten.

Also 86 Prozent Zustimmung für Putin, das war nach unseren Umfragen nicht real, aber wir brauchten uns nichts vorzumachen: Sehr viele Menschen waren bereit, ihm ihre Stimme zu geben. Die Kommunalwahlen 2015 und die Wahlen zur Staatsduma 2016 waren für den Kreml reibungslos und mit optimalen Ergebnissen verlaufen. Wie wir unter diesen Umständen um die Präsidentschaft kämpfen sollten, war uns vollkommen schleierhaft. Aber wollten wir einfach tatenlos zusehen, wie Putin sich noch einmal für weitere sechs Jahre wählen ließ? Nein, das wollten wir definitiv nicht! Glaubten wir daran, dass wir ihm wirklich etwas entgegenzusetzen hatten? Eher auch nicht. Doch wir hielten es für unsere verdammte Pflicht, es wenigstens zu versuchen. Zielgruppenbefragungen im Sommer 2016 zeigten uns: Eine breite Schicht von Menschen war unzufrieden damit, dass das Land seit Langem auf der Stelle trat, dass sich nichts wirklich vorwärtsbewegte, dass immer wieder immer dieselben Leute an der Macht waren und keine Aussicht auf einen politischen Wechsel bestand. Diese Menschen hatten offensichtlich keine politische Heimat, sie fühlten sich von keiner der existierenden politischen Kräfte repräsentiert. Die parlamentarische Opposition, sozusagen die »offizielle«, war eine vom Kreml installierte und gesteuerte Scheinopposition, ein reines Marionettentheater. Deren Vertreter – all die Sjuganows und Schirinowskis – saßen im Übrigen genauso fest und unverrückbar in ihren Sesseln wie Putin selbst, teils sogar noch länger.

Wir wussten also, dass es oppositionell denkende Bürger in großer Zahl gab, aber keine politische Kraft, mit der sie sich identifizieren konnten. Wir beschlossen, dass wir diese politische Kraft werden wollten. Zudem konnten wir sehen, dass die Bürger, die mit Putins Regierung unzufrieden waren, keineswegs nur aus der schmalen Schicht der gut Gebildeten und Wohlhabenderen kamen, sondern dass es oppositionelles Potenzial in allen Bevölkerungsschichten gab. So richteten wir unseren Wahlkampf aus: nicht fokussiert auf eine bestimmte soziale Gruppe, sondern in die Breite. Ähnlich wie bei der Bürgermeisterwahl 2013 in Moskau wollten wir auch im Wahljahr 2018 um die Stimmen all derer kämpfen, die mit Putins Regierung unzufrieden waren, ganz gleich aus welchem Grund. Ausgangspunkt war etwas, das wir das Konzept der Schwarz-Weißen Welt nannten. Auch in der größten Demokratie der Welt, den USA, ging es ja letztlich immer um den Kampf zwischen zwei Personen oder zwei politischen Kräften. Wir wollten eine ähnliche politische Realität konstruieren. Wir wollten Nawalny als einen Anti-Putin darstellen, als natürliche Wahl für jeden, der, warum auch immer, mit Putin nicht einverstanden war.

Unser Hauptproblem war, dass wir selbst genau aus der Klasse der urbanen Hipster, Kreativen und neumodischen Liberalen kamen, die die Kreml-Propaganda immer nur »die Zwei-Prozentler« nannte – was wahrscheinlich sogar zutraf, denn innerhalb der Gesamtbevölkerung gab es nicht viel mehr als 2 Prozent Menschen mit einem Background wie wir. Aber wir setzten auf unsere Erfahrungen aus dem Moskauer Wahlkampf. Damals waren diese 2 Prozent der Mittelklasse auf die Straße gegangen und hatten unserem Kandidaten starke mediale Präsenz verschafft, einfach dadurch, dass sie mit allen Leuten in Kontakt traten und mit ihnen diskutierten. So hatten sie ein kommunikatives Milieu erzeugt, das mit den konventionellen Medien, mit Fernsehen, Radio, Zeitungen und dergleichen, mithalten konnte.

Diese Taktik wollten wir jetzt auf das ganze Land ausweiten. Ob das eine realistische Chance hatte, wussten wir natürlich nicht. Wir hatten überhaupt keine Ahnung, ob wir außerhalb von Moskau genügend junge Leute würden finden können, die bereit waren, ohne Bezahlung zu arbeiten und sich gerade für unseren Kandidaten zu engagieren, für ihn auf die Straße zu gehen und zu agitieren. In Moskau gab es sie, aber Moskau ist nicht Russland. Moskau ist ein reiches Pflaster, da gibt es einen bedeutenden Mittelstand, viele Gewerbetreibende, die auf wirtschaftliche Verbesserungen hoffen, viele Kreative, die sich mehr Freiraum und mehr Möglichkeiten individueller Selbstverwirklichung ersehnen.

In den Regionen sieht das ganz anders aus, das wusste man natürlich auch im Kreml. Der Gegensatz zwischen der saturierten Hauptstadt und den normalen Russen aus den Regionen war ein zentrales Narrativ der Kreml-Propaganda, das vor allem seit den Protestkundgebungen von 2011 zunehmend lanciert wurde. Zum Beispiel hatte man, als Gegenaktion zu den Demonstrationen der Mittelklasse in Moskau, damit begonnen, in den großen Industriezentren sogenannte Putings zu organisieren. Das sah so aus, dass die örtliche Verwaltung speziell instruierte und ausstaffierte »Demonstranten« zu inszenierten Veranstaltungen karrte, wo dann zum Beispiel die kernigen Arbeiter des riesigen Rüstungsbetriebs Uralwagonsawod in ihrer malerischen Arbeitskleidung vor der Kamera das »echte« Russland darstellten, viel authentischer, größer und bedeutsamer als das kleine privilegierte Russland innerhalb des Moskauer Gartenrings. Dieser konstruierte Gegensatz wurde für den Kreml zu einem so wichtigen Narrativ, dass er bald selbst daran glaubte.

Der Witz ist, dass auch wir selbst irgendwann anfingen, daran zu glauben. Wir hatten richtiggehend Angst, aus Moskau hinaus und in die Regionen zu gehen. Es war uns sehr bewusst, dass wir uns damit aus unserer Komfortzone begaben. Aber uns blieb nichts anderes übrig, der Gesetzgeber zwang uns ja dazu mit seinen absurden Wahlgesetzen, die es unabhängigen Kandidaten unmöglich machen sollten, an Wahlen teilzunehmen. Nur ein Beispiel: Um als Kandidat für die Wahl zum Präsidenten der Russischen Föderation zugelassen zu werden, musste ein parteiunabhängiger Bewerber innerhalb einer extrem kurzen Frist, etwa drei Wochen, mindestens 300 000 Unterschriften von Unterstützern sammeln, beglaubigen lassen und bei der Zentralen Wahlkommission einreichen. Das erscheint auf den ersten Blick vielleicht nicht so wild, schließlich hat Nawalny bei der Bürgermeisterwahl in Moskau 2013 ganze 700 000 Stimmen bekommen. Aber für die Präsidentschaftswahl galt, dass nicht mehr als 7500 Unterschriften aus demselben föderalen Subjekt in diese Vorgabe eingingen. Wir waren gesetzlich gezwungen, unsere Unterschriften in mindestens 40 Regionen zu sammeln. Ohne diese Bestimmung hätten wir uns vielleicht gar nicht getraut, in die Regionen zu gehen, so aber hatten wir keine andere Wahl.

Es war uns klar, dass die vor uns liegende Aufgabe gewaltige organisatorische Vorarbeit erforderte. Um zu gewährleisten, dass innerhalb der gesetzlich festgelegten Frist, also mit dem offiziellen Beginn des Wahlkampfes innerhalb von drei Wochen, die erforderlichen Unterschriften gesammelt, beglaubigt und eingereicht werden konnten, mussten wir leistungsfähige Strukturen aufbauen, mit denen das zu schaffen war. Mit Beginn des Jahres 2017 begann Alexei Nawalny kreuz und quer durchs Land zu reisen und in allen größeren Städten seine »Stäbe« aufzubauen, lokale Organisationen von Freiwilligen. Deren Aufgabe bestand darin, im Laufe des Jahres die erforderliche Zahl von Unterstützern zusammenzubringen, die dann, drei Monate vor der für den März 2018 angesetzten Wahl, in beglaubigter Form bei den Stäben ihre Unterschriften abgeben sollten.

So entstand, genötigt durch eine restriktive Gesetzgebung, ein oppositionelles Netzwerk, das sich über das ganze Land ausdehnte und das, wie sich bald zeigte, die Struktur des politischen Lebens in Russland grundlegend veränderte. Wir machten eine Erfahrung, die uns entscheidend prägte: Wir sahen tatsächlich das »echte«, nämlich das ganze Russland; und das echte Russland sah, was echte Politik sein kann.

In den meisten Regionen gab es zu dieser Zeit schon seit vielen Jahren kein echtes politisches Leben mehr. Politik bestand für die normale Bevölkerung darin, zu den Wahlen zu gehen, die tatsächlich stattfanden, und ihre Stimme abzugeben für irgendeine der zugelassenen Parteien. Diese waren im Grunde nicht mehr als eine Art Franchise-Betriebe, die sich ein örtliches Finanz- oder Industrieunternehmen eingekauft hatte, das seine Lobbyisten in den regionalen Behörden platzieren wollte.

Auch eine unabhängige Lokalpresse gab es schon lange nicht mehr, außer in einigen wenigen Millionenstädten wie Jekaterinburg oder Nowosibirsk, wo man immerhin den Anschein von politischem Wettstreit wahrte. Jenseits der Stadtgrenzen suchte man vergeblich nach Anzeichen nennenswerter politischer Kultur. Die Leute wussten, Politik, das ist nur ein abgekartetes Spiel, bei dem ein ihnen von Moskau vorgesetzter Gouverneur die Posten verteilt und die Pfründe für irgendwelche hochgestellten Gefolgsleute Putins verwaltet, echte Pfründe fast wie im feudalen Mittelalter. Dem Moskauer Bürgermeister Sobjanin etwa waren die Oblaste Tjumen und Swerdlowsk zugewiesen, dem Verteidigungsminister Sergej Schoigu die Region Moskau und der russische Ferne Osten. Aus den Ressourcen dieser »Lehnsgüter« bedienten sie sich nach Belieben. Für den normalen Bürger war in diesem System kein Platz. Und deshalb hatte es den Anschein, als seien die Bürger an Politik gar nicht interessiert. Aber wie sich bei Alexei Nawalnys Tour de Force durch die russischen Regionen erwies, waren sie es durchaus, die Menschen wünschten sich einen Platz im politischen Leben.

Ich will bei der Beschreibung des Wahlkampfes 2017/18 nicht in die Einzelheiten gehen, das kann man alles in zahlreichen Artikeln und wissenschaftlichen Publikationen nachlesen. In wenigen Worten: Nawalny bereiste zwischen Februar und Juni 2017 über 50 Regionen und baute insgesamt 85 Stäbe auf. In jedem dieser Stäbe gab es nur wenige feste Mitarbeiter, aber um jeden Stab herum kristallisierte sich die Aktivität Hunderter, vielleicht sogar Tausender junger Menschen, die begierig darauf waren, sich aktiv zu engagieren. Diese Erfahrung hat alle unsere Erwartungen letztlich weit übertroffen.

Als Alexei Nawalny im Herbst 2017 zu seiner zweiten Tour aufbrach, hatte sich das Bild schon grundlegend verändert. Die Versammlungen, bei denen er jetzt auftrat, hatten seine Stäbe zuvor sorgfältig vorbereitet, und nun zeigte sich, dass nicht Moskau und nicht Sankt Petersburg, nicht Jekaterinburg oder Nowosibirsk, also die anerkannten Hauptstädte liberalen Denkens, die gemessen an der Einwohnerzahl stärkste Beteiligung zusammenbrachten, sondern Murmansk und Smolensk, Städte, die auf der politischen Landkarte Russlands, erst recht der oppositionellen, bis dato überhaupt nicht existiert hatten. Das war für uns ein wunderbares Erlebnis und vielleicht die wichtigste Lehre aus diesem Gang in die Regionen: In allen diesen Städten und Regionen im »tiefen« Russland fern der großen Zentren gab es ein brennendes Bedürfnis nach echtem politischen Leben, gerade bei der jüngeren Generation.

Ein Bild bekam man praktisch bei jeder dieser Demonstrationen zu sehen, bei denen Alexei Nawalny auftrat: Nach der Veranstaltung standen die jungen Leute Schlange, um ein Selfie mit ihm zu schießen. Und immer kamen gleich drei oder vier gleichzeitig zu ihm, die dann das Smartphone von Hand zu Hand reichten, damit jeder mal ins Bild kam. Irgendwann verstand ich: Selbst in den größeren Städten in den Regionen war es offenbar normal, dass sich junge Leute zu dritt oder viert ein Smartphone teilten und kollektiv nutzten, weil sie sich kein eigenes leisten konnten. Dabei war das Smartphone natürlich gerade für sie ein Fenster zur Welt, ein extrem wichtiges Kommunikationswerkzeug.

In dieser Phase der Vorbereitung auf den Wahlkampf führten wir eine der größten Meinungsumfragen unter unseren

Anhängern durch, also bei denen, die zu unseren Demonstrationen und Veranstaltungen kamen und in unseren Unterstützerlisten erfasst waren. Diesen Personen schickten wir per E-Mail einen Fragebogen zu. Wir erhielten um die 200 000 Rückläufe. Es waren sehr allgemein gehaltene Fragen demografischer Art, wir wollten einfach herausfinden, wer unsere Anhänger waren. Es waren in der Tat vornehmlich junge Menschen, aber keineswegs nur Schüler, wie es die Kreml-Propaganda darstellte. Das Gros kam aus der Altersgruppe der 25- bis 34-Jährigen, das Bildungsniveau war durchweg deutlich höher als im Landesdurchschnitt. Das Einkommensniveau dagegen lag nur wenig über dem landesweiten Mittel. Dies fanden wir bemerkenswert, bedeutete es doch, dass in den Regionen das Niveau der Ausbildung sich nicht in der Höhe des Einkommens widerspiegelte, ein Umstand, der verständlicherweise zu Unzufriedenheit führen musste. Die gut ausgebildeten jungen Leute sahen ganz klar, dass ihre Perspektiven in ihrer Region sehr begrenzt waren. Wer nicht nach Moskau wollte oder gleich ins Ausland, wer keine Stelle im Staatsdienst oder vielleicht in der Ausnahmebranche Öl und Gas ergatterte, der wusste, dass keine noch so gute Ausbildung ihn aus seinen bescheidenen Verhältnissen herausführte. Selbst ein IT-Spezialist zum Beispiel konnte in einer typischen russischen Provinzstadt wie etwa Barnaul maximal 60 000 Rubel im Monat verdienen, das entspricht etwa 800 Euro.

Dieses Bild sozialer Ungleichheit und Armut, das wir bei unseren Reisen durch das »echte« Russland zu sehen bekamen, hat unser Konzept von Grund auf verändert. Wir begriffen, dass diese Faktoren das Leben in den Regionen massiv dominierten, und wir richteten die Stoßrichtung unserer politischen Agitation immer mehr auf diese Problematiken aus.

Die privilegierten Liberalen aus der Moskauer Mittelklasse kritisierten unseren Kurswechsel als ein Abdriften nach links, aber wir wussten, das war der richtige Weg. Die Menschen waren ja nicht selbst schuld an ihrer Armut, sie wurden schlichtweg bestohlen, man gab ihnen einfach keine Chance zum sozialen Aufstieg. Schuld daran war das von Putin vorsätzlich installierte System. Und wir waren auch nicht nach links gerutscht, nur weil wir jetzt immer öfter von der Notwendigkeit des Kampfes gegen soziale Ungleichheit sprachen. Unser Programm war nach wie vor bestimmt vom Kampf gegen die Korruption und für den Aufbau eines Staates mit funktionierenden Institutionen. Wir bemühten uns, das in einer klaren und verständlichen Sprache vorzubringen, und stießen damit auf große Resonanz, das sahen wir ja bei unseren Demonstrationen, auf denen sich immer mehr Menschen versammelten, die Alexei Nawalny ihre Unterstützung bezeugten. Und wir sahen es an der Reaktion des Kremls.

2017 war nicht nur das Jahr, in dem Alexei Nawalny durch die russischen Regionen reiste, das Jahr seiner triumphalen Kundgebungen, auf denen er vielen Tausenden seiner Anhänger begegnete, es war auch das Jahr, in dem ihm KGB-Schergen auf den Fersen waren, um ihn zu vergiften, das Jahr, in dem er und viele Mitarbeiter seiner Stäbe lange Zeit in Arrestzellen verbrachten. Es war das Jahr, in dem Nawalny nach einem Anschlag mit einer ätzenden Chemikalie um ein Haar das Sehvermögen eines Auges verloren hätte, das nur durch eine Reihe schwerer Operationen gerettet werden konnte.

Aber es war auch das Jahr, in dem zum ersten Mal seit den Protesten von 2011 wieder Demonstrationen im ganzen Land stattfanden. Am 2. März 2017 veröffentlichte Nawalnys Antikorruptionsstiftung ein Video mit dem Titel »Nennt ihn nicht Dimon« über das Korruptionsabenteuer von Ministerpräsident Dmitri Medwedew. Dieses rund 40 Millionen Mal aufgerufene Video zeigt unseren ehemaligen Präsidenten und vorgeblich liberalen (wenn auch gescheiterten) Reformator, dem man immer alles nachgesehen hatte, als skrupellosen Selbstbereicherer, der sich still und heimlich ein dollarmilliardenschweres Imperium zusammenkorrumpiert hatte, bestehend aus Palästen, Jachten und Landgütern im In- und Ausland, darunter auch in Italien. Es zeigt ihn als eiskalt berechnenden Egoisten ohne jede Ähnlichkeit mit dem etwas naiven, aber netten Einfaltspinsel, als den man ihn immer gesehen hatte. Das Video schlug ein wie eine Bombe. Im ganzen Land gingen die Menschen auf die Straße, in achtzig Städten gab es Demonstrationen. Wir übertrugen sie online aus ganz Russland, von Petropawlowsk-Kamtschatski bis Moskau, Sankt Petersburg und Kaliningrad, von überallher, wo spontane Massenproteste stattfanden. Es waren die größten Proteste seit 2011.

Solche Liveberichte von Protestveranstaltungen sendeten wir hier zum ersten Mal. Wir nutzten die Infrastruktur unserer Stäbe und örtlichen Organisationen, die sich spontan in journalistische Teams verwandelt hatten. Liveübertragungen wurden für uns zu einem wichtigen Werkzeug, um die Mauer der Zensur zu durchbrechen, ähnlich wie 2011 YouTube zu einem Werkzeug geworden war, mit dem sich der Kreml in Angst und Schrecken versetzen ließ. Im Fernsehen konnte man diese Proteste totschweigen, aber auf YouTube sahen sie mehr als vier Millionen Menschen an einem Tag. Millionen verfolgten die Proteste im ganzen Land und hatten teil an ihnen.

Das Ende vom Lied war, dass die Sendeteams direkt aus ihren improvisierten Studios heraus verhaftet wurden. Ich selbst wurde in unserem Moskauer Büro beim Moderieren einer Livesendung festgenommen, vierzehn Stunden nach Beginn der Sendung. Ich erhielt damals meine ersten zehn Tage Ordnungshaft. Trotz aller Verhaftungen und der körperlichen Angriffe und obwohl der Druck auf unsere Stäbe immer stärker wurde, schafften wir es, unseren Wahlkampf im Wesentlichen wie geplant durchzuführen. Im Dezember 2017 fanden in den zwanzig größten Städten Russlands gleichzeitig Wählerversammlungen statt, auf denen Alexei Nawalny formell als Kandidat für die Präsidentschaftswahl aufgestellt wurde. Wir hatten genügend Unterstützer mobilisiert, um für den Fall, dass die Zentrale Wahlkommission seine Kandidatur zuließe, binnen kürzester Zeit die erforderlichen Unterschriften zu sammeln und Nawalnys Registrierung zu gewährleisten.

Er wurde nicht zugelassen. Die Wahlkommission lehnte seine Registrierung ab mit der Begründung, er gelte aufgrund des Urteils im KirowLes-Prozess noch als vorbestraft. Damit sollte dieses suspekte Urteil, gefällt in der heißen Phase des Bürgermeisterwahlkampfes 2013, erneut eine unselige Rolle spielen.

Übrigens ist hier ein typisches Muster zu erkennen, wie Putins Administration sich der gesteuerten Justiz bedient. Das Urteil war im Februar 2016 vom Europäischen Gerichtshof für Menschenrechte für unrechtmäßig erklärt worden, wurde daraufhin aber vom Obersten Gericht Russlands nur vom Vollzug ausgesetzt, nicht kassiert. Als wir im Dezember 2016 bekannt gaben, Nawalny beabsichtige, für die Präsidentschaftswahlen zu kandidieren, galt er als nicht vorbestraft, durfte formal gesehen also antreten. Kurz darauf aber wurde der Prozess wieder aufgenommen, und im Februar 2017 wurde Nawalny erneut verurteilt, wobei die Urteilsbegründung den identischen Wortlaut hatte wie im Jahr 2013. Bei uns gibt es eine Redensart: Der Form nach richtig, dem Wesen nach ein Hohn. Russland war zu diesem Zeitpunkt noch Mitglied des Europarates; dass das Urteil des Europäischen Gerichtshofs für Menschenrechte das russische Urteil aufhob, entsprach den Verfassungsnormen, deshalb durfte man rechtlich gesehen Nawalny in Russland nicht als vorbestraft betrachten. Doch das System Putin findet immer Mittel und Wege, die Dinge so zu drehen, wie sie sie haben will. Nach außen hin wahrt man das Gesicht, man hält sich ja, der Form nach, an Recht und Gesetz.

Aber was hatten wir erwartet? Warum hatten wir diesen Wahlkampf überhaupt begonnen, wo wir doch wussten, dass Nawalny juristisch vorbelastet war? Aus westlicher Sicht ist das wohl eine sinnvolle und vollauf berechtigte Frage. Für einen westlichen Beobachter ist es ganz selbstverständlich, dass man sich an die gesetzlichen Bestimmungen zu halten hat. Aber ehrlich gesagt, für uns stellte sich diese Frage nicht. Ein anderes russisches Sprichwort lautet: Ein Gesetz ist wie eine Deichsel, wohin du sie drehst, dahin fährt sie. Auf der einen Seite beschreibt das ziemlich präzise den jämmerlichen Zustand des russischen Rechtssystems, auf der anderen aber spricht es auch davon, dass man nie wissen kann, wer schließlich den Kürzeren zieht. Wir hatten ja mehr als einmal erfahren, dass der russische Staat jede ihm genehme juristische Entscheidung herbeiführen kann. Aber wir hatten auch gesehen, dass er durchaus bereit war, einen Rückzieher zu machen, wenn der gesellschaftliche Druck nur groß genug war.

Nach Nawalnys Verurteilung 2013 waren Zehntausende auf den Manege-Platz und vor die Mauern des Kremls gezogen und hatten seine Freilassung gefordert. Und dann war etwas passiert, was es in der Geschichte der russischen Justiz so noch nie gegeben hatte und danach auch nicht mehr geben sollte: Die Staatsanwaltschaft legte Rechtsmittel gegen das Urteil ein und forderte Nawalnys Freilassung bis zu dem Zeitpunkt, an dem das Urteil rechtskräftig würde. Später wurde das Urteil zur Bewährung ausgesetzt. Auch dieser Vorgang war formal gesehen legal. Kann die Staatsanwaltschaft ein Urteil anfechten? Sie kann. Die rechtliche Form bleibt gewahrt. Allein entscheidend für das Ergebnis ist allerdings der politische Wille der Regierung.

Das alles wussten wir, und natürlich war uns von Anfang an klar, dass die Zulassung oder Nichtzulassung Alexei Nawalnys zur Wahl nicht von juristischen, sondern ausschließlich von politischen Faktoren abhing. Unser Kalkül ging folgendermaßen: Wir dachten (und denken immer noch), dass der Kreml kein anderes Ziel und kein anderes Interesse hat als das der maßlosen Bereicherung und der Erhaltung seiner Macht, um diese Bereicherung unbegrenzt fortsetzen zu können. In diesem Rahmen handelt er jedoch absolut rational. Er wägt in jeder neuen Situation die Vor- und Nachteile ab, um dann die für die Wahrung seiner Interessen zweckmäßigste Entscheidung zu treffen. Wenn die Vorteile die Nachteile überwiegen, dann machen wir es so und so, wenn die Nachteile die Vorteile überwiegen, dann machen wir es anders.

Für uns kam es also darauf an, diese Gewichtung der Vor- und Nachteile zu unseren Gunsten zu verschieben. Darauf richteten wir unseren gesamten Wahlkampf aus. Wir wollten den Kreml zu der Einsicht bringen, dass es einen enormen politischen Schaden für ihn bedeuten würde, sollte er Alexei Nawalny nicht zur Wahl zulassen. Wir wollten Putin vor Augen führen, dass die Wähler ihn nicht als legitimen Präsidenten akzeptieren würden, wenn er seinen Hauptkonkurrenten einfach von der Wahl ausschloss. Aus diesem Grund zeichneten wir den Wählern das Bild einer bipolaren Konstellation, ein Schwarz-Weiß-Bild. Wir stellten mit voller Absicht die politische Realität genau so dar: Es gibt nur Putin auf der einen Seite und Nawalny auf der anderen, alles andere ist Quatsch, alle anderen sind nichts als Statisten. Das war ziemlich frech, aber wir waren fest davon überzeugt, anders keine Aussicht auf Erfolg zu haben, dass wir allein über diesen Weg eine Zulassung unseres Kandidaten erreichten. Davon abgesehen entsprach dies auch unserer tatsächlichen Sicht, wir glaubten wirklich daran, dass dieses Bild die Realität exakt wiedergab. Betrachtet man die politische Landschaft im Russland des Jahres 2018 von Nahem, dann sieht man darin viele Scheingestalten, viele Fake-Wesen, aber nur sehr wenige reale Akteure mit der Kraft und dem Willen, ein eigenständiges politisches Programm hervorzubringen.

Ich muss das vielleicht ein wenig konkreter beschreiben. Wie sah die politische Landschaft in Russland aus? Da gab es zunächst die Regierung und die Administration des Präsidenten, dann die Staatsduma mit der vorherrschenden Partei Einiges Russland und ein paar zugelassenen Alibiparteien, dann gab es noch ein schon mehr oder weniger in Vergessenheit geratenes Projekt der russischen Volksfront, außerdem ein paar NGOs und schließlich die Gewerkschaften. Aber keine dieser Institutionen oder Organisationen war selbstständig in ihren Beschlüssen. Politische Inhalte und Projekte generierte allein eine sehr kleine Gruppe von Menschen aus dem engsten Umfeld von Präsident Putin, der innere Kreis seines Sicherheitsrates und seiner Präsidialverwaltung, wobei der Sicherheitsrat ein Teil der Präsidialverwaltung ist. Diese wenigen Personen bestimmten, in welche Richtung sich die politische Tagesordnung bewegte, sie trafen die Entscheidungen, auch wenn deren praktische Umsetzung dann von irgendeiner beliebigen Marionette übernommen wurde. Denn bisweilen war es für die Entscheider im inneren Kreis vorteilhaft, wenn ein konkretes Projekt zum Beispiel von der Staatsduma initiiert wurde, wenn man es gerade für nützlich hielt, ein wenig Parlamentarismus zu spielen, oder von irgendwelchen NGOs oder einer Gewerkschaft, wenn man ein bisschen auf gesellschaftliche Solidarität machte. Es galt allerdings – und gilt immer noch – das Gebot: Bei populären, prestigeträchtigen Unternehmungen kommt die Idee und Initiative stets von Präsident Putin persönlich. Handelt es sich aber um unpopuläre Maßnahmen, dann ist ein Minister oder Gouverneur dafür verantwortlich, der dann auch die Schläge einstecken muss. Aber egal, welche Gesichter man auf der Bühne der Tagespolitik gerade zu sehen bekommt, sie spielen immer nur Theater.

Der engste Kreis um Putin war also das eine Zentrum in unserem Schwarz-Weiß-Konzept. Das andere Zentrum, das unabhängige politische Positionen hervorbrachte, war Nawalnys Team, das übrigens auch viele Gesichter hat. Bittere Erfahrung hat uns gelehrt, dass das politische Überleben von möglichst großer Wendigkeit abhängt. Deshalb können wir in vielerlei Gestalt erscheinen: als politische Partei, als Organisation des investigativen Journalismus, als NGO, als Pressemedium, als Gewerkschaft, als aktivistische Bewegung oder als ganzes Netz aktivistischer Bewegungen. In allen diesen Erscheinungen haben wir in den vergangenen Jahren gelebt, oft in mehreren gleichzeitig. Aber das sind nur äußere Formen. Im Kern waren und bleiben wir ein vom Kreml unabhängiges Zentrum, das in der Lage ist, ein eigenständiges politisches Programm zu entwickeln.

Hier möchte ich einen Exkurs einfügen. Was ist eigentlich pragmatische Politik? Designer grafischer Benutzeroberflächen in Informationssystemen kennen und beherzigen eine wichtige Regel: Eine Dropdown-Liste, über die ein Nutzer die gerade konkret gebrauchte Funktion auswählt, darf nicht mehr als sieben Punkte enthalten, plus/minus zwei. Mehr kann man normalerweise nicht überblicken und unterscheiden. Fünf verschiedene Punkte in einer Dropdown-Liste kann ein User im Zusammenhang erfassen und verarbeiten, das heißt, er kann in einem bestimmten kurzen Zeitraum entscheiden, welche Auswahl er treffen, welchen Punkt er anklicken soll. Sieht er eine Liste mit fünfzehn Punkten, verliert er den Überblick; er muss alle Punkte nacheinander lesen, und wenn er beim unteren Punkt angekommen ist, hat er den obersten schon wieder vergessen. Das macht ihm die Entscheidung schwer.

In der Politik ist es ganz ähnlich: Menschen, die das politische Geschehen nicht regelmäßig verfolgen oder nicht aktiv

Politik betreiben, behalten in der Regel fünf oder sieben tagespolitische Themen gleichzeitig im Kopf, selten mehr. In jedem Land, gleich welche Regierungsform dort herrscht, eine demokratische, autoritäre oder vielleicht hybride, sind die tagespolitisch relevanten Themen eines bestimmten Zeitpunktes auf eine Zahl zwischen fünf und sieben beschränkt. Mehr kann kein Bürger gleichzeitig überschauen. Das liegt an der Konstruktion des menschlichen Gedächtnisses, das ist seine fundamentale Grenze.

Nun gibt es aber in jedem politischen System real erheblich mehr als fünf oder sieben Themen, die für die Menschen wichtig sind und die sie bewegen. Deshalb findet in der Tagespolitik zwischen all den politischen Akteuren oder Gruppierungen ein permanenter Konkurrenzkampf statt, um ihre Themen in den Vordergrund zu schieben und für möglichst viele Menschen interessant zu machen. Manchmal sind es globale Katastrophen oder große menschliche Tragödien, die von selbst ins Zentrum drängen und die Slots der gesellschaftlichen Aufmerksamkeit besetzen, der Krieg in der Ukraine, die großen Flüchtlingsströme, Ereignisse, die jedes europäische Land zu spüren bekommt. Manchmal rücken charismatische Persönlichkeiten wie zum Beispiel Greta Thunberg ein konkretes Problem in den Fokus der internationalen Politik. In den allermeisten Fällen jedoch ist die Gewichtung eines Themas auf der politischen Agenda eines Landes das Ergebnis zäher Kämpfe konkurrierender Gruppierungen, von denen jede versucht, ihr Programm ins Zentrum des gesellschaftlichen Interesses zu stellen und die Themen anderer zu verdrängen.

In einem totalitären Land ohne funktionierende demokratische Institutionen läuft das anders. Dort gibt es nur wenige unabhängige Akteure, die ein politisches Thema aufmachen können, und es gibt auch nur wenige Themen, die für die öffentliche Bühne zugelassen werden. Gleichwohl muss dem

Staat daran liegen, die Illusion politischer Prozesse aufrechtzuerhalten, frei nach dem Wort »natura abhorret vacuum« – die Natur schreckt vor der Leere zurück. Anders gesagt, wenn der politische Raum nicht gefüllt ist, suchen sich die Menschen ihren eigenen Inhalt, und wenn man das vermeiden will, muss man sie mit Nachrichten füttern, die einem, sprich dem Staat, genehm sind. Deshalb sorgt der totalitäre Staat dafür, dass planmäßig und beständig Fake-Narrative und Scheinthemen erzeugt werden, um die fünf bis sieben Slots in der gesellschaftlichen Wahrnehmung zu belegen und zu verhindern, dass sich dort irgendetwas Unerwünschtes einschleicht.

So verhindert man auch, dass eine echte Diskussion über tatsächlich relevante Themen entsteht. Über die Rechte der Frauen oder diverser Minderheiten, über Fragen von Ökologie, sozialer Ungleichheit oder Armut wird nicht gesprochen. Solche Themen machen dem Staat Probleme, er kann sie nicht gebrauchen, weil er auch keine Lösungen dafür anzubieten hat. Deshalb verstopft der russische Staat die Slots der öffentlichen Wahrnehmung mit Narrativen über die »böse NATO«, die russlandfeindliche Geopolitik der USA, die Verletzung der Rechte der russischsprachigen Bevölkerung in der Ukraine und Ähnlichem, was immer sich als Fake-Narrativ eignet, Hauptsache, die Programme des staatlichen Fernsehens haben Futter, mit dem sie die Aufmerksamkeit der Zuschauer binden können.

Und eben darin besteht der prinzipielle Unterschied zwischen demokratisch strukturierter und autoritärer Politik. In einer offenen Gesellschaft ist es schwierig oder unmöglich, ein künstliches Narrativ zu erzeugen, da die Medienanstalten im freien Wettbewerb zueinander stehen und deshalb Themen ansprechen, die die Menschen tatsächlich interessieren. Sie müssen das tun, um ihre Einschaltquoten zu erhöhen. Auf diese Weise entwickelt sich mehr oder weniger von selbst, was als politisches Thema gerade politisch aktuell und von Bedeutung ist. In autoritär regierten Ländern wie Russland dagegen wird die öffentliche Wahrnehmung künstlich gefüttert, und wirklich relevante Themen werden erstickt.

Das ist der Grund, weshalb sich die Antikorruptionsstiftung von Anfang an so beharrlich auf ein einziges Thema, das Problem der Korruption, konzentriert hat und wieder und wieder hartnäckig in dieselbe Kerbe schlug.

Das Thema Korruption ist bei der russischen Regierung extrem unerwünscht. Sie kann und will für dieses Problem keine Lösung anbieten, weil sie ganz und gar auf Korruption gegründet ist. Putin kann die Korruption nicht abschaffen, weil er von ihr abhängig ist. Würde er die Korruption aus dem Fundament des russischen Staates entfernen, fiele das gesamte Staatsgebilde in sich zusammen wie ein Kartenhaus. Deshalb muss das Thema Korruption aus der öffentlichen Diskussion, möglichst sogar aus dem öffentlichen Bewusstsein herausgehalten werden.

Genau deshalb haben wir beschlossen, auf allen zur Verfügung stehenden Plattformen, wo immer es möglich ist, genau über sie zu reden, um die öffentliche Aufmerksamkeit darauf zu lenken und das Interesse der Menschen dafür zu wecken. Im Jahr 2011, als die Antikorruptionsstiftung ihre Arbeit aufnahm, bewerteten nur 15 Prozent der Bevölkerung die Korruption als ein wichtiges Problem. 2021 – da war die Stiftung bereits als extremistische Organisation eingestuft – waren es unabhängigen Umfragen zufolge schon 60 Prozent. Das ist eine erdrutschartige Veränderung in der öffentlichen Wahrnehmung, und sie wurde bewirkt durch diesen beharrlichen Druck in eine Richtung. So haben wir es geschafft, dass unser Thema einen der wenigen Slots besetzen konnte. Die Bürger begannen sich über das Thema Korruption Gedanken zu machen und verstanden schnell die Relevanz dieses Problems.

Und sie verstanden, dass man etwas dagegen unternehmen muss.

Wenn ich sage, dass es Nawalnys Team gelungen ist, eines von zwei unabhängigen Zentren der Platzierung politischer Themen zu werden, beziehe ich mich auf genau diese Rahmenbedingungen. Auch andere Organisationen haben versucht, dieses oder jenes politische Narrativ in die Gesellschaft zu tragen, Themen von nationaler oder kommunaler Relevanz, von Ökologie bis zu Genderfragen. Aber keiner ist es gelungen, eines ihrer Themen zum Gegenstand des öffentlichen Diskurses zu machen. Wir haben das geschafft. Durch uns hat sich das Thema Korruption im Bewusstsein der russischen Öffentlichkeit festgesetzt, wurde es zum festen Bestandteil der politischen Agenda.

Der Wahlkampf des Jahres 2017/18 war für uns der Punkt, an dem wir erkannten, dass wir noch einen zweiten von den möglichen fünf bis sieben Slots der politischen Wahrnehmung erobern konnten, nämlich mit dem Problem der Armut. Auch bei diesem sehr wichtigen Thema hat der Staat keine Lösungen anzubieten. Die Russen sind erschreckend, ja geradezu unanständig arm für ein Land mit solch reichen natürlichen Ressourcen, mit einer so großen Zahl fähiger Ingenieure, mit einem so enormen Potenzial in Wissenschaft und Kultur.

Es ist beschämend, dass in diesem riesigen Land das durchschnittliche Lohnniveau um das Zwei- bis Dreifache unter dem der baltischen Länder liegt, mit denen wir immerhin die gemeinsame sowjetische Vergangenheit teilen, Länder zudem, die keine nennenswerten Bodenschätze besitzen und die mit demselben sowjetischen Erbe ruinierter Infrastrukturen zu kämpfen haben. Es ist traurig und beschämend. Und deshalb müssen wir genauso hartnäckig darüber reden, damit dieses Thema ins öffentliche Bewusstsein gelangt und die Menschen erkennen, dass dies kein Schicksal ist, sondern Folge des Handelns ihrer Regierung.

Wahrscheinlich wurden wir genau hier zum Opfer unseres eigenen Mutes. Wir hatten nicht damit gerechnet, dass der Erfolg unserer Kampagne, die Gewichtung der Themen Korruption einerseits, soziale Ungleichheit und Armut andererseits, zusammen mit der Unterstützung, die wir auch und gerade aus den Regionen erhielten, die Waagschale im Kreml derart in die falsche Richtung neigen lassen sollte: In der Frage, ob man Alexei Nawalny zur Wahl zuließ, um der Öffentlichkeit ein wenig politischen Wettbewerb zu bieten, oder sich gleich eventuelle Unannehmlichkeiten ersparte, entschied man dort, dass Nawalny nicht antreten durfte. Als die alten Herren im Kreml nämlich sahen, wie stark das Verlangen nach einer grundsätzlichen politischen Wende tatsächlich war, und zwar in ganz Russland, nicht nur in den liberalen Großstädten, bekamen sie es mit der Angst zu tun. Das Risiko Nawalny war ihnen jetzt doch zu unkalkulierbar geworden, und sie nahmen lieber einen kleinen Imageverlust für ihren Präsidenten in Kauf.

Auf den Wahlzetteln, die den russischen Wählern am 18. März 2018 ausgehändigt wurden, fehlte unter den acht zugelassenen Kandidaten der Name Alexei Nawalny. Putin wurde für weitere sechs Jahre gewählt, mit einem Ergebnis, das man nach außen als Triumph darstellen konnte. Tatsächlich aber bezeugt es nur einmal mehr und unbezweifelbar, wie wir uns die politische Realität in Russland heute vorzustellen haben, in der es nur noch zwei relevante politische Akteure gibt, zwei Antipoden: Nawalny gegen Putin, Antikorruptionsstiftung gegen Präsidialadministration, David gegen Goliath.

Die Schlagkraft vernetzter Opposition

Nach der Präsidentschaftswahl 2018 war das Ende demokratischer Teilhabe der russischen Zivilgesellschaft an der Politik ihres Landes besiegelt. Wenn der wichtigste Repräsentant der Opposition gar nicht erst als Kandidat zugelassen wird, wenn die Bildung neuer, von der amtierenden Regierung unabhängiger Parteien unterbunden wird, kann von einer Partizipation der Bürger an irgendwie transparenten politischen Prozessen keine Rede mehr sein.

Unter diesen Bedingungen zunehmend totaler Herrschaft ist äußerste Flexibilität zum Überleben unabdingbar. Wären wir nicht von Anfang an so beweglich gewesen, hätten wir uns nicht immer wieder den ständig sich verändernden Umständen angepasst, wir wären längst von der Bildfläche verschwunden.

Die Politik Wladimir Putins gegenüber der sogenannten Nicht-Systemopposition bestimmte das Erscheinungsbild dieser Opposition insgesamt und wurde zugleich zu einer selbsterfüllenden Prophezeiung. Ursprünglich bestand die außersystemische Opposition in Russland durchaus nicht nur aus mehr oder weniger marginalen Gestalten. Dort waren ganz normale Menschen, die sich aus diesen oder jenen Gründen engagieren wollten und sich weder in ihren Zielen noch in ihren Vorstellungen von politischer Moral in den Systemparteien repräsentiert sahen – normale Menschen aus unterschiedlichen gesellschaftlichen Kontexten, mit verschiedenen Interessen, eigenen Charakteren und Ansätzen. Putins Propaganda aber hatte schon zu Beginn der 2000er-Jahre begonnen, alle politischen Kräfte, die nicht kritiklos hinter ihm standen, zu marginalisieren, als irrelevante Außenseiter abzustempeln. In dieser Zeit entstand das immer wiederkehrende und seine Wirkung entfaltende Narrativ von den armseligen »Zwei-Prozentlern«, die niemanden als sich selbst repräsentieren.

Als ich im Jahr 2009 beschloss, in die aktive Politik zu gehen, wurde dieser Schritt nicht als ungewöhnlich wahrgenommen. Ich war ein junger erfolgreicher Geschäftsmann, Leiter einer IT-Gesellschaft, und die Entscheidung, sich in der Kommunalpolitik zu engagieren und um einen Sitz in der Stadtduma zu bewerben, galt nicht als exotisch, sondern eher als ganz natürlich für jemanden wie mich. Oppositionelle politische Arbeit war gesellschaftlich respektiert.

Fünf Jahre später sah die Lage ganz anders aus, jetzt musste ein Mensch mit meinem Background mit ganz anderen Reaktionen rechnen. Wer auch nur die entfernte Absicht einer politischen Karriere zu erkennen gab, dem sollten seine Freunde und Bekannten einen Vogel zeigen. Die erste Frage an ihn lautete: Bist du verrückt geworden? Und die zweite, gleich hinterher: Hast du denn keine Angst?

Die Wende trat nach den massiven Protesten von 2011/12 ein, die das ganze Land überzogen und in die berühmt-berüchtigten Bolotnaja-Prozesse mündeten. Seither wurde die gesamte Opposition öffentlich verteufelt, der Staat setzte alle Druckmittel ein, um die Protestbewegung einzudämmen und den Zustrom neuer Kräfte aus Wirtschaft, Wissenschaft oder Kultur in die Politik zu verhindern. Der Bankier Wladimir Aschurkow zum Beispiel, der ein Jahr nach mir in die Oppositionspolitik ging, musste 2012 seinen Posten bei der damals größten Privatbank des Landes, Michail Fridmans Alpha-Bank, aufgeben, als sein Engagement für Nawalnys Antikorruptionsstiftung bekannt wurde.

Wie funktioniert Opposition in westlichen Ländern mit fest verankerter Demokratie? Eine Partei oder eine Koalition aus Parteien hat mittels Wählervotum die Regierungsverantwortung übertragen bekommen und arbeitet an der Umsetzung ihres politischen Programms. Bei der nächsten Wahl dann verliert sie die Mehrheit und geht in die Opposition. Dort setzt sie ihre Politik fort, versucht, ihr Programm besser zu vermitteln, und bei der nächsten oder übernächsten Wahl gelangt sie vielleicht wieder an die Regierung. Das ist ein ganz normaler Prozess, Politiker in einer intakten Demokratie leben damit.

Als Nawalny, Wolkow, Aschurkow mit ihrer Arbeit begannen, waren die anerkannten Stars der Opposition Politiker von ebensolchem Format. Boris Nemzow zum Beispiel war Gouverneur der Oblast Nischni Nowgorod, dann stellvertretender Ministerpräsident der Russischen Föderation, er galt sogar eine Zeit lang als möglicher Nachfolger Boris Jelzins; Wladimir Ryschkow war Vizesprecher der Staatsduma, Michail Kassjanow war sogar noch unter Putin Ministerpräsident. Zu dieser Zeit ging es in der russischen Politik quasi noch europäisch zu, Funktionen oder Schlüsselpositionen wechselten je nach Gunst der Wähler. Auch Personen des öffentlichen Lebens äußerten sich politisch, beteiligten sich unbefangen an gesellschaftlichen Entscheidungsprozessen: bedeutende Geschäftsleute, populäre Künstler, Intellektuelle, Fernsehmoderatoren.

Nach 2011 erklärte Putin alle diese Leute zu seinen Feinden, jeden Einzelnen betrachtete er als eine Bedrohung für sein Machtmonopol, und er schickte sich an, sie gründlich zu vernichten. Wenn jetzt noch ein Mensch die verwegene Idee hatte, oppositionelle Politik zu betreiben, musste er sich darüber im Klaren sein, welchen Preis er dafür zu zahlen hatte. Sein Geschäft oder Unternehmen, wenn er eins hat, würde man ihm nehmen, Kapital oder Wertanlagen wären gefährdet, und auch sein Privatleben bliebe nicht verschont. Von nun an würde er in jeder Minute damit rechnen müssen, dass er beobachtet wird, dass jeder seiner Schritte und Bewegungen gefilmt werden, jedes seiner Worte aufgezeichnet, jedes geschäftliche Gespräch, jedes private Beisammensein, gleich ob im Büro oder im Restaurant, im Schlafzimmer oder auf der Toilette. Und dass man alles, was sich in irgendeiner Weise nutzen ließe, um seinen Ruf und sein Leben zu ruinieren, auch bedingungslos dazu verwenden würde. So erging es Kassjanow, der es gewagt hatte, Putin herauszufordern. Der KGB installierte Kameras in seinem Schlafzimmer und verbreitete kurz vor den Parlamentswahlen kompromittierende Bilder über das staatliche Fernsehen. Der ehemaligen Fernsehmoderatorin Xenia Sobtschak, Tochter von Anatoli Sobtschak, Putins erstem Chef in Sankt Petersburg, wurden nach einer Hausdurchsuchung aufgrund konstruierter Anschuldigungen beträchtliche Geldsummen konfisziert, und Boris Nemzow wurde, wie bekannt, sogar heimtückisch ermordet.

Das politische Milieu wurde mit jedem Jahr toxischer, und so war es kaum zu verwundern, dass viele Menschen abgeschreckt wurden, sich politisch zu engagieren. Aber wie man in Russland sagt: Ein heiliger Ort bleibt nicht leer. So ist es auch mit dem politischen Raum. Putin hat die Menschen, die ihn störten, beiseitegeräumt, die Bühne blank gefegt. Aber das Bedürfnis nach unabhängiger politischer Arbeit lässt sich nicht wegfegen, es blieb trotz allem bestehen. Und es ist groß, die Unzufriedenheit der Menschen kann man nicht gewaltsam beseitigen. In gewisser Weise bewahrheitete sich nun, was Putin zehn Jahre zuvor über die Opposition gesagt hatte. Er hatte es geschafft, sie zu marginalisieren und zu radikalisieren. Mit Kassjanow, Ryschkow und wahrscheinlich sogar Nemzow hätte sich Putin noch gemütlich an den Verhandlungstisch setzen können. Aber nun gab es niemanden mehr, mit dem Verständigung möglich war. Nach der ehrwürdigen alten Garde traten

Leute ganz anderen Schlages auf die Szene, deutlich radikalere Akteure.

Radikalisierung war notwendig, und wir haben uns radikalisiert. Man brauchte sehr viel mehr Mut, und wir wurden mutiger. Der Staat ging immer drastischer gegen Oppositionelle vor, verschärfte die Ordnungsstrafen, verhängte Haftstrafen, und trotzdem waren immer wieder und immer mehr Menschen bereit, für ein freies politisches Leben zu kämpfen. Mit diesen Menschen setzten wir die Arbeit fort.

Unsere Perspektiven waren trotz allem nicht ungünstig. Die Logik politischer Prozesse spielte uns in die Hände, das Klima wandelte sich zuungunsten Putins. Die Lage war ein Stück weit vergleichbar mit der Boris Jelzins in der Spätphase seiner Macht. 1996 hatte Jelzin, gesundheitlich schon schwer angeschlagen und in der Talsohle seiner Popularität, buchstäblich durch ein Wunder die Präsidentschaftswahl gewonnen und konnte im Amt bleiben. Für ihn mag es eine riesige Erleichterung gewesen sein, und vielleicht glaubte er in der ersten Zeit nach seinem Erfolg, er könne sich zurücklehnen und seine zweite und letzte Amtszeit in Ruhe genießen. Doch es kam anders. Die folgenden beiden Jahre wurden die wohl schwersten seiner Regierungszeit, und sie gingen sichtlich über die ihm verbliebenen Kräfte. Zwei Jahre nach seiner Wiederwahl und fünf Ministerpräsidenten später schlitterte das Land in eine schwere Finanzkrise, die den meisten Russen, die sie erlebten, heute noch in den Knochen sitzt. Sie ließ den Ruf nach einer starken Hand laut werden. Das war, wie man weiß, die Stunde Putins. Jelzins Macht und Einfluss waren dahingeschmolzen, praktisch in letzter Minute vermochte er noch einen ihm genehmen Nachfolger zu installieren.

Wie war es dazu gekommen, dass Jelzin die Macht so schnell aus den Händen glitt? Entscheidend war, dass schon vor seiner Wiederwahl jeder wusste, dass er ein Auslaufmodell war, dass er als Machtzentrum keine Rolle mehr spielen würde. Er trat seine zweite Amtszeit schon als lahme Ente an. Sein gesamtes Umfeld – die Leute, die bisher von ihm abhängig waren und ihn umgekehrt stützten – begann sich von ihm abzuwenden, um den Kampf um seine Nachfolge aufzunehmen. Nutznießer dieses Kampfes war Wladimir Putin. Mit dem Glockenschlag zu Beginn des neuen Jahrtausends wurde er zum Präsidenten Russlands ernannt.

Achtzehn Jahre später glich Putins Situation in gewisser Weise der seines Vorgängers. Er hatte seinen Hauptkonkurrenten erfolgreich aus dem Weg geräumt und soeben die Wahlen mit einem offenbar glänzenden Ergebnis für sich entschieden. Doch unversehens sah er sich in einer sehr unerfreulichen Konstellation, nämlich in einer schwelenden politischen Krise ohne absehbares Ende. Anders als Jelzin mangelte es ihm nicht an physischer Kraft, dieser kritischen Lage zu begegnen. Sein Problem war ein strukturelles, bedingt durch die inneren Widersprüche seines eigenen Systems.

Die politische Realität Russlands, und das heißt die politische Realität Wladimir Putins, wurde zu dieser Zeit von drei fundamentalen Faktoren bestimmt, auf die Putin trotz seiner scheinbaren Allmacht keinen Einfluss hatte. Der erste Faktor war Putin selbst. Er war seit beinahe zwanzig Jahren an der Macht, und jeder im Land wusste, dass er noch viele weitere Jahre auf seinem Sessel bleiben würde, wenn ihn niemand daran hinderte. Die Leute waren seiner längst überdrüssig, die Jüngeren hatten in ihrem ganzen Leben keinen anderen Präsidenten gesehen, aus einem ganz natürlichen Verlangen nach Veränderung schauten sie sich nach Alternativen um.

Der zweite Faktor war die Wirtschaft. Seit 2014, nach der Annexion der Krim mit den dadurch ausgelösten Sanktionen, stand die russische Wirtschaft unter Druck. Die Realeinkommen in der Bevölkerung sanken, die materiellen Lebensbedingungen durchschnittlicher Russen wurden mit jedem Jahr schlechter. Zwar war das wirtschaftliche Polster, das sich das Land in den Jahren zuvor zugelegt hatte, komfortabel, bis 2013 war Russlands Wirtschaft nicht zuletzt dank hoher Weltmarktpreise für Öl und Gas stark gewachsen und hatte breiten Schichten der Bevölkerung einen nie da gewesenen Lebensstandard ermöglicht. Das brach jetzt nicht mit einem Schlag zusammen, die Wirtschaft erlebte keinen Kollaps, aber es kam doch zu einer spürbaren Stagnation, einem langsamen, aber stetigen Niedergang, der sich negativ auf die Konsumstimmung auswirkte. Dieser Niedergang setzte sich unaufhaltsam fort. 2021 war die russische Wirtschaft etwa auf dem Niveau von 2006 angekommen, wobei das nicht einmal ein schlechtes Jahr gewesen war, es blickte zurück auf acht Jahre Wachstum nach der Finanzkrise von 1998. Aus der Perspektive des Jahres 2021 jedoch bedeutete das fünfzehn Jahre, in denen die übrige Welt sich weiterentwickelt hatte, fünfzehn verlorene Jahre.

Das fragile Gebilde der politischen Stimmung in der Bevölkerung, der mit soziologischen Methoden kaum messbare Optimismus-Index, entwickelte sich in einen für Putin kritischen Bereich. Wenngleich ihr Lebensstandard noch nicht wirklich dramatisch gesunken war, bewerteten die Menschen die Arbeit der Regierung jetzt viel schlechter als früher, sie sahen ihre Zukunftsperspektiven schwinden und glaubten nicht mehr daran, dass diese Regierung ihre Lage verbessern könne. Und sie hatten natürlich recht. Denn nicht nur trat die Wirtschaft tatsächlich seit fünfzehn Jahren auf der Stelle, auch war gerade diese Regierung es, die jede echte wirtschaftliche Entwicklung im Keim erstickte.

Damit sind wir bei dem dritten fundamentalen Faktor, der für die Regierung Putin bestimmend ist: die Korruption. Sie hat unter Putin systemische Qualität angenommen und ein Ausmaß erreicht, das in keiner Ära zuvor denkbar gewesen wäre. Die Auswüchse und Folgen dieses Systems werden immer deutlicher. Der mittlere Lebensstandard der Bürger Russlands entsprach im Jahr 2021 dem Niveau von 2006, während die Zahl der Milliardäre auf der russischen Forbes-Liste um ein Mehrfaches anwuchs. Die Reichen sind reicher geworden, die Armen ärmer, die Menschen in der Mitte verharren etwa auf dem gleichen Niveau. Die Schere zwischen Arm und Reich ist drastisch auseinandergegangen, und vor allem ist die Armut dramatisch angewachsen. Wie kommt das, in einem so reich mit Bodenschätzen gesegneten Land? Schon vor vielen Jahren hat mancher (regierungstreue) Politiker laut verkündet, wir bräuchten gar keine Industrie, wir könnten wunderbar von unseren Ressourcen leben. Könnten wir, vielleicht! Wenn die reichlich fließenden Petrodollars zur gleichmäßigen Bewässerung des Landes genutzt würden. Stattdessen hat es Putin verstanden, die Ströme der Petrodollars zentral zu kanalisieren und in eigene Auffangbecken zu leiten.

Während der Jelzin-Ära waren aller Augen im Land auf den Dollarkurs und den Ölpreis gerichtet. Arbeiter und Intelligenzija waren jederzeit über den Tagespreis für Öl im Bilde, denn jedem war mehr oder weniger klar, dass sein täglich Brot von ihm abhing, ob nämlich der Staat seinen Beamten die Gehälter zahlen kann, ob die Löhne steigen oder sinken. Die ganze Wirtschaft hing am Ölpreis. Ein erklärtes Ziel Putins war, die Wirtschaft aus der Abhängigkeit vom Ölpreis zu lösen. Und in gewissem Sinne ist ihm das auch gelungen. Denn ganz gleich, zu welchem Preis Russland seine natürlichen Ressourcen verkauft (zehnmal teurer als noch 1998/99), die Menschen spüren nichts davon. Bei den einfachen Bürgern kommt von den Gewinnen aus den üppig strömenden Öldollars nichts an.

Putin selbst, die falsch gelenkte und daher stagnierende Wirtschaft und die allumfassende Korruption sind die drei Grundfaktoren, die das politische Leben Russlands definieren und zugleich lähmen. Sie bedingen sich gegenseitig, sie bilden eine strukturelle Einheit. Wenn man einen dieser Faktoren bekämpft, bekämpft man gleichzeitig auch die anderen, besiegt man einen, besiegt man alle.

Das ist die Basis, auf der die Antikorruptionsstiftung von Alexei Nawalny ihre politische Arbeit aufgenommen hat. Ganz bewusst konzentrieren wir uns, wie bereits gesagt, auf den einen Faktor, der in der Sache am substanziellsten und in der Methode am effektivsten zu bekämpfen ist, nämlich die Korruption. Der Generationswechsel kommt uns dabei entgegen. Die jungen Russen sind nicht mehr bereit, die Situation einfach so hinzunehmen. Sie haben das Chaos der Neunzigerjahre nicht oder nicht bewusst erlebt, sie spüren vor allem den Niedergang des vergangenen Jahrzehnts. Und sie, die *digital natives,* sitzen nicht mehr vor dem Fernseher, sie beziehen ihre Informationen vornehmlich aus dem Internet. Sie wissen sehr genau, dass es vor allem die grassierende Korruption ist, die ihnen ihre Zukunft stiehlt.

So erstaunte es nicht weiter, dass Alexei Nawalny unter jungen Wählern in Umfragen besser abschnitt als Wladimir Putin, und es war abzusehen, dass sich dieser Trend noch verstärken würde. Aber was will ein Politiker mit guten Umfragewerten, wenn er nicht antreten darf, was nützt ihm ein gutes Rating, wenn es gar keine echten und fairen Wahlen gibt?

Nach der Präsidentschaftswahl von 2018 war Alexei Nawalny, vor allem bei den jungen Wählern, der beliebteste Politiker in Russland. In jedem anderen europäischen Land, in jedem demokratischen System hätte seine Partei der politischen Logik folgend die nächste Parlamentswahl gewinnen müssen und er selbst unbedingt die nächsten Präsidentschaftswahlen, vorausgesetzt, ihm wären keine schwerwiegenden Fehler unterlaufen. Nicht so in Russland. Ein Politiker, der Anspruch auf Führung erhebt, hat keine Chance, sie auf demokratischem

Weg vom Wähler zu erhalten. Neun Mal hatten wir unsere Zulassung als Partei beantragt, neun Mal hatten die Behörden dies verweigert. Unsere Aufgabe bestand also darin, das Wählerpotenzial, das zweifellos hinter uns stand, unter den gegebenen Umständen sinnvoll nutzbar zu machen.

Die Lösung hieß: Smart Voting – taktisches Wählen. Das Prinzip ist einfach: Losgelöst von inhaltlichen Programmen gibt man seine Stimme gezielt (und nicht mehr nur wahllos wie bei der »Gauner«-Kampagne einige Jahre zuvor) einem Kandidaten, der nicht der Regierungspartei angehört und am meisten Aussicht auf Erfolg hat. Natürlich stehen alle Parteien unter der Kontrolle der Regierung, aber es gibt Kandidaten, deren Sieg abgesprochen ist, und solche, bei denen das nicht der Fall ist; und genau die gilt es zu wählen.

Die Hälfte der Mandate der Staatsduma und der größte Teil der Mandate in den regionalen und kommunalen Parlamenten wird in Einerwahlkreisen vergeben; jeder Wahlkreis hat damit also nur einen Sitz zu vergeben. Bei einer großen Zahl von Kandidaten führt das in der Regel zwangsläufig zu einer großen Streuung der Wählerstimmen, was wiederum zur Folge hat, dass die Regierungspartei Einiges Russland auch bei einem Stimmenanteil von 30 bis 40 Prozent, auf den die Partei 2019 gesunken war, immer noch fast 100 Prozent der Parlamentssitze einkassiert. Zur Not hilft man mit ein paar kleinen Manipulationen oder ein wenig Druck nach.

Dagegen gingen wir nun mit unserer Kampagne des Smart Voting an. Technisch geht das so: Wir erstellen eine Website, auf der sich jeder Wähler, der gegen die Regierungspartei stimmen möchte, anmelden kann. Unmittelbar vor dem Wahltermin erhält er den Namen eines Kandidaten aus seinem Wahlkreis, der die beste Aussicht auf Erfolg hat. Welche konkreten politischen Ziele dieser Kandidat verfolgt, spielt keine Rolle, bedeutsam ist nur ein Kriterium: Ist er in der Lage, den Kandidaten von Einiges Russland zu schlagen, wenn die Proteststimmen auf ihn konzentriert werden, oder nicht?

Diese simple Taktik erwies sich als äußerst effektiv. Schon die erste praktische Anwendung bei den Wahlen zur Moskauer Stadtduma, dem zweitwichtigsten Parlament des Landes, im September 2019 brachte eine Sensation. Einiges Russland, das bis dahin 42 von 45 Sitzen innehatte, verlor in zwanzig Wahlkreisen, teilweise gegen vollkommen unbekannte Kandidaten, die einzig und allein durch die Taktik des Smart Voting massenweise Stimmen auf sich vereinigen konnten. Und hätten die Behörden nicht mit massiven Wahlfälschungen eingegriffen, hätte Einiges Russland mit Sicherheit die Mehrheit und damit die Kontrolle über das städtische Parlament verloren.

Nach dieser Methode gelang es uns im weiteren Verlauf, die Mehrheitsverhältnisse in mehreren regionalen und kommunalen Parlamenten wesentlich zu verändern. Und so hofften wir darauf, auch die politische Landschaft Russlands insgesamt zu verändern.

Die Präsidentschaftswahlen 2018 waren vorbei, aber das Netz der Nawalny-Stäbe blieb. Wir mussten uns neue Aufgaben stellen. Im Wahlkampf waren alle Stäbe mit den gleichen Arbeiten beschäftigt, es wurden Flugblätter verteilt, Veranstaltungen mit den Kandidaten organisiert, unabhängige Wahlbeobachter geschult. Jetzt gab es nichts mehr zu tun. Aber die Stäbe einfach aufzulösen und das ganze mühsam aufgebaute Netzwerk aufzugeben, wäre doch zu schade gewesen. Zumal wir ja erlebt hatten, dass die Menschen in den Regionen ein großes Verlangen nach echter, unabhängiger Politik hatten. Und wir selbst waren auch auf den Geschmack gekommen, die politische Arbeit in den Regionen erschien uns sehr sinnvoll und effektiv.

Das Netzwerk blieb also bestehen, aber seine Aufgaben veränderten sich radikal. Wir strukturierten die Stäbe von Grund auf um. Wir schufen eine Art Konglomerat regionaler Organisationen, und jede Organisation wurde ein Aktionszentrum, das eigene Projekte entwickeln und durchführen sollte, die jeweils auf ein halbes oder ganzes Jahr angelegt waren. Jedes Projekt wurde im zentralen Stab diskutiert und begutachtet und erhielt dann gegebenenfalls jede mögliche organisatorische und methodische Unterstützung. Auf den Charakter der Projekte nahmen wir keinen Einfluss, im Gegenteil, wir fanden es gerade gut, dass die Aktivisten in verschiedenen Regionen sich ganz unterschiedliche Themen vornahmen.

Wir sammelten damit wertvolle Erfahrungen: Wir sahen, welche Projekte erfolgreich waren und warum, und überlegten dann, was sich daraus für andere Regionen lernen ließ. Es gab ökologische Projekte, Stadtplanungsprojekte, Nachbarschaftsprojekte, kommunale Wahlkampfprojekte, Projekte für Bürgerinitiativen und so weiter. Jedes Aktionszentrum war ein Anlaufpunkt, an den sich Menschen wenden konnten, die etwas in ihrer Stadt oder Region verändern wollten oder denen einfach etwas nicht gefiel und die ihren Protest zum Ausdruck bringen wollten. Die Stäbe nahmen diese Menschen auf und koordinierten ihre Aktivitäten.

Für uns war diese Zeit unschätzbar lehrreich. Wir lernten hier noch einmal von Grund auf die Regeln politischer Basisarbeit. Eine der wichtigsten Erkenntnisse lautet: Von null zu drei Personen ist es ein riesiger Sprung, von drei zu dreihundert nur noch ein kleiner Schritt. Wie schafft man den Sprung, wie organisiert man die Schritte, das alles sind Dinge, die man lernen und beherrschen muss. Um eine Kampagne so auf die Beine zu stellen, dass sie möglichst viele Menschen erreicht, braucht man viel Wissen und Erfahrung. Man muss sich im politischen Leben einer Region auskennen, man muss wissen, welche Besonderheiten jeweils herrschen, man muss die Regeln und Gesetze vor Ort kennen, man muss wissen, wie man in der komplizierten Landschaft der Lokalpolitik lavieren muss, um erfolgreich ans Ziel zu gelangen.

Die Proteste, die es vor 2018 in verschiedenen Regionen gegeben hatte, waren immer spontan entstandene Einzelaktionen gewesen, ausgelöst von einem lokalen Problem oder Konflikt. Irgendwo passierte eine besonders himmelschreiende Ungerechtigkeit, die Menschen empörten sich, schlossen sich zusammen und überlegten, wie man darauf reagieren könnte. Diese Phase erster Vorüberlegungen, der Schaffung von Strukturen, der ersten Planung einer möglichen Strategie ist in jeder politischen Arbeit die schwierigste Etappe, die sehr viel Zeit kostet – Zeit, die die Regierung nutzen kann, um sich auf alle möglichen Aktionen einzustellen und ihrerseits eine Abwehrtaktik zu erarbeiten. Eine Protestbewegung aufzubauen und ihre Reichweite zu vergrößern, ist umso schwieriger, je mehr man bei null anfangen muss. Man braucht eine Person, die die Führung übernimmt, man muss eine klare, effektive Leitungsstruktur schaffen, Kommunikationswege anlegen und so weiter.

Aber wenn diese Arbeit einmal gemacht ist, wenn die Strukturen gebildet und die Kompetenzen gespeichert sind, kann man immer wieder darauf zurückgreifen. Unsere Stäbe bildeten insofern einen organisatorischen Kern, den sich jede regionale Protestbewegung zunutze machen konnte. Um diesen Kern, bestehend aus drei, manchmal vier Personen, die über die nötigen Erfahrungen verfügten, die wussten, wie man Demonstrationen auf die Beine stellt, Geld auftreibt, Öffentlichkeitsarbeit macht, sammelte sich sehr rasch ein immer größerer Kreis von Aktivisten, die sofort professionell organisiert und eingesetzt werden konnten. So ging keine kostbare Zeit verloren. Die Stäbe wirkten wie eine ständig angespannte Feder, die im Bedarfsfall aufsprang.

Nach 2018 rollte eine mächtige Welle regionaler Proteste

durch Russland. In Archangelsk ging es gegen eine riesige Müllhalde, die das Ökosystem des Umlandes bedrohte, in Ufa kämpfte man gegen die Zerstörung eines Naturdenkmals, den Berg Kuschtau, in Jekaterinburg protestierten die Bewohner gegen die Zerstörung einer Parkanlage im Zentrum der Stadt, wo der Bau einer riesigen kitschigen Kirche geplant war. Alle diese Proteste hatten gemeinsam, dass ihre Reichweite nicht auf den regionalen Umkreis beschränkt blieb, sondern im ganzen Land Beachtung fand. Der Grund dafür war, dass sie über die lokalen Stäbe Nawalnys koordiniert wurden und über deren kommunikative Struktur ihre große Reichweite erlangten.

Im Sommer 2019 fanden in den Räumlichkeiten aller Stäbe gleichzeitig polizeiliche Durchsuchungen statt. Gegen die Mitarbeiter wurden Strafverfahren wegen »Legalisierung von Einkünften aus kriminellen Geschäften«, sprich Geldwäsche, eingeleitet. Gemeint waren damit die Spenden, aus denen sich die Arbeit der Stäbe finanzierte. Angeblich waren die Gelder über einen komplizierten verbotenen Mechanismus auf unseren Konten gelandet. Wie das im Einzelnen vonstattengegangen sein sollte, erklärten die Ermittlungsbehörden nicht, aber das mussten sie auch nicht, sie brauchten ja nur einen formalen Anlass für den Polizeieinsatz. Der Grund war natürlich ein politischer. Offensichtlich hatte man im Kreml beschlossen, unser föderales Netzwerk zu zerstören und die Arbeit der Stäbe zu beenden. Putin wollte nicht länger Strukturen in seinem Land dulden, die in der Lage waren, Massen junger Menschen zu mobilisieren und landesweite Proteste gegen seine Regierung zu organisieren, in Moskau und Sankt Petersburg genauso wie in den kleinen Provinzstädten.

Das Signal war unmissverständlich. Es kam zu Hausdurchsuchungen bei mehr als 200 Personen, die gesamte Technik der Stäbe wurde beschlagnahmt, ihre Konten ebenfalls. Damit war eine Fortsetzung der Arbeit eigentlich unmöglich geworden.

Ich selbst war einer der Hauptangeklagten in diesem »Geldwäscheverfahren«, denn ich hatte das Netzwerk der regionalen Stäbe geleitet und die Finanzierung organisiert. Ich musste ins Ausland fliehen und lebe seit August 2019 in Vilnius, der Hauptstadt Litauens.

Ja, die Fortsetzung der Arbeit war eigentlich unmöglich geworden, aber wie durch ein Wunder ging sie trotzdem weiter. Dank der Hartnäckigkeit und des Mutes unserer Anhänger in den Regionen und der Unterstützung vieler Menschen, die gezeigt haben, dass sie unsere Arbeit brauchen, ist unser Kommunikationsnetz funktionstüchtig geblieben.

Vielleicht hätte Russland nach unseren ersten Erfolgen mit Smart Voting, dem taktischen Abstimmen, noch einmal die Kurve kriegen können und wäre vom Weg in den Abgrund abgebogen, dem Weg in den Totalitarismus, in die Katastrophe, in den Krieg. Ich stelle mir vor, jemand im Kreml hätte damals, 2019/20, hingeschaut, wie die zahllosen jungen Aktivisten arbeiteten und das politische Leben in ihren Regionen mit ihrer Energie vorantrieben, er hätte die Tausenden Freiwilligen wahrgenommen, die in den regionalen Wahlkampfteams mithalfen, die Millionen Menschen mit ihrer Bereitschaft, ihre Stimme einem unabhängigen Kandidaten zu geben, und die vielen Hunderttausende, die mit ihren Spenden Unterstützung leisteten; das alles hätte dieser Jemand im Kreml gesehen und wäre auf einmal nachdenklich geworden: Na gut, wenn das so ist, dann ist es so, es kommt, wie es kommen muss. Wir sehen ja, das ist eine starke politische Kraft, stärker als wir. Wir sehen, diesen Menschen gehört die Zukunft, denn sie sind jung. Jetzt steht wohl einfach der natürliche Generationenwechsel an.

Ich stelle mir vor, irgendjemand im Kreml wäre klug genug gewesen, zu sagen: Okay, lasst uns nach einer Möglichkeit suchen, diese politische Kraft Schritt für Schritt zu institutionalisieren und in legale Strukturen einzubinden. Suchen wir Verhandlungspartner, hören wir auf, sie zu marginalisieren und zu radikalisieren. Denn wenn wir diesen jungen Menschen, die eigentlich nichts anderes wollen, als friedlich an legalen politischen Prozessen teilzuhaben, immer nur unterdrücken und ihnen diesen Weg versperren, dann werden vielleicht irgendwann sehr viel radikalere Leute heranwachsen, deren politische Werkzeuge nicht Flugblätter und Demonstrationen sind, sondern Molotowcocktails. Ich bin sicher, dass man sich im Kreml solche Gedanken gemacht hat, ich bin sicher, dass eine solche Entwicklung für möglich oder sogar wahrscheinlich gehalten wurde.

Aber Putin hat anders entschieden. Ich sehe sie förmlich vor meinem inneren Auge, die Sitzung im Sicherheitsrat, die vielleicht irgendwann im Sommer 2020 stattgefunden hat. Ein kleiner Kreis betagter Männer, unter ihnen Putins Chefermittler Alexander Bastrykin, sitzt in einem schönen, getäfelten Arbeitszimmer auf gediegenen Ledersesseln um einen schweren Holztisch. Man bespricht den Verlauf der zurückliegenden Sitzungsperiode, bewertet, zieht ein Fazit. Und dann sagt jemand: Vor einem Jahr wurde beschlossen, Nawalnys Organisation zu zerschlagen. Alexander Iwanowitsch, Sie wurden damals damit betraut, berichten Sie uns, zu welchen Ergebnissen Sie gekommen sind.

Alexander Iwanowitsch räuspert sich und hebt an: Es wurden gegen soundso viele Personen Strafverfahren eingeleitet, soundso viele Gegenstände beschlagnahmt, Bankguthaben über 50 Millionen Rubel beschlagnahmt, es wurden 200 Hausdurchsuchungen und 600 Verhöre durchgeführt. Alles läuft exakt nach Ihren Anweisungen, Wladimir Wladimirowitsch.

Wladimir Wladimirowitsch hebt sich daraufhin leicht aus seinem Sessel, schlägt mit der Faust auf den Tisch und blafft Alexander Iwanowitsch an: Ist das alles? Sie haben ja überhaupt nichts erreicht! Alles verpatzt haben Sie! Hier müssen ganz andere Methoden her! Meine Herren, hat jemand Vorschläge?

Da steht in einem dunklen Winkel des Raumes eine graue Gestalt auf, farblos und unscheinbar, wie es sich in seiner Zunft gehört, der ehemalige Chef des Geheimdienstes FSB, Nikolai Platonowitsch Patruschew (als solcher Nachfolger von Wladimir Putin), und noch eine zweite genauso graue Gestalt erhebt sich, sein Nachfolger, also der amtierende Chef des FSB, Alexander Wassiljewitsch Bortnikow, und dieser sagt: Jawohl, Wladimir Wladimirowitsch, wir haben einen Vorschlag. Sie wissen schon, eine spezielle Maßnahme!

Diese Szene ist selbstverständlich nur ein Ausbund meiner Fantasie. Wir wissen nicht, wie diese Entscheidung getroffen wurde, die den Weg der russischen Geschichte fortan bestimmen sollte, und wahrscheinlich werden wir es auch nie erfahren. Aber mit ihr wurden alle anderen Szenarien endgültig Makulatur, wurde der folgende Gang der Ereignisse bis hin zum Krieg in der Ukraine unausweichlich – mit der Entscheidung, Alexei Nawalny zu vergiften.

Meine erfundene kleine Geschichte erscheint mir dabei sehr realistisch. Wir wissen, dass Wladimir Putin seine Entscheidungen in einem sehr engen Kreis trifft. Wir wissen, dass alles, was die politische Opposition, insbesondere Alexei Nawalny und seine Bewegung betrifft, in Putins persönlichem Hoheitsbereich liegt. Wir wissen, dass er genauestens über alle entsprechenden Details informiert ist.

Ein Beispiel. Im Jahr 2015 leitete ich den Wahlkampf einer demokratischen Koalition in der Region Nowosibirsk und mein Kollege Andrej Piwowarow den Wahlkampf im Oblast Kostroma, einer Region ein paar Tausend Kilometer von Nowosibirsk entfernt. Gegen uns beide liefen zu der Zeit Strafverfahren. Wir kamen relativ glimpflich davon, mein Verfahren endete nach einem Jahr Ermittlung mit einer Geldstrafe, Andrej

Piwowarow saß zwei Monate in Untersuchungshaft und wurde schließlich zu einer Bewährungsstrafe verurteilt.

Damals arbeitete im »Menschenrechtsrat beim russischen Präsidenten« noch eine nennenswerte Zahl echter Bürgerrechtler, und bei den regulären Treffen mit dem Präsidenten waren zu der Zeit immer öfter unbequeme Fragen zu hören. Einmal fragte jemand Putin, warum man die Opposition nicht ordnungsgemäß an den Wahlen teilnehmen lasse, warum man gegen die Leiter der Stäbe oppositioneller Parteien eine Flut von Strafverfahren anstrenge. Daraufhin gab Putin zur Antwort: Weil der Genosse Piwowarow in Kostroma dies und jenes angestellt hat, und das ist ein sehr ernsthaftes Vergehen, und der Genosse Wolkow in Nowosibirsk hat dieses und jenes angestellt, und auch das ist ein ernstes Vergehen. Man sieht, Wladimir Putin war schon 2015 genauestens im Bilde über alle Details der politisch motivierten Strafverfahren gegen Wolkow und Piwowarow, Leiter regionaler Wahlkampfstäbe bei eigentlich unbedeutenden regionalen Wahlen. Das sagt doch sehr viel. Und deshalb besteht nicht der geringste Zweifel daran, dass Putin persönlich den Befehl gab, Alexei Nawalny zu vergiften. Das hat auch die brillante Arbeit des Recherchenetzwerks Bellingcat belegt.

Aber wir müssen auch verstehen, dass es keine hysterische oder spontane Entscheidung war, sie leitet sich her aus dem Kontext der politischen Ereignisse. Und da sehen wir die Tatsache, dass der Kreml seit einem Jahr vergeblich versucht hat, unsere Organisationsstrukturen zu zerstören, uns vom politischen Feld auszuroden mit den Mitteln massiver Kriminalisierung. Als das nicht gelang, ging er zum nächsten Schritt über.

Der Giftanschlag

Ich hatte damals einen Albtraum, der ständig wiederkehrte. Es ist tief in der Nacht, plötzlich klingelt das Telefon. Ich schrecke auf. Am Telefon ist manchmal ein Freund, manchmal ein Kollege. Die Worte sind immer die gleichen: Sie haben Alexei umgebracht. Ich stehe unter Schock, ich weiß nicht, was ich machen soll.

Albträume hat jeder Mensch, aber nicht für jeden werden sie Wirklichkeit.

Am 20. August 2020, kurz vor 7 Uhr morgens, bekam ich einen Anruf von Iwan Schdanow, dem Leiter der Antikorruptionsstiftung, und er sagte fast genau das, wovor ich die ganze Zeit Angst gehabt hatte. Er sagte: Alexei wurde vergiftet, er liegt im Koma, sein Flugzeug ist in Omsk notgelandet. Aber es ist nicht so schlimm, morgen soll er schon wieder in Ordnung sein. Iwan gab mir wieder, was Kira ihm mitgeteilt hatte, Kira Jarmysch, unsere Pressesprecherin, die mit Alexei in dem Flugzeug gesessen hatte. Und Kira hatte weitergegeben, was ihr der Notfallsanitäter mitgeteilt hatte, der Mediziner der Ambulanz, mit dem sie ein paar Worte wechseln konnte, als man den leblosen Körper von Alexei Nawalny in den Krankenwagen lud.

Omsk ist eine heruntergekommene, marode Stadt, die allerärmste unter den russischen Millionenstädten und die bedrückendste. Das Leben dort ist freudlos. Die Alkohol- und Drogenproblematik ist in dieser Stadt sehr ausgeprägt. Die Sanitäter der Rettungsambulanzen haben praktisch jeden Tag mit Drogenabhängigen zu tun, die eine Überdosis Heroin oder anderer Stoffe konsumiert haben, sie sind darauf geschult, Vergiftungen zu erkennen. Deshalb sahen sie mit einem Blick, dass bei dem Menschen, den man an diesem Morgen am Flughafen in ihre Obhut gab, alle Merkmale einer typischen Intoxikation vorlagen.

Sie verhielten sich wie immer in solch einem Fall. Sie dachten: Wir hängen ihn fix an den Tropf und spülen die Giftstoffe aus dem Körper, und morgen ist er dann wie neugeboren. Was sie nicht wussten, war, dass der toxische Stoff in diesem Fall keine Droge war, sondern das Kampfgift Nowitschok. Diese Substanz wirkt als ein Acetylcholinesterasehemmer, sie blockiert im Körper das Enzym Acetylcholinesterase, wodurch die Kommunikation zwischen Nervensystem und Muskeln unterbrochen wird. Das Nervensystem fängt an verrücktzuspielen, es löst eine irreversible Überstimulation der inneren Organe aus, die schließlich zum Tod durch Atemlähmung führt. Und diese Vergiftung lässt sich nicht beseitigen, indem man das Gift einfach aus dem Körper herausspült. Bis die Funktionsfähigkeit des Enzyms wiederhergestellt ist, vorausgesetzt, es ist überhaupt möglich, vergehen Wochen. So lange muss der Patient im künstlichen Koma gehalten werden, sonst stirbt er.

Alles das konnte an jenem Morgen der Rettungssanitäter in Omsk nicht wissen, deshalb war die Prognose, die er Kira in aller Kürze gab und die Kira an Iwan weitergab und Iwan dann an mich, relativ optimistisch.

Was damals im Einzelnen passiert ist, weiß man heute ziemlich genau. Speziell für den Umgang mit chemischen Kampfstoffen ausgebildete Agenten des FSB waren schon seit 2017 auf Alexei Nawalny angesetzt gewesen und hatten ihn verfolgt. Im Juli 2020 hatten sie einen ersten Vergiftungsversuch unternommen, dem Julia Nawalnaja, Alexeis Ehefrau, beinahe zum Opfer gefallen wäre. Und jetzt, im August, war es den Agenten gelungen, in Nawalnys Hotelzimmer in Tomsk einzudringen und eine lebensgefährliche Dosis Nowitschok am Schlitz einer seiner blauen Unterhosen anzubringen.

Putin wollte Alexei Nawalny nicht einfach umbringen, sondern er wollte ihn heimlich umbringen. Das ist eine bedeutsame Nuance. Er wollte nicht, dass man ihn in der Öffentlichkeit mit einem Mord in Verbindung bringen konnte. Geplant war bei diesem Anschlag, dass man nach der Landung des Flugzeugs Nawalny tot in seinem Sitz auffinden sollte. Die umgehend herbeigerufenen Ärzte hätten ihn untersucht und festgestellt: Herzinfarkt. Wer hätte Zweifel daran haben sollen? Das Leben eines Oppositionspolitikers ist voller Stress und Sorgen, der ständig übervolle Terminkalender, das unentwegte Reisen, das sind schwere Belastungen für den Organismus, da kann ein Herz schon mal verrücktspielen. Eine ideale Diagnose, und jeder Arzt würde sie stellen, das musste nicht einmal ein gekaufter sein, sogar ein Arzt, der mit Nawalny sympathisierte, wäre zu diesem Ergebnis gekommen. Das ist das Perfide an Nowitschok, dass man es nur mittels hochempfindlicher Spezialgeräte nachweisen kann und auch nur, wenn man weiß, wonach man suchen muss.

Putins Schergen vom FSB hatten alles minutiös geplant. Aber dann ging fast alles schief. Entweder war die Dosierung nicht hoch genug oder Nawalnys Organismus stärker als angenommen. Und der Pilot des Flugzeugs reagierte wider Erwarten pflichtbewusst, er setzte umgehend zur Notlandung an und führte sie auch durch, obwohl man schnell noch versuchte, die Landung durch eine telefonische Bombenwarnung an den Flughafen von Omsk zu verhindern. Und auch der Rettungssanitäter reagierte richtig, er erkannte, dass eine Vergiftung vorlag, und spritzte Alexei sofort Atropin, ein gängiges Akut-Antidot, aber auch ein Mittel gegen Cholinesterase-Mangel im Körper, wirksam vor allem, wenn es schnell verabreicht wird.

Es war eine Verkettung von unwahrscheinlichsten Zufällen,

denen Alexei Nawalny sein Leben verdankt. Niemals in meinem Leben ist es mir so schwergefallen, ein Erlebnis zu beschreiben, ohne in eine religiöse Begrifflichkeit zu verfallen. Aber nie zuvor war ich Zeuge einer Kette von Ereignissen, die man nur als ein Wunder bezeichnen kann.

Was weiter geschah, ist ebenfalls allgemein bekannt. Zwei lange Tage diplomatisches Gezerre, bis man Nawalny endlich aus dem Land ließ. Die Oberhäupter aller großen westlichen Länder ließen die Telefonleitungen heißlaufen, und Putin verstand, dass sein Plan gescheitert war. Um wenigstens sein Gesicht zu wahren, hielt man Nawalny noch 48 Stunden lang fest, indem die Ärzte in Omsk erklärten, er sei nicht transportfähig. Nach Ablauf von 48 Stunden, so versicherten Putins Militärchemiker, würden alle Spuren von Nowitschok vollständig aus dem Organismus verschwunden sein, und das Gift wäre nicht mehr nachweisbar.

Kaum war diese Frist abgelaufen, wurde der eben noch nicht transportfähige Patient in ein Ambulanzflugzeug verladen, nach Berlin geflogen und in die Charité gebracht. Nur wussten die russischen Spezialisten offenbar nicht, dass die Analysemittel der deutschen Bundeswehr um ein Vielfaches leistungsstärker sind als die russischen und dass man das Nawalny verabreichte Nowitschok doch nachweisen würde. Der Chef der staatlichen russischen Gerichtsmedizin musste jedenfalls kurz darauf seinen Hut nehmen. Er konnte ja nicht ahnen, dass Nawalnys Mitarbeiter, die in Tomsk zurückgeblieben waren, um Videoaufnahmen fortzusetzen, sofort, als sie von der Notlandung und der Vergiftung erfuhren, in Nawalnys Hotelzimmer eilten und alle möglichen verdächtigen Gegenstände an sich nahmen, darunter eine Halbliter-Plastikflasche Mineralwasser. An dieser Flasche, aus der Nawalny kurz vor dem Abflug getrunken hatte, hafteten, übertragen von seinen Fingern, winzige Spuren des reinen Giftstoffes. Und genau diese Proben ermöglichten schließlich die Identifizierung des Giftes, ohne sie wäre das vielleicht unmöglich gewesen, denn Nowitschok geht im Körper rasch Verbindungen ein und metabolisiert, dann ist es kaum mehr festzustellen. Ein weiterer unglaublicher Zufall.

Drei lange Wochen kämpften die Ärzte der Charité um Nawalnys Leben und Gesundheit, drei Wochen, in denen vollkommen ungewiss war, ob er sich jemals wieder völlig erholen würde, ob er wieder normal würde denken, sprechen, lesen und schreiben können, ob er wieder richtig würde gehen können. Nach einem langen und schweren Kampf kam er langsam wieder zu sich.

Ich besuchte ihn jeden Tag. Einmal saß ich so neben ihm, er lag in seinem Bett, blass und schmal, gezeichnet von der Krankheit, aber er schaute mir in die Augen und erkannte mich. Und da sagte ich zu ihm: Mensch, Alexei, weißt du, wo du bist? Du bist in Berlin, in der Charité, weil Putin dich vergiftet hat, mit Nowitschok. Da sagte er, und das war der erste vollständige Satz, den ich nach dem Anschlag von ihm hörte: Was hat er gemacht, verdammte Scheiße? Das ist doch völlig idiotisch! Da wusste ich, er ist wieder ganz der Alte, der Alexei, den ich so gut kannte. Und mir kamen die Tränen. Ich war unglaublich erleichtert, festzustellen, dass sein Verstand keinen Schaden genommen hatte. Sein Kopf fing wieder an zu arbeiten, und seine Stimme war die altvertraute.

Im Übrigen hatte Alexei vollkommen recht. Die unfassbare Selbstüberschätzung und Überheblichkeit Putins und des FSB, zu seiner Beseitigung dasselbe Gift zu verwenden, mit dem sie schon mehr als einmal erwischt worden waren, das man geradezu als Putins Visitenkarte bezeichnen kann, das die westlichen Geheimdienste gut kennen und identifizieren können – das war völlig idiotisch. Aber Putin war sicher, dass er nichts zu befürchten hatte, weil er anders als bei den früheren Anschlägen mit Nowitschok diesmal auf eigenem Territorium agierte. Ein russischer Bürger, der in einem russischen Flugzeug über russischem Staatsgebiet plötzlich einen Zusammenbruch erleidet, da kann ihm doch niemand ins Gehege kommen. Selbst wenn es eine polizeiliche Ermittlung gäbe, würde die an der Leine des FSB geführt. Was also sollte da schiefgehen?

Diese Geschichte hat uns auf jeden Fall zwei wichtige Erkenntnisse beschert, über Wladimir Putin und darüber, wie sein Regime funktioniert. Die erste Erkenntnis lautet: Putin ist nicht allmächtig. Wir meinen zwar immer, dass er mit all den ihm zur Verfügung stehenden Ressourcen, den Milliarden Dollars und Heerscharen williger Helfershelfer jederzeit alles erreichen können müsste, was er nur will. Aber nein, das stimmt nicht. Putin wollte Alexei Nawalny töten. Er hat befohlen, ihn zu töten, er hat seinen ganzen hocheffektiven Apparat in Bewegung gesetzt, um seinen Befehl auszuführen – aber es ist ihm nicht gelungen.

Und wie im Kleinen, so im Großen. Putin wollte Russlands Abhängigkeit vom Verkauf seiner Rohstoffe beseitigen und das Land bis zum Jahr 2020 zu einem der fünf führenden Weltwirtschaften machen. Von diesem Projekt sprach er in jedem seiner Wahlkämpfe, auf jeder seiner Pressekonferenzen. Auch dieser Plan ist gescheitert. Im Februar 2022 wollte er die Ukraine in einem Blitzkrieg niederwerfen, sein Plan war, innerhalb von 96 Stunden Kiew einzunehmen. Und wieder ist er gescheitert. Nein, wir müssen nicht glauben, dass Putins Wille unüberwindlich ist.

Zweitens hat uns diese Geschichte gezeigt, welch zweischneidige Sache die Korruption ist. Korruption ermöglicht den Mächtigen, sich hemmungslos zu bereichern, indem sie die Herrschaft der Gesetze außer Kraft setzt und der grenzenlosen Manipulation Tür und Tor öffnet. Aber ihre Mechanismen spielen oft genug auch denen in die Hände, die Korruption bekämpfen. So können sie Personenbewegungen ermitteln, indem sie Telefon- oder Flugdaten kaufen – kleine Beamte sind überall käuflich. Das Willkürsystem, auf dem die Korruption basiert, führt dazu, dass sich die FSB-Schergen auf ihrer Mission, den Hauptgegner des russischen Diktators zu eliminieren, kindische Fehler erlauben, indem sie zum Beispiel bei geheimen Aktionen ihre Privattelefone verwenden statt Einmalgeräte und über ungesicherte Verbindungen kommunizieren. Sie glauben, sie stünden unter dem Schutz eines Allmächtigen, ihnen könne nichts passieren, weil sie gewohnt sind, immer straflos auszugehen.

Die Vergiftung Alexei Nawalnys trennte das politische Leben in Russland wieder einmal in ein Vorher und ein Nachher. Mit dieser Attacke brach ein Bild zusammen, das sich viele Oppositionelle von Putins Zugriff auf die Werkzeuge der Macht gemacht hatten. Auch wir hatten an dieses Bild geglaubt und uns daran ausgerichtet. Wir hatten angenommen, dass Putin streng trennen würde zwischen der Welt der politischen Bühne, in der man sich wenigstens zum Schein an die Gesetze hält, und der verborgenen Welt der Geheimdienste und Agenten, für die eigene Regeln gelten und in der Verräter und Überläufer schon mal mittels Giftstoffen aus dem Leben befördert werden, ich erinnere nur an das Schicksal von Sergej Skripal und Alexander Litwinenko.

Politische Gegner, dachten wir, gehören aber doch wohl in eine andere Kategorie von Feinden. Diese Feinde bekämpft man mit den gängigen quasi legalen Methoden, man nutzt den Repressionsapparat der Polizei, man bedient sich der Gerichte und umgibt sich bei alldem mit dem Anschein der Legalität. Deshalb hatten wir von Putin verstärkten Druck erwartet, neue, vielleicht noch absurdere Anklagen. Aber wir hatten nicht erwartet, dass er Killer aussenden, dass er einen politischen Mord anordnen würde.

Wir haben uns getäuscht, das war eine bittere Erfahrung. Und die Recherchen von Bellingcat, die im Dezember 2020 publiziert wurden, haben uns deutlich gemacht, dass unser Irrtum viel größer war, als wir uns je hätten vorstellen können. Wir mussten erkennen, dass es innerhalb des Geheimdienstes FSB offenbar schon seit längerer Zeit eine spezielle Abteilung gab, die sich mit politischen Morden beschäftigt, und zwar mindestens seit 2004, und dass sie schon zahlreiche politische Gegner auf dem Gewissen hatte. Das Regime hat sich nicht erst im Jahr 2020 in ein Monster verwandelt, sondern schon viel früher.

Die häufigste Frage, die mir im Jahr 2021 von Journalisten gestellt wurde, lautete: Warum ist Alexei Nawalny nach Russland zurückgegangen? Er musste doch wissen, dass er verhaftet wird!

Ich habe diese Frage sicher an die hundert Mal gehört, und jedes Mal wundere ich mich von Neuem darüber. Ehrlich gesagt, weiß ich bis heute nicht, was ich auf sie antworten soll. Denn für uns hat sich diese Frage tatsächlich nie gestellt, wir haben nie auch nur eine Minute über das Thema gesprochen. Als er noch im Koma lag und die Ärzte vorsichtig erste positive Prognosen abgaben, wussten wir, die wir Alexei seit Langem kannten, seine Familienangehörigen, alle, die mit ihm zusammengearbeitet hatten, wir alle wussten, dass er zurückgeht, sobald er wieder richtig stehen kann. Wenn wir überhaupt irgendetwas im engeren Kreis besprachen, dann allenfalls, dass wir ihn zu überreden versuchen würden, sich etwas Zeit für seine vollständige Genesung zu nehmen und nicht sofort nach Russland abzureisen.

Ich denke, die Leute, die fragen, wie Nawalny zu dem Entschluss kam, nach Russland zurückzugehen, stellen sich in ihrer Fantasie so eine Szene vor, wie er mit seinem Team zusammensitzt und alle Aspekte einer möglichen Rückkehr durchdiskutiert: Was meint ihr, soll ich wieder hin oder nicht? Was spricht dafür und was dagegen? Sie sehen vor ihrem geistigen Auge einen Alexei Nawalny, der gründlich darüber nachdenkt, was er in dieser Situation tun soll. Aber wie hätte er auch nur eine Sekunde lang daran denken können, nicht zurückzugehen? Gab es diese Option überhaupt? In dem Moment, als er aus dem Koma erwachte, war er ein freier Mann. Er hatte gegen kein Gesetz verstoßen, als Bürger Russlands hatte er jedes Recht, in sein Land zurückzukehren.

Und nicht zurückzugehen hätte bedeutet, die gesamte Arbeit der vergangenen zehn Jahre mit einem Schlag zunichtezumachen. Alle Risiken, die er auf sich genommen, alle Kämpfe, die er durchgestanden hatte, wären sinnlos gewesen. Die zahllosen Strafprozesse, die vielen Hundert Tage Ordnungshaft, die er abgesessen hatte, die körperlichen Angriffe, auch der Anschlag im Jahr 2017, der ihn beinahe ein Auge gekostet hätte, alles für die Katz. Es hätte bedeutet, anzuerkennen, dass Putins Willkürmethoden wirksam sind, dass es in Ordnung geht, seinen politischen Gegner einfach abzuräumen mithilfe konstruierter Strafverfahren, brutaler Einschüchterung oder eben, wenn das alles nichts nützt, mithilfe von Gift. Es hätte bedeutet, vielen Millionen seiner Anhänger zu zeigen, seht her, es ist sinnlos, sich zu wehren, ich gebe auf. Das Vertrauen und die Hoffnung all dieser Menschen in die Möglichkeit eines Wandels und nicht zuletzt in die Person, die dafür steht, wäre enttäuscht worden. Denn diesen Menschen ist es wichtig, dass Nawalny ein Teil von ihnen ist, dass er zu Demonstrationen nicht nur aufruft, sondern auch selbst an ihnen teilnimmt. Es ist für sie wichtig, dass er unter ihnen lebt, dass man ihn auf der Straße treffen kann, sich mit ihm fotografieren, mit ihm in Kontakt treten kann.

War Alexei Nawalny bewusst, dass man ihm bei seiner Rückkehr keine Rosen auf den Weg streuen würde? Ja, natürlich war ihm das bewusst. Im Januar 2021, wenige Tage vor seiner Abreise, trafen wir uns mehrmals in Berlin und besprachen ein mögliches Szenario für die Zukunft. Zentraler Punkt war die zu erwartende Inhaftierung, die gesetzwidrig, aber doch sehr wahrscheinlich war. Wir redeten darüber, wie unsere Organisation in diesem Fall reagieren sollte, wie wir den Kontakt zu ihm ins Gefängnis aufrechterhalten könnten. Wir besprachen die weitere Arbeit in den sozialen Netzwerken, überlegten, wie wir, wenn die Verbindung zu ihm problematisch wäre, die Zusammenarbeit mit den Journalisten gestalten sollten, wie die künftige Koordination der Stäbe für die Durchführung laufender Projekte, wie die Entscheidungsprozesse für künftige Projekte. Das alles haben wir gründlich und detailliert diskutiert. Darüber, ob er nach Russland zurückgehen sollte, haben wir nicht gesprochen.

Aber im Kreml hat man offenbar darüber nachgedacht, man sieht es an den Ergebnissen. Am 29. Dezember 2020 eröffnete die staatlich gesteuerte russische Justiz ein neues Strafverfahren gegen Alexei Nawalny. Ihm wurde, wieder einmal, Betrug vorgeworfen. Zu erwartende Strafe im Fall einer Verurteilung: zehn Jahre Gefängnis. Das Datum der Anklageerhebung war natürlich nicht zufällig gewählt. Am 30. Dezember lief Nawalnys Bewährungsfrist aus dem Fall Yves Rocher ab (der Vorwurf: Betrug; das Urteil nach Einschätzung des Europäischen Gerichtshofs für Menschenrechte: willkürlich). Das neue Strafverfahren wurde exakt einen Tag vor Ablauf der Bewährungszeit eröffnet, eine deutliche Botschaft an Nawalny: Bleib lieber, wo du bist, hier landest du hinter Gittern. Putins Regime gab unmissverständlich zu verstehen, dass man ihn nicht im Land sehen wollte. Allein das war Grund genug, gar keine andere Wahl zu haben. Alexei Nawalny hatte nicht all die Risiken und Strapazen in seiner politischen Karriere auf sich genommen, um jetzt zu tun, was Wladimir Putin von ihm verlangte.

Alexei Nawalnys Credo blieb unerschütterlich. In taktischer Hinsicht hatten wir unsere politische Arbeit im Laufe der Jahre oftmals variiert, aber das strategische Ziel blieb immer das gleiche: Putin und seinem Regime möglichst viele Probleme zu bereiten, es so oft wie möglich unter Druck zu setzen, denn bei Stress begeht der Mensch leicht Fehler. Und diese Fehler können wir nutzen. Je deutlicher die Fehler sichtbar werden und je besser wir sie für uns nutzen, desto mehr Menschen werden sich hinter uns versammeln und desto stärker werden wir als politische Bewegung. Wenn die Menschen sehen, dass wir etwas tun, unterstützen sie uns, und je mehr uns unterstützen, desto mehr können wir erreichen. Und weil wir etwas erreichen, unterstützen uns wieder mehr Menschen. Das ist einer der wichtigsten Grundsätze für eine erfolgreiche politische Bewegung in einem autoritären Land, das sich, ich bin sicher, auch auf andere unfreie Länder übertragen lässt.

Nawalnys Rückkehr nach Russland hatte geradezu biblische Dimensionen. Wie der mythische Phönix aus der Asche war er wiederauferstanden, er war unversehrt und stärker als je zuvor. Er hatte nicht nur den heimtückischen Giftanschlag überlebt, sondern er hatte auch schon die Hintergründe dieses Anschlags selber genauestens recherchiert. Ein herber Schlag für Putin.

Aber Nawalny hatte noch einen Trumpf im Ärmel. Sein Team hatte bereits seit Monaten an einem Dokumentarfilm über Putins gigantischen Palast am Schwarzen Meer gearbeitet, noch während er im Koma lag und dann parallel zu den Recherchen zum Giftanschlag. Jetzt gab Nawalny bekannt, diesen Film an die Öffentlichkeit zu bringen, sobald er sich wieder auf russischem Territorium befinde. Das war eine persönliche Herausforderung, er warf Wladimir Putin den Fehdehandschuh gewissermaßen direkt ins Gesicht.

Nawalnys Rechnung ging auf. Putin geriet gewaltig unter Stress und reagierte irrational. Nawalny wurde wegen Verletzung der Bewährungsauflagen in Haft genommen, weil er sich, als er im Koma lag, nicht bei der Bewährungsstelle gemeldet hatte. Die Absurdität dieses Vorgehens brachte sogar manch treuen Anhänger Putins dazu, an seinem moralischen Rückgrat zu zweifeln. Putins Umfragewerte fielen auf ein historisches Tief, die von Nawalny schlugen Rekorde.

Nach unseren eigenen Umfragen sahen mehr als ein Drittel der Russen persönliche Rache Putins am Werk. Eine neue Protestwelle ergoss sich über das Land, in mehr als 180 Städten, so viele wie nie zuvor, fanden Großdemonstrationen statt. Das Land erlebte zugleich ein nie da gewesenes Ausmaß an Brutalität und Polizeigewalt und eine wahre Verhaftungswelle. Aber die Wahrheit kann man nicht verhaften und nicht wegsperren. Den Film »Ein Palast für Putin« schauten sich mehr als 100 Millionen Menschen an, praktisch alle erwachsenen Bürger des Landes. Fortan galt Alexei Nawalny nicht mehr nur als Führer der Opposition – in seiner Gefängniszelle wurde er zum Symbol des russischen Protestes.

Genau das war sein Plan. Jedem Bürger im Land wurde spätestens jetzt klar, dass Alexei Nawalny Putins persönlicher Gefangener ist. Und wer bisher nicht gewusst hatte, wohin er mit seiner Unzufriedenheit über die sich immer weiter verschlechternden Zustände gehen sollte, dem wies Putin nun gleichsam mit dem Finger den Weg: Da ist er, mein Hauptfeind, wenn du dich von mir abwendest, musst du zu ihm gehen.

Von jetzt an ist jedem klar: In der politischen Wirklichkeit Russlands gibt es nur zwei Seiten, schwarz oder weiß, entweder oder. Entweder du bist für Putin, oder du bist für Nawalny. Ohne ein drittes Kästchen zum Ankreuzen von »Weiß nicht«.

Russland überfällt die Ukraine

Am 9. August 2020 begann in Belarus eine Revolution. Nach einer manipulierten Präsidentschaftswahl war statt der legitimen Siegerin, der Oppositionsführerin Swetlana Tichanowskaja, wieder der seit bereits 26 Jahren amtierende Diktator Alexander Lukaschenko als Präsident ausgerufen worden. Daraufhin gingen die Menschen in der Hauptstadt Minsk und in anderen Städten massenweise auf die Straßen. Von Russland aus verfolgten wir diese Ereignisse sehr aufmerksam, nicht nur, weil wir mit dem belarussischen Volk solidarisch waren, nicht nur, weil wir verstanden, dass vom Erfolg dieses Protestes sehr viel für die Zukunft der Protestbewegung in Russland abhing, sondern auch, weil wir wussten, dass Putin alles, was Lukaschenko tat, um die Proteste zu unterdrücken, alsbald nachmachen würde. Wladimir Putin ist für uns politisch gesehen der kleine Bruder von Alexander Lukaschenko.

Das klingt vielleicht etwas seltsam, schließlich ist Belarus 80 Mal kleiner als das riesige Russland und Lukaschenko zwei Jahre jünger als Putin, aber das spielt in diesem Fall keine Rolle. Lukaschenko ist früher an die Macht gekommen, an diktatorischer Praxis hat er Putin vieles voraus.

Für Putin ist Belarus ein wichtiger Übungsplatz für das totalitäre Handwerk. Demokratische Politiker halten ja gern Konferenzen ab, wo sich Vertreter von allerlei NGOs und Oppositionelle aus vielen Ländern versammeln, um Erfahrungen auszutauschen und voneinander zu lernen, für eine bessere demokratische Praxis. Aber sicher machen es die Diktatoren genauso, nur die Lokalitäten mögen sich unterscheiden. Ich stelle mir vor, Putin, Lukaschenko, Erdogan und Maduro kommen an einem lauschigen Plätzchen zusammen, vielleicht in einem hübschen Winkel des Schwarzen Meeres auf einer komfortablen Jacht, und tauschen ihre Erfahrungen und Kenntnisse aus, für eine schlechtere demokratische Praxis. Sie beraten darüber, wie man das Justizsystem am besten für seine Zwecke instrumentalisiert, nach welchen neuesten Methoden man sich das Parlament gefügig macht, welches Schlagstockmodell besonders effektiv ist beim Einsatz gegen unzufriedene Bürger und so weiter.

Irgendetwas in der Art muss es wohl geben, sonst ließe sich nicht erklären, wie schnell und präzise die Praktiken aus einem totalitären Land von anderen nachgeahmt werden. In Fragen effizienter Methoden zum Ausbau von Machtfülle ist Putin ganz offensichtlich bei Lukaschenko in die Lehre gegangen. Lukaschenko führte ein Referendum über die Verlängerung der Amtszeit des Staatspräsidenten durch, ein paar Jahre später machte Putin es ihm nach. Lukaschenko ließ den Organisatoren von Kundgebungen gesalzene Rechnungen über mehrere Millionen Rubel zuschicken – Kosten für die Sondereinsätze der Polizei, die für die »Sicherheit« dieser Veranstaltungen sorgte, indem sie die Demonstranten verprügelte und die Versammlungen auseinandertrieb; Putin machte es ihm nach: 2021 etwa ließ er den Organisatoren einer Protestkundgebung in Ufa 4,5 Millionen Rubel in Rechnung stellen, schließlich hatte die Polizei beim Zuschlagen und Festnehmen jede Menge Überstunden machen müssen. 2020 ließ Lukaschenko Menschen verhaften, die einfach nur ein weißes Blatt Papier in die Höhe hielten oder ihre Fingernägel weiß-rot-weiß lackiert hatten, in den Farben der belarussischen Unabhängigkeitsbewegung von 1917 und der belarussischen Flagge vor Lukaschenko; 2022 landete man in Putins Russland im Gefängnis, wenn man sich die Fingernägel blau-gelb lackierte, in den ukrainischen Nationalfarben.

Das kleine Belarus diente immer wieder als Testlabor für Versuchsreihen zu der Frage, wie viel man seinem Volk zumuten kann: Was lassen sich die Leute widerspruchslos gefallen und wann fangen sie an zu murren oder gar auf die Straße zu gehen? Gab es bei irgendeiner Verfügung Lukaschenkos zu großen Widerstand und strömten die Menschen massenweise zu Demonstrationen, dann nahm man in Russland vielleicht von ähnlichen Maßnahmen stillschweigend Abstand. Ein Beispiel ist die berüchtigte »Steuer für Selbstständige«, auch »Schmarotzersteuer« genannt.

Die Ereignisse vom August 2020 in Belarus zeigten, dass ein Präsident mitten in Europa mit brutalster Repression gegen die Bürger seines Staates vorgehen kann – friedlich Demonstrierende werden massenweise verprügelt und eingesperrt, man schießt mit scharfer Munition auf Menschen, die nur ihr Recht auf freie Meinungsäußerung ausüben – und dass dieser Präsident trotzdem an der Macht bleibt. Folglich konnten wir uns ausrechnen, was auf uns zukommen würde. Und so kam es. Die Proteste nach Alexei Nawalnys gesetzwidriger Inhaftierung und der Veröffentlichung des Dokumentarfilms über Putins Palast wurden mit einer Brutalität unterdrückt, die das postsowjetische Russland noch nicht gesehen hatte.

Vor dem Januar 2021 lagen die Zahlen der Personen, die im Kontext von Protesten verhaftet wurden, stets nur im dreistelligen Bereich. Jetzt, bei den Protesten im Gefolge von Nawalnys Verhaftung nach seiner Rückkehr, wurden innerhalb von nur einer Woche 15000 Menschen festgenommen. Um die Massen unterzubringen, wurde bei der Siedlung Sacharowo bei Moskau in aller Eile ein Gefängnislager errichtet, im Prinzip ein KZ, in dem Tausende Inhaftierte unter schlimmsten Bedingungen wochenlang festgehalten wurden. Auch das hatte es in diesem Russland nie zuvor gegeben. Und nie zuvor war die Polizei mit scharfer Munition gegen Protestierende vorgegangen. Genau das geschah am 31. Januar 2022 in Sankt Petersburg. Ich bin sicher: Alles das hätte Putin sich niemals getraut, hätte er nicht gesehen, dass Lukaschenko wenige Monate zuvor mit diesen Maßnahmen durchgekommen war.

Im Eiltempo verwandelte sich Russland von einem hybriden autoritären Regime in ein totalitäres Regime, von einer Pseudo-Demokratie in ein vollendetes faschistisches System. Die Metamorphose setzte 2019 mit dem Feldzug gegen Nawalny und seine Stäbe ein. Und ich gestehe, dass wir, während sie stattfand, nicht verstanden, was da vor sich ging und warum es geschah. Wir spürten, dass das Vorgehen der Regierung gegen Oppositionelle härter und repressiver geworden war, aber es blieb doch immer noch ein gewisser Freiraum, in dem man tätig sein konnte. Schließlich, so dachten wir, brauchte Putin ein wenig oppositionelles Geschehen im Land, um vor seinen westlichen Partnern wenigstens ein kleines demokratisches Feigenblatt zur Schau zu tragen. Einfach um sagen zu können: Bitte, da sind sie, unsere Oppositionellen, sie sitzen nicht alle im Gefängnis, sie versammeln sich, halten Kundgebungen ab, und wenn wir mal jemanden einsperren, dann nur, weil er gegen ein Gesetz verstoßen hat; das ist in jedem demokratischen Land so.

Und diese Masche hat im Prinzip funktioniert. Auch sieben Jahre nach der Annexion der Krim konnte Putin noch als respektierter Staatsmann auf allen großen internationalen Bühnen auftreten, sei es beim Jahrestreffen der G20 oder auf dem Weltwirtschaftsforum in Davos. Sanktionen gegen Russland waren kein Thema. Die Welt schien wohl der Ansicht, dass Probleme mit Demokratie und Meinungsfreiheit hinter andere, offenbar drängendere Probleme zurücktreten konnten. Mancher Beobachter sah das hybride Regime Russlands sogar auf einem Weg, bei dem sich das politische Klima eher entspannte als verschärfte.

So, wie die Dinge standen, passten sie dem Westen gut ins Konzept, und bis zu einem bestimmten Zeitpunkt passte dieser Zustand auch Putin. Aber auf einmal, scheinbar wie aus heiterem Himmel, passte er ihm nicht mehr. Hatte er sich in den vergangenen zwanzig Jahren gleichsam im Kriechgang Richtung Totalitarismus vorwärtsbewegt, so zog er nach Nawalnys Rückkehr auf einmal die Siebenmeilenstiefel an. Wir sind davon überrascht worden, wir haben die neue Dynamik anfangs nicht einordnen können. Wirklich verstanden haben wir all diese Vorgänge wohl erst am 24. Februar 2022. Es war ein Bestandteil seiner Vorbereitungen zum Krieg gewesen. Putins Ansatz bestand darin, dass es in dem Moment, da er seinen Krieg beginnt, keine fünfte Kolonne in seinem Land geben darf. Die relevanten Oppositionellen mussten entweder im Gefängnis sitzen oder sich außer Landes befinden. Es durfte niemand mehr da sein, der eine Protestbewegung effektiv hätte organisieren können. Die radikale Ausschaltung aller oppositionellen Strukturen hatte den einzigen Zweck, sich den Rücken freizuhalten, das Hinterland abzusichern vor dem Beginn seiner kriegerischen Expansion.

Am Abend des 23. Februar 2022 betrat ich das Podium eines großen Veranstaltungssaals in Los Angeles. In dem Saal saßen an die 250 Russen, Anhänger Alexei Nawalnys und Gegner von Wladimir Putin. Es waren einige bekannte Gesichter darunter, Kollegen, Mitarbeiter unserer Stäbe, Unterstützer und Aktivisten, die Russland erst kurz zuvor hatten verlassen müssen, weil ihnen Strafverfahren drohten; jetzt warteten sie in Kalifornien auf ihre Anerkennung als politisch Verfolgte. Es befanden auch einige ältere Menschen dort, manche, die vielleicht schon seit zwanzig oder dreißig Jahren in den USA lebten, in diesem

Land eine Familie gegründet, beruflich Karriere gemacht hatten, aber die Verbindung zu Russland nicht hatten abreißen lassen und sich weiter für russische Politik interessierten.

Es war ein offenes Treffen mit Anhängern von uns, eines von vielen während des Winters 2021/22. Zwei Tage zuvor erst hatte ein solches Treffen in Sacramento, der Hauptstadt Kaliforniens, stattgefunden, zu dem ebenfalls mehr als 200 Personen gekommen waren. Ich meinte also ganz gut zu wissen, wie die Veranstaltung in Los Angeles ablaufen würde. Ich werde, so dachte ich, von den neuen Projekten des Nawalny-Teams berichten, von unseren Antikorruptions-Recherchen und -Initiativen, werde darüber sprechen, was wir von unseren Anhängern in den verschiedenen Ländern der Welt erwarten, werde erklären, wie sie unsere Arbeit unterstützen können, wie sie sich uns anschließen und mitarbeiten können. Dann folgt der Teil mit Fragen und Antworten. Das wird eine bis anderthalb Stunden dauern, danach können Selfies geschossen werden, anschließend geht es gleich ab zum Flughafen. Am nächsten Tag musste ich schon in Vilnius sein, in der Stadt, die heute zum Zentrum unserer politischen Arbeit geworden ist, nachdem Putin in Russland jede oppositionelle Tätigkeit unmöglich gemacht hat.

Kaum 48 Stunden vor diesem Treffen hatte man mich in Sacramento ausführlich zum Thema Krieg befragt, da standen längst Zehntausende hochgerüstete russische Soldaten an der Grenze zur Ukraine. Wird Putin einen Krieg anfangen? Was für ein Krieg wird das sein? Was hat er davon? Es waren brennende Fragen sehr beunruhigter Menschen. Ich aber beantwortete alle Fragen ruhig und mit großer Selbstgewissheit, wie bei vielen Treffen zuvor. Es wird keinen Krieg geben, sagte ich. Putin ist ja kein Idiot. Er will einfach nur den Westen erpressen, ihm die Pistole auf die Brust setzen. Er weiß, der Westen verträgt es nicht, wenn man mit Krieg droht, denn dort hält man den Wert des menschlichen Lebens sehr hoch, anders als in Russland. Damit kalkuliert Putin: Wenn die Kriegsdrohung über ihren Köpfen schwebt, werden die westlichen Länder früher oder später einknicken und nach seiner Pfeife tanzen.

Die Umfragewerte von Wolodymyr Selenskyj, der bei der ukrainischen Präsidentschaftswahl drei Jahre zuvor 73 Prozent der Stimmen bekommen hatte, waren auf einen Wert von kaum über 20 Prozent gefallen. Sollte Putins Erpressung erfolgreich sein und der Westen offiziell verkünden, die Ukraine habe keine Aussicht auf einen Beitritt zu NATO und EU, würde Selenskyj die letzten Reste seines Rückhalts in der Bevölkerung verlieren. Und das hieße: voller Erfolg für eine politische Intrige, von der Putin wohl schon lange geträumt hat. Er würde über ehrliche demokratische Wahlen einen gefügigen Kandidaten in das oberste Staatsamt der Ukraine hieven, eine weitere politische Marionette in der Art von Viktor Janukowitsch. Und das wiederum wäre ein großer Schritt nach vorn auf dem Weg zur eurasischen Integration, der Wiederherstellung russischen Territoriums in den Grenzen der alten Sowjetunion, die Putin schon seit Längerem anstrebt.

Die unverhohlene Erpressung durch den Aufmarsch von Militärtechnik und Soldaten an der Grenze zur Ukraine war nur ein Zug in diesem großen Spiel. Putin gebrauchte dieses Mittel ja nicht zum ersten Mal, erst ein knappes Jahr zuvor, im April 2021, hatte er es zuletzt erfolgreich eingesetzt. Damals war es ihm auch gelungen, seine Rückkehr auf die weltpolitische Bühne zu erzwingen. Nach dem Giftanschlag auf Nawalny war Putin politisch in Isolation geraten, seinem nächsten Umkreis waren empfindliche Sanktionen auferlegt worden, ihm selbst drohten weitgehende Ermittlungen durch die Organisation für das Verbot chemischer Waffen. Was tat Putin daraufhin? Er verlegte ein paar Truppeneinheiten an die ukrainische Grenze, inszenierte eindrucksvoll Vorbereitungen zum Krieg, und schon wendete sich das Blatt um 180 Grad, schon rief US-Präsident Biden bei ihm an und lud ihn zum Gipfeltreffen nach Genf ein, und plötzlich war Putin wieder ein Staatschef von internationalem Format, alle sprachen mit ihm, alle waren sofort bereit, seine letzten Drohgebärden zu vergessen und die Verhandlungen mit ihm fortzusetzen.

Das ist auch diesmal sein Kalkül. Bald wird die Gaspipeline Nord Stream 2 in Betrieb genommen, das liebste Kind von Wladimir Putin und Angela Merkel, damit wird Europas Abhängigkeit von Russlands Energieressourcen noch stärker, und nicht mehr lange, dann wird Russland wieder in den Kreis der G7 aufgenommen, und schon verhandelt man auch über die Abschaffung der lästigen Sanktionen. Immer mehr europäische Politiker sprechen bereits davon, dass der Status der Krim überdacht werden müsse, man müsse realistisch sein und verstehen, dass Russland die Kontrolle über dieses Gebiet für immer behalten wird. So etwas sagen seriöse Europa-Politiker, nicht nur die von Putin alimentierten Rechtsaußen.

Wenn man bedenkt, wie schockiert die internationale Öffentlichkeit war, als die Bilder von der Evakuierung Alexei Nawalnys, des Anführers der russischen Opposition, in einem Sanitätsflugzeug von Omsk nach Berlin durch die Medien gingen, ist das ein enormer Erfolg. Und der Aufwand für Putin ist minimal. Hunderttausende Soldaten in Zeltlager in die Regionen Belgorod und Brjansk zu verlegen, ein paar Kampfeinheiten hierhin und dorthin zu verschieben, das ist für ihn nur wie eine kleine Bewegung mit der Maus in einem Computerspiel. Wenn Putin mit einem Computer umgehen könnte.

Und jetzt, im Februar 2022, spielt Putin erneut mit seinen Soldaten, wieder schiebt er Kampfeinheiten auf der Landkarte hin und her, wieder setzt er den Europäern die Pistole auf die Brust. Er rasselt mit dem Säbel. Aber tatsächlich zuzuschlagen, die Ukraine tatsächlich anzugreifen, wäre ein riesiger Fehler, das wäre politischer Selbstmord. Die ukrainische Armee ist neu ausgerüstet, sie ist stark, motiviert und bereit, Widerstand zu leisten. Und die Sanktionen, die auf eine solche Aggression unvermeidlich folgen müssten, würden die russische Wirtschaft sehr bald in die Knie zwingen. Putins Bild in der Weltgeschichte würde für immer und ewig das eines Geächteten und Kriegsverbrechers sein.

Schade, dass die Europäer und Amerikaner das nicht erkennen wollen und Putins Erpressungen immer noch auf den Leim gehen, dass sie seinem Druck nachgeben und einer nach dem anderen nach Moskau fährt, sich von ihm an einen absurden Riesentisch setzen lässt wie einen Höfling, sich an der Nase herumführen lässt, dass sie endlose Verhandlungen führen. Wozu machen sie das überhaupt? Putin hat mehr als einmal gezeigt, dass er sein Wort nicht hält, sich über Verpflichtungen hinwegsetzt. Russland hat das Budapester Memorandum von 1994 gebrochen, in dem es sich verpflichtet hat, die territoriale Souveränität der Ukraine zu achten, als Gegenleistung für deren Verzicht auf Atomwaffen. Russland hat die europäische Menschenrechtskonvention verletzt, Russland missachtet die Urteile des Europäischen Gerichtshofs für Menschenrechte, Russland hat gegen die Chemiewaffenkonvention verstoßen. Was hat es für einen Sinn, mit Putin immer wieder über irgendetwas zu verhandeln? Seine Negativbilanz mit der langen Liste gebrochener Versprechen sollte doch jeden warnen. Wozu sind Scholz und Macron und andere europäische Staatsoberhäupter immer wieder nach Moskau gereist? Ich habe nie einen Sinn in dieser ganzen Pendeldiplomatie gesehen. Aber auch deshalb, weil ich sicher war, dass Putin niemanden angreifen würde, dass er niemals einen Krieg in Europa beginnen würde.

Am 23. Februar 2022 um 19.00 Uhr kalifornischer Zeit stieg ich in einem Saal in Los Angeles aufs Podium, und in diesem

Moment begannen bei allen Anwesenden die Handys zu vibrieren, zu summen, zu explodieren. In Moskau war es 5.00 Uhr früh und schon der 24. Februar. Wladimir Putin hielt eine Ansprache an das russische Volk, in der er den Beginn einer »militärischen Spezialoperation« verkündete. Wenig später gingen auf ukrainische Städte, Flughäfen und Bahnhöfe Hunderte Raketen nieder. Ich stand dort auf dem Podium in diesem riesigen Saal und fühlte mich wie der letzte Idiot. Alles, worüber ich sprechen wollte, hatte auf einen Schlag seinen Sinn verloren. Alles, was wir je über Putin zu wissen glaubten, hatte sich als falsch herausgestellt.

Solange Alexei Nawalny im Gefängnis ist, verantworte ich an seiner Stelle die politische Strategie unserer Bewegung, die Politik der führenden oppositionellen Kraft in Russland. Aber eine gute Strategie erfordert eine treffende Lageeinschätzung, eine richtige Prognose. Unsere Prognosen gründeten immer auf unserem Verständnis von der Logik der Entscheidungsprozesse im Kreml, von den Bauprinzipien des Regimes, von den Motiven, die alle diese Leute antreiben. Bisher waren unsere Einschätzungen im Allgemeinen richtig gewesen. Mehr als einmal hatten wir genau ins Schwarze getroffen, hatten die nächsten Schritte des Kremls gut vorausberechnet und richtig vorhergesagt. Und jetzt war auf einmal alles falsch? Heißt das, wir haben uns all die Jahre gerade im Wesentlichsten geirrt? Heißt das, die harte Arbeit, in die wir all unsere Kraft und unsere Leidenschaft investiert haben, alle Mühen und alle Risiken für unsere Freiheit und unser Leben waren umsonst? Haben wir Putin wirklich so falsch verstanden?

Aber wir waren damit ja nicht allein. Sehr viele erfahrene Experten, Journalisten und Politiker hatten immer wieder gesagt, es wird keinen Krieg geben. Sie alle haben sich genauso fatal getäuscht. Sie hielten, wie wir auch, Putin für jemanden, der rational denkt. Wir alle glaubten, er sei ein verbrecherischer, bösartiger Mensch, der bei seinen Entscheidungen aber genau die Vor- und Nachteile abwägt und berechnet, wie er den meisten Gewinn herausschlägt, für sich persönlich und für das System, das er aufgebaut hat, zum Nutzen seines Machterhalts und seines immer weiter wachsenden Reichtums.

Die Entscheidung, die Ukraine zu überfallen, war im höchsten Maße irrational. Wir lagen richtig, was die Folgen dieser Entscheidung angeht. Denn ja, die ukrainische Armee wurde nicht zerschlagen, ja, die russische Wirtschaft trafen die heftigsten Sanktionen, die jemals einem Land auferlegt wurden, eine fast vollständige Isolation, der drohende Absturz. Worin also bestand unser Fehler? Wenn wir derart falsche Schlüsse aus im Grunde richtigen Einschätzungen gezogen haben, dann deshalb, weil wir eine Sache nicht bedacht hatten, weil wir nicht ganz zu Ende gedacht hatten.

Unser Irrtum bestand nicht in der Annahme, dass Putin grundsätzlich rational handelt. Die Frage ist nur, was man unter Rationalität genau versteht. Rationalität ist keine absolute Kategorie, sondern abhängig von dem Koordinatensystem, dem sie angehört.

Wladimir Putin hat an diesem 24. Februar 2022, das heißt vermutlich schon ein paar Tage vorher, eine Entscheidung getroffen, die innerhalb seines eigenen Koordinatensystems rational war. Nur dass sich dieses Koordinatensystem weit, weit außerhalb der realen Welt befindet. In Putins Kopf ist der Westen unfähig zu einer entschiedenen und einigen Antwort, ist die ukrainische Armee handlungsunfähig, ergreifen ihre Soldaten vor den heranrückenden russischen Einheiten in Scharen die Flucht, empfängt die Bevölkerung der überwiegend russischsprachigen Städte in der Süd- und Ostukraine die russischen Soldaten mit Blumen in den Händen als ihre Befreier.

In Putins Welt war das ein rationales Kalkül. Aber in der realen Welt, in der wir leben, war es völlig irrational. Putin hat um sich herum eine eigene Welt erschaffen, die mit unserer Welt nichts zu tun hat. Er traf eine Entscheidung, die ihm absolut rational schien und in seiner Welt auch rational ist, in der realen Welt aber verbrecherisch und verhängnisvoll.

Im Folgenden wird es darum gehen, wie es geschehen konnte, dass der Präsident Russlands jede Verbindung zur Realität verloren hat, dass er in eine andere Welt entschwunden ist, die mit der Realität, in der wir leben, keinen Kontakt mehr hat. Und vor allem, wie es passieren konnte, dass wir es bis zu einem bestimmten Zeitpunkt nicht bemerkt haben, nicht die Experten, nicht die Politiker, nicht die Journalisten, nicht einmal die, die in den vergangenen Jahren mit der russischen Politik eng vertraut waren. Oder wenn wir es bemerkt haben, dass wir es nicht wirklich ernst genommen haben. Dass wir nicht verstanden haben, was dort tatsächlich vor unseren Augen geschieht, dass wir tatsächlich auf einem Pulverfass sitzen.

Aber nicht nur wir haben uns verrechnet. Auch Putin hat sich verrechnet, und zwar buchstäblich bei allem. Ich möchte gerne daran glauben – und das wäre nur gerecht –, dass der Preis für seine Irrtümer, die sein Realitätsverlust verschuldet hat, der Zusammenbruch des Putinismus sein wird.

Medienmacht und Meinungsbildung

Als das Wahlkampfteam von Alexei Nawalny für die Moskauer Bürgermeisterwahl im Jahr 2013 das erste Mal zusammentrat, waren genau acht Personen anwesend. Die Aufgabe, die vor uns lag, war gewaltig, es war kaum darauf zu hoffen, dass wir sie bewältigen konnten. So fassten wir als Erstes den Entschluss, dass jeder der Anwesenden sich auf einen Aufgabenbereich konzentrieren und ihn leiten sollte.

Unter diesen acht Personen der ersten Stunde befand sich Anna Birjukowa, eine ehemalige Studentin der Soziologie, die wir ein halbes Jahr zuvor kennengelernt hatten, als sie uns bei unserem ersten Versuch unterstützte, eine politische Partei zu gründen. Ich schlug vor, dass Anna aufgrund ihrer Qualifikation den Aufbau eines eigenen Meinungsforschungsbüros übernehmen sollte. Es erschien uns nützlich, ein solches Büro zur Verfügung zu haben, das wir von null an nach unseren eigenen Vorstellungen und Maßgaben organisieren würden, um demografische Daten zu bekommen, auf die wir uns wirklich verlassen konnten. Denn es war ja offensichtlich, dass den offiziellen Zahlen nicht zu trauen war.

Wie sich bald herausstellte, war das eine der besten Entscheidungen, die wir an diesem Tag trafen. Natürlich war es auch ein ziemlich verwegener, vielleicht sogar dreister Plan, und nur unsere mangelnde Erfahrung mag erklären, dass wir überhaupt den Mut zu dieser Entscheidung fanden. Doch der Erfolg sprach dann für sich. Die ersten Ergebnisse, die uns unser Meinungsforschungsbüro lieferte, waren bereits wesentlich präziser als die der staatlichen Umfrageinstitute, die für ihre lausige Arbeit Unsummen an Steuergeldern kassierten. Anna hatte das Büro schnell zu einem effektiven und zuverlässigen Organ entwickelt, das, getragen von der aufopferungsvollen Arbeit vieler freiwilliger Mitarbeiter, uns immer wieder zentrale Kenntnisse darüber lieferte, was die Russen wirklich dachten. Unsere politischen und strategischen Entscheidungen stützten sich maßgeblich auch auf diese Informationen. Eine wichtige Voraussetzung dafür war ein Ethos völliger Unvoreingenommenheit der die Menschen befragenden Mitarbeiter, die ihre eigenen Ansichten und Überzeugungen zurückstellen mussten, um zu authentischen Ergebnissen zu kommen.

An dieser Stelle sollte ich wohl erwähnen, dass Anna im Jahr 2015 meine Frau wurde. Aber Objektivität und Unvoreingenommenheit blieb in unserer Arbeit natürlich weiterhin ein Grundsatz, der durch unsere persönliche Beziehung nicht infrage gestellt werden durfte.

Die positiven Erfahrungen mit unserem Meinungsforschungsdienst führten dazu, dass wir ihn nicht nur über all die Jahre beständig fortsetzten, sondern kontinuierlich ausbauten und erweiterten. Unsere Umfragen lieferten ein differenziertes Bild unseres Landes. Wir sahen, dass es nicht ein Russland gibt, sondern zwei: ein Russland des Fernsehens und ein Russland des Internets. Dazwischen klafft ein riesiger, man könnte sagen schwindelerregend tiefer Abgrund. Menschen, die das Internet als die Hauptinformationsquelle nutzen, setzen vollständig andere Prioritäten, wählen also auch andere Parteien oder Kandidaten als die Menschen, die sich nur über das Fernsehen mit Informationen versorgen. Aber das ist noch nicht alles. Es fällt auf, dass sich die beiden Gruppen in vielen Bereichen kardinal unterscheiden in der Art, wie sie die Realität wahrnehmen, wie sie Vergangenheit und Gegenwart einschätzen, wie sie in die Zukunft blicken, in ihrem Verhältnis zu den Fragen von Krieg und Frieden, sozialer Moral und Konsumverhalten, bis hin zu ihrem Verhältnis zur Wahrheit.

Letzteres ist natürlich ein wesentlicher Faktor. Der manipulative Umgang mit der Wahrheit, das Verdrehen und Leugnen von Fakten, die gezielte und massive Störung oder Zerstörung von Prozessen der Wahrheitsfindung ist eine Schlüsselstrategie der Putin-Propaganda. Sogar in den offensichtlichsten Situationen, wenn man Putin oder seine Helfershelfer gleichsam mit rauchendem Revolver neben dem Opfer fand, gelang es seiner Propaganda immer wieder, den Menschen, vor allem den Fernsehzuschauern, weiszumachen, dass sie nicht sahen, was sie sahen, dass sie keine voreiligen Schlüsse ziehen sollten, dass man immer alles auch ganz anders sehen kann und dass überall böse Verschwörer am Werk sind, vor denen man sich in Acht nehmen muss.

Putins Propaganda hat sich zu einem so perfiden wie effektiven Mechanismus entwickelt, dass der Propagandaapparat der alten Sowjetunion harmlos und schwerfällig dagegen wirkt. Sie erzeugt ein engmaschiges und alles überspannendes Lügengewebe aus Fake-Informationen, die nicht einmal in sich schlüssig oder aufeinander abgestimmt sein müssen. Sie können sogar unlogisch und widersprüchlich sein, das spielt alles keine Rolle, Hauptsache, sie erzeugen ein ununterbrochenes weißes Rauschen im Informationsraum, in dem das wahre Signal untergeht, erstickt wird. Und damit nicht etwa doch jemand wagt, in irgendeinem noch verbliebenen schmalen Informationskanal die Wahrheit auszusprechen, hat man damit begonnen, jeden, der »Fake-News« verbreitet, also irgendetwas in der Öffentlichkeit erzählt, das nicht der offiziellen »Wahrheit« entspricht, mit drastischen Strafen zu belegen.

Der russischen Propaganda ist es also gelungen, den Glauben an die Wahrheit in den Menschen zu zerrütten. Aber den

Glauben an die Wahrheit der Propaganda hat sie ihnen nicht einimpfen können.

Ich erinnere mich an meine eigene Wahlkampagne von 2009. Ich war 28 Jahre alt, und meine Strategie bestand darin, dass ich bei klirrendem Frost – im Februar 2009 hatten wir im Schnitt etwa minus 20 Grad – durch die Straßen und Höfe meiner Heimatstadt Jekaterinburg lief, die Menschen, die ich traf, direkt ansprach und sie für mein Wahlprogramm zu begeistern versuchte. Das waren zu 90 Prozent Rentner und Rentnerinnen, die übrigen 10 Prozent Mütter mit Kinderwagen. Da ich meine Runden tagsüber drehte, waren das in der Industriestadt die einzigen Bevölkerungsgruppen, die auf der Straße anzutreffen waren. Ich selbst war zu der Zeit bei einer IT-Gesellschaft angestellt, und diese Tätigkeit bestimmte auch mein Bewusstsein. Die Themen, die mein politisches Programm prägten, waren etwa die elektronische Regierung mit einem transparenten städtischen Budget und einer digital gesteuerten lokalen Selbstverwaltung, viel Bürgernähe durch elektronische Demokratie also.

Hätte ich meine politische Karriere in Deutschland gestartet, dann wäre ich vermutlich in der Piratenpartei gelandet. Jedenfalls kann man sich vorstellen, dass ich von den jungen Müttern und alten Großmüttern, mit denen ich damals sprach, politisch so weit weg war, wie man nur sein kann. Man sollte also meinen, dass ich keine schlechtere Wahlkampftaktik hätte haben können. Aber es war für mich die einzig mögliche, einen anderen Weg, an potenzielle Wähler heranzukommen, hatte ich nicht. Also ging ich unverdrossen von Haus zu Haus, von Hof zu Hof und sprach mit allen Menschen, die bereit waren, mir zuzuhören.

Als ich am Wahltag von Wahllokal zu Wahllokal fuhr, traf ich dort viele von den Mütterchen, mit denen ich bei meinen Runden gesprochen hatte. Sie erkannten mich wieder, begrüßten mich freundlich, und manche sagte dann zu mir, Söhnchen, ich habe für dich gestimmt, ich habe zwar kein Wort von dem verstanden, was du erzählt hast, aber ich habe gesehen, dass du es ehrlich meinst. Am Ende des Tages hatte ich mein Mandat gewonnen.

Der russische Fernsehzuschauer ist kein Idiot, er ist nur daran gewöhnt, in einem toxischen Informationsmilieu zu existieren. Er nimmt das, was ihm im Fernsehen oder den Propagandamedien vorgeführt wird, nie buchstäblich, er glaubt nicht eins zu eins daran. In der Sowjetunion gab es ein geflügeltes Wort: In der »Iswestija« gibt es keine Wahrheit, in der »Prawda« keine Nachrichten. (»Iswestija« heißt Nachrichten, »Prawda« Wahrheit.) Die Menschen, die noch in der Sowjetunion gelebt hatten, wissen, dass die Propaganda natürlich immer lügt, sie haben gelernt, zwischen den Zeilen zu lesen. Was sie wissen mussten, erfuhren sie nicht aus dem, was gesagt wurde, sondern aus dem, was nicht gesagt wurde. Wenn zum Beispiel der Name eines hochgestellten Funktionärs aus den Zeitungen oder dem Rundfunk verschwand, bedeutete es, dass er in Ungnade gefallen war, dass man ihn vielleicht verhaftet hatte oder dass er gestorben war. Wenn man auf einmal überall las, Ersatzkaffee sei viel gesünder als Bohnenkaffee, wusste man, dass man schon in Kürze wohl keinen richtigen Kaffee mehr in den Läden bekam. So stimmte man sich auf die wechselnden Gegebenheiten ein, eine Fähigkeit, die die Menschen sich bis heute bewahrt haben. Meinen Wähler-Großmüttern steckte diese Erfahrung noch im Blut, sie hatten eine gute Menschenkenntnis und einen scharfen Blick, sie sahen ihrem Gegenüber an, ob er ehrlich ist oder sie verschaukeln will, selbst wenn sie vom Thema nichts verstanden. Und dass die neue russische Propaganda keinen Deut besser ist als die alte sowjetische, wissen sie auch.

Das heißt, sie wissen es im Prinzip. Das Problem ist, dass die Skrupellosigkeit und Maßlosigkeit der neuen russischen Propaganda ihr Vorstellungsvermögen schlicht übersteigt. Jeder Mensch kann nur so weit blicken, wie sein eigener Horizont reicht, und wer noch irgendwie an die Wahrheit glaubt, kann sich nun einmal nicht vorstellen, wie es möglich ist, den Boden der Realität gänzlich zu verlassen. Man kann übertreiben und ausschmücken und hinzudichten, aber irgendein tatsächlicher Sachverhalt muss jeder Geschichte zugrunde liegen. Das galt auch für die sowjetische Propaganda. Deren Grundprinzip war, das Positive in den Himmel zu loben und das Negative unter den Tisch fallen zu lassen. Das war ihre ungeschriebene Spielregel, und die kannte jeder. So rechnete man sich den eigentlichen Wahrheitsgehalt einer Nachricht immer herunter. Aber niemand kam auf den Gedanken, dass irgendeine Nachricht, ein Bericht von A bis Z vollkommen erfunden sein könnte.

Wenn heute dem russischen Fernsehzuschauer rund um die Uhr Horrorgeschichten von den blutrünstigen Nazis in der Ukraine erzählt werden, die Kinder bei lebendigem Leib auffressen, dann findet in seinem Kopf genau dieser Denkmechanismus statt. Natürlich glaubt er nicht wörtlich, was man ihm da erzählt, er weiß ja, dass er belogen wird, ein bisschen vielleicht, oder auch ein bisschen mehr, egal, aber doch nicht ganz und gar. Soviel er auch abzieht und herunterrechnet, am Ende bleibt ein kleiner Rest, den er glaubt. Er denkt, na gut, das mit dem Kinderfressen muss wohl stimmen, aber bestimmt nicht roh, wahrscheinlich werden sie sie vorher kochen oder wenigstens anbraten.

Das Problem ist, dass er nur diese eine Informationsquelle hat, das Fernsehen, die offiziellen Staatsmedien. Ihm steht keine alternative Sichtweise als Korrektiv zur Verfügung. Er weiß zwar, dass er es mit Propaganda zu tun hat, aber er kann die Perspektive nicht wechseln, er kann nicht hinter die Leinwand schauen. Es ist dem Fernsehen, der Propaganda nicht gelungen, den Leuten völlig ihre Wahrheit aufzuzwingen. Aber was ihr gelungen ist, ist schlimm genug: Sie hat in den Menschen den Glauben an die Wahrheit vernichtet. Den Glauben daran, dass es eine Wahrheit gibt und dass sie erkennbar ist. Sie hat die Menschen in Russland massenhaft zu Skeptikern und Verschwörungstheoretikern gemacht. Dieses giftige Samenkorn ist auf fruchtbaren Boden gefallen.

Die postsowjetische Gesellschaft der Neunzigerjahre ist der Welt mit großer Naivität begegnet. Vielleicht haben die Menschen geglaubt, die Lüge ist vorbei, jetzt eröffnet sich uns die Wahrheit. Sie fielen scharenweise auf Scharlatane und Trickbetrüger herein, sie verschlangen esoterische Bücher, verfielen auf astrologische Spintisierereien, glaubten an die Geschichten von UFOs und kryptischen Welten, und wenn sie krank waren, liefen sie lieber zu irgendwelchen Wunderheilern oder Kurpfuschern als zu den staatlichen Gesundheitsdiensten. Und sie wurden zu willigen Opfern von Verschwörungstheorien. Vor allem der großen staatlichen Verschwörungstheorie. Die Propaganda hat ihnen den letzten Glauben daran genommen, die Wahrheit selbst erkennen zu können.

So ist paradoxerweise die Propaganda zu ihrer letzten Zuflucht geworden. Genauer gesagt, der Herr der Propaganda, Wladimir Putin. Wenn man heute mit einem Menschen spricht, der ununterbrochen der Bestrahlung durch die staatlichen Medienanstalten ausgesetzt ist, und versucht, ihn mit der nackten Wirklichkeit zu konfrontieren, dann bekommt man als letztes Argument zu hören: Das können wir einfachen Leute nicht verstehen, wir haben ja nicht alle Informationen. Putin, ja, der hat seinen FSB, der ihm alles berichtet, Putin weiß alles, der kann das viel besser einschätzen als wir. Der Glaube an die Wahrheit im Informationsraum hat sich verwandelt in den Glauben an die Allmacht der Geheimdienste, die Informationen besitzen, die einfachen Sterblichen nicht zugänglich sind. Was wiederum bedeutet, dass alles wahr sein kann, auch das

Unvorstellbare. Dieser Glaube hat zweifellos irrationalen, quasi-religiösen Charakter. Und er hat viel Schaden angerichtet.

Aber auch Wladimir Putin selbst wurde indessen zum Opfer dieses Glaubens, zum Opfer seiner eigenen Propaganda. Jeder weiß, dass der russische Präsident kein Internet nutzt. Seine bevorzugte, wenn nicht die einzige Informationsquelle sind die täglichen Berichte, die ihm in den berühmten roten Mappen vorgelegt werden. Der FSB, der »Föderale Sicherheitsdienst«, stellt sie ihm zusammen. Logischerweise haben die Mitarbeiter dieser Dienste längst gelernt, was ihr Boss mag und was nicht, welche Art von Nachrichten er gutheißt und welche ihm die Laune verdirbt. So funktioniert die selbsterfüllende Prophezeiung. Weil Putins Mitarbeiter ganz genau wissen, was ihr Chef lesen will, und weil sie in 22 Jahren oft genug leidvoll erfahren haben, was passiert, wenn ihm unerwünschte Nachrichten vorgelegt werden, haben sie den Inhalt der roten Mappen immer mehr auf seine Wünsche und Launen ausgerichtet. So schließt sich der Kreis. Die Führung des Landes stützt sich in ihren Entscheidungen auf einen Informationspool, den im Wesentlichen ihre eigene Propaganda konstruiert hat. Die Propaganda wiederum richtet sich nach den Wünschen und Plänen der Führung des Landes und speist daraus den Informationspool für die gewöhnlichen Leute.

Aber Wladimir Putin ist selbst ein gewöhnlicher Mensch. Wäre die Geschichte ein wenig anders verlaufen, hätten ihn damals seine alten Freunde nicht aufgefangen und ihm nach Anatoli Sobtschaks Niederlage 1996 nicht einen neuen Job besorgt, dann wäre Putin heute vielleicht nur einer aus dem Sechs-Millionen-Heer der Armeepensionäre, einer von den vielen Silowiki außer Dienst, die ihren Tag damit verbringen, bei einem Gläschen Wodka vor dem Fernseher zu sitzen und auf den verdammten Westen zu schimpfen.

Unsere politische Praxis hat uns gezeigt, dass wir die Propagandaklischees vielfach sehr leicht aufbrechen können, wenn es uns nur gelingt, die Menschen dazu zu bringen, sich wenigstens ab und zu auch für andere Informationsquellen zu öffnen, wenigstens mit einem halb zugekniffenen Auge der Realität zu begegnen. Wir müssen ihnen die Möglichkeit einer anderen Sichtweise nahebringen, ihnen andere Perspektiven öffnen. Denn im Grunde wissen sie ja, dass die Propaganda sie anlügt, sie haben sich nur abgewöhnt, nach Alternativen zu suchen. In der Praxis ist das nicht so einfach zu bewerkstelligen. Das Fernsehen reibt viel Balsam auf die Seele des Menschen, schafft ihm einen Schutzraum, einen Winkel des Wohlbehagens. Es streichelt und hätschelt ihn, sagt ihm lauter schöne Dinge: Wir sind die Besten, wir sind die Größten, wir haben im Jahr 1945 die Nazis besiegt im Großen Vaterländischen Krieg, wir sind im Jahr 1961 als Erste ins Weltall geflogen, wir sind unschlagbar, wir sind groß, wir sind die Besten, die anderen sind nur neidisch auf uns.

Nach Beginn des Krieges in der Ukraine wurde es völlig grotesk. Viele Millionen Menschen, die sich für das Weltgeschehen normalerweise überhaupt nicht interessieren, waren durch die erschütternde Tatsache eines Krieges in Europa gezwungen, ihre Eierschale zu verlassen, mussten jetzt ein Minimum an Empfänglichkeit aufbringen für das, was da geschah. Aber das war ihnen vollkommen unmöglich, sie waren schlichtweg nicht in der Lage zu verstehen, geschweige denn anzuerkennen, dass wir jetzt die Faschisten sind, dass Russland jetzt die Rolle übernommen hat, die Deutschland Mitte des 20. Jahrhunderts in Europa und in der Welt gespielt hatte. Das zu begreifen, wäre einfach zu schmerzhaft, zu gefährlich auch für die Psyche eines Menschen, der nie gelernt hat, mit echten Informationen umzugehen, sich kritisch mit der Realität auseinanderzusetzen. Und so stützt er sich noch mehr als zuvor auf die Propaganda, die ihm gibt, was er jetzt braucht: einen sicheren Ort, ein Versteck vor der Wirklichkeit, die zu schrecklich ist, um ihr ins Gesicht zu sehen.

Die irrwitzig hohe Zustimmung, die Putin jetzt angeblich erfährt, hat dort ihren Ursprung. Von den Meinungsforschern befragt, antworten die Menschen nicht mit ihren Worten, sie formulieren nicht ihre eigenen Gedanken, sondern geben die Propagandaklischees wieder, an die sie sich klammern, um die Realität nicht anerkennen zu müssen, um nicht verrückt zu werden.

Jede Meinungsforschung, die tiefer geht und differenzierter fragt, Suggestivfragen meidet und psychologische Sperren umgeht, ergibt ein ganz anderes Bild. Dann zeigt sich, dass es die vorgebliche totale Unterstützung des Krieges in der Bevölkerung in Wirklichkeit nicht gibt und auch nicht geben kann. Mit der angeblichen Unterstützung für Putin, die diese Menschen, von den staatlichen Meinungsforschungsinstituten befragt, nach außen hin demonstrieren, klammern sie sich an den Strohhalm des wichtigsten und allerletzten propagandistischen Mythos: Ihr Führer Putin ist allwissend. Putin kann sich doch nicht so täuschen, er weiß doch besser Bescheid als wir alle. Er versteht, was wir nicht verstehen, deshalb ist wohl doch richtig, was er tut. An diesem Strohhalm hängt ihre ganze Welt, wenn er zerbricht, geht sie unter.

Die Menschen leben unter dem Schutzpanzer der Propaganda. Aber wir haben in unserer Arbeit immer wieder gesehen, dass dieser Schutzpanzer überhaupt kein Panzer ist, sondern eine dünne und zerbrechliche Kruste, die sich leicht durchstoßen lässt. Das hat man bei den Wahlen in den Regionen gesehen, zu denen unsere Kandidaten zugelassen wurden und bei denen sie sehr erfolgreich waren. Ihren Wahlkampf führten sie nach der gleichen Methode wie ich 2009 in Jekaterinburg. Sie gingen einfach von Straße zu Straße, von Haus zu Haus und sprachen mit den Menschen. Sie überzeugten sie davon, dass

Wahrheit und Ehrlichkeit eben doch einen Platz in der Welt haben, auch in der russischen Politik. Ehrlichkeit ist ein mächtiges Instrument. Wenn die Zensur einmal abgeschafft ist, wenn die Freiheit der Medien wiederhergestellt ist, dann wird es möglich sein, das Bild der Welt, das die Politik der letzten zwanzig Jahre geschaffen hat, einzureißen. Denn der Panzer, unter dem unsere Gesellschaft lebt, ist eigentlich nur die Kruste auf der Crème brûlée. Die Konfrontation mit der Realität wird schmerzhaft sein für die Menschen, aber sie ist notwendig. Ohne sie gibt es keine Zukunft für das Land.

Angriffsziel Internet

Ende 2015 publizierte der investigative Journalist Adrian Chen im *New York Times Magazine* einen großen Artikel über eine sogenannte Trollfabrik im Lachta-Center im Sankt Petersburger Bezirk Olgino. Die Existenz von Trollen im Internet, also Usern, die bewusst Störkommentare in Foren und in den sozialen Netzwerken streuen, war lange bekannt. Aber Chen brachte ans Licht, welche Ausmaße dieses Unwesen inzwischen angenommen hatte und, schlimmer, dass es gezielt und systematisch eingesetzt wurde als Waffe im Kampf gegen die Meinungsfreiheit im Internet. Anschaulich beschrieb er die Vorgänge in dieser größten russischen Trollfabrik, die aussah wie ein unauffälliges modernes Büro in einem hypermodernen Hochhaus, in dem ganz normale junge Leute an ganz gewöhnlichen Schreibtischen sitzen und konzentriert auf ihre Bildschirme schauen. Nur dass sie von morgens bis abends nichts anderes tun als immer gleiche, ihnen von Kuratoren vorgegebene Kommentare ins Netz zu stellen, mit denen sie das Internet gezielt vermüllen.

Chens Artikel schlug im westlichen Ausland hohe Wellen. Für russische Internetnutzer aber war das nichts Neues, sondern leidiger Alltag. Seit Langem bereits hatten alle freien Internetplattformen die Tendenz, sich früher oder später in von automatisch generierten Bots zugeschüttete Müllhaufen zu verwandeln. Und angefangen hatte das nicht erst 2015, sondern schon viel früher.

Der Zeitpunkt, an dem sich das Verhältnis Putins zum Internet änderte, lässt sich ziemlich genau benennen. Es war, wie sollte es anders sein, 2011. Dieses Jahr war, wie schon mehrfach deutlich wurde, in vielerlei Hinsicht ein Wendepunkt in der neuesten russischen Geschichte. Auch was das Internet angeht. Jetzt endlich hatte man im Kreml nämlich verstanden, welche Möglichkeiten und Gefahren das Internet bot, sowohl im Hinblick auf die Wirkung von Propaganda wie auch im Hinblick auf den Widerstand gegen Propaganda.

Nicht dass man davor das Internet völlig ignoriert hätte. Spätestens seit Beginn der 2000er-Jahre hatte es das ein oder andere kleine Regierungsprojekt im Netz gegeben. Und unter Präsident Medwedew, also ab 2008, verstärkten sich diese Aktivitäten erheblich, Medwedew kokettierte mit dem Image des jungen und progressiven Politikers, der sich in den neuen Medien auskennt.

Die alten Herren im Kreml nahmen das nicht so ernst, und Medwedew war ja auch nicht ernsthaft Präsident. Man sah darin mehr ein Spielzeug, mit dem sich der Jungspund ein wenig amüsieren durfte, damit er nicht auf dumme Gedanken kam – eine Online-Pressekonferenz für Blogger, ein Selfie mit Steve Jobs während einer Reise ins Silicon Valley, lauter so Sachen, über die die Graurücken vielleicht gutmütig schmunzelten, wenn es ihnen jemand anklickte. Sie wussten ja auch nicht so recht, was das überhaupt ist, das Internet. In jedem Fall nichts Wichtiges, da ist sowieso kaum jemand drin, dachten sie. Ein bisschen Geld machte man locker für regierungsfreundliche Projekte im Netz, darum kümmerte sich der Kreml-Ideologe Wladimir Surkow. Aber insgesamt gesehen war das russische Internet vor 2011 völlig frei, ein absolut unzensierter Raum. Eben deshalb zog es alle Leute dorthin. Man könnte sagen, hinter dem Rücken des Kremls war reges Leben im Netz.

Ein besonders vitales Phänomen dieses Lebens war die Internetplattform »LiveJournal«, 1999 von Brad Fitzpatrick in den Vereinigten Staaten gegründet und 2007 von einem russischen Unternehmer aufgekauft. Unter ihrer neuen, ausgeprägt liberalen Führung entwickelte sich die Website schnell zur wichtigsten liberalen Plattform des Landes. Dort führte Alexei Nawalny seinen Antikorruptionsblog, mit dem sein Weg in die Popularität begann, dort waren praktisch alle Politiker, die keinen Zugang zum Fernsehen hatten, als Blogger aktiv.

Dieses Phänomen einer unabhängigen Bloggerszene ist überhaupt typisch für viele Länder, in denen Politiker keinen Zugang zum Fernsehen haben, während es in Ländern, in denen die Fernsehsender allem und jedem offenstehen, sofern nur irgendein Interesse an diesem Inhalt besteht, vollkommen unverständlich ist. In einem normalen demokratischen Milieu gibt es für alles ein Rating, einen messbaren Bekanntheitsgrad. Das gilt auch für politische Akteure, ein gefragter Politiker ist auch ein gefragter Gast in den Teleshows. In Ländern wie Russland ist es umgekehrt, zumindest, wenn es um Oppositionspolitiker geht. Für die gilt: Je populärer einer ist, desto geringer sind seine Chancen, ins Fernsehen zu kommen. Alexei Nawalny verschwand 2007 aus dem russlandweiten Staatsfernsehen. In regionalen Sendern war er 2011 noch gelegentlich zu sehen, bis er nach der Bürgermeisterwahl in Moskau 2013 überall auf die schwarze Liste kam. Da war Nawalny dann im Fernsehen tabu. Kein Russe durfte ihn sehen, es sei denn in strikt zensierter Form.

Das Fernsehen hatte Putin von Anfang an systematisch unter seine Kontrolle gebracht und für seine Zwecke instrumentalisiert. Das Internet aber blieb lange Zeit ein natürliches Ventil für alle, die nicht auf Regierungskurs waren, sie wurden förmlich dorthin verdrängt. So kam es, dass das Internet von Anfang an oppositionell war. 2011 lagen Nawalnys Zustimmungswerte bei jeder Online-Befragung über denen von Putin, die populärsten Memes waren die, die Einiges Russland attackierten, und die trendigsten Hashtags waren mit oppositionellen Themen verknüpft.

Nach den Straßenprotesten im Winter 2011/12 begriff man im Kreml, dass man das Internet verschlafen hatte. Jetzt begann man, es als Bedrohung zu sehen, als eine Sache, die man nicht unter Kontrolle hatte, die sich nicht nach Belieben lenken ließ. Das Internet wurde zum Feind – und den altgewohnten KGB-Methoden folgend nun systematisch bekämpft. In der Zeitspanne zwischen 2011 und 2016, also genau in der Legislaturperiode der illegitimsten Staatsduma, die jemals gewählt wurde, schnürte man ein ganzes Paket neuer Gesetze, mit denen eine totale Internetzensur vollzogen werden sollte. Es entstand ein Mechanismus von schwarzen Listen und blockierten Seiten, den es vorher nicht gegeben hatte. Für das Verständnis der russischen Legislative sehr aufschlussreich ist ein Blick darauf, auf welcher Grundlage diese repressiven Gesetze eingeführt wurden. Nach außen hin ging es nämlich immer nur und ausschließlich um den Schutz der Kinder. Wer kann etwas dagegen haben, die Kinder zu schützen? Natürlich muss man die Kinder vor allem Bösen behüten. Und all die Zensurgesetze und schwarzen Listen wurden allein gemacht, um das Internet von Kinderpornografie zu reinigen. Dagegen konnte niemand etwas sagen, und es sagte niemand etwas dagegen.

Damit war die Büchse der Pandora geöffnet. Nachdem die ersten Zensurgesetze verabschiedet waren, hängte man nach Belieben neue Bestimmungen dran, nicht jedes Mal als neues Gesetz, sondern als Ergänzung oder Korrektur der bestehenden. Letzten Endes konnte die Generalstaatsanwaltschaft jede beliebige Internetseite legal blockieren. Längst beschränkt sich die Liste inkriminierter Inhalte nicht mehr auf Kinderpornografie, heute zählt man Hunderte möglicher Tatbestände, einschließlich der vorsätzlichen Verbreitung von nicht zutreffenden Informationen über die Ziele der russischen »Militäroperation« in der Ukraine.

Um die Kontrolle des Internets zu gewährleisten und alle erforderlichen Zensurmaßnahmen vorzunehmen, brauchte man eine geeignete Behörde. Seit 2008 gab es den Roskomnadzor, den Föderalen Dienst für die Aufsicht im Bereich der Kommunikation, Informationstechnologie und Massenkommunikation. Ursprünglich war das eine kleine, kompakte Behörde, die zum Beispiel für die Vergabe von Sendefrequenzen an Radiostationen zuständig war. Jetzt wurde diese Behörde mit neuen Vollmachten versehen und bekam zusätzliche Gelder bewilligt, um die für die neuen Aufgaben erforderliche technologische Infrastruktur zu schaffen und weitere Mitarbeiter einzustellen.

In einem bürokratischen System genügt das, um einen Prozess unumkehrbar zu machen. In einer Bürokratie ist jede Behörde daran interessiert, ihr Budget zu erhalten oder gar zu vergrößern, deshalb wird sie selbst immer dafür sorgen, dass sie genug Arbeit hat. Auf diese Weise wurde der Zensurmechanismus selbsterhaltend. Roskomnadzor funktionierte als ein sich selbst genügendes Organ, das ständig neue Tatbestände und Anlässe fand, um Internetressourcen zu zensieren oder ganz zu blockieren.

Aber das russische Internet vollständig unter Kontrolle zu bekommen, war keine leichte Aufgabe. Das lag zum einen an der technologischen Struktur des russischen Internets selbst, das sich sehr stark unterschied von der technologischen Struktur des Internets in Ländern, wo es sich von Anfang an als ein zensiertes entwickelt hatte. Das bekannteste Beispiel ist China. Dort hatte die Kommunistische Partei sehr frühzeitig, schon in den Neunzigerjahren erkannt, dass das Internet ein Raum unbegrenzter Möglichkeiten sein würde und eben deshalb auch eine Bedrohung für die politische Stabilität des Landes. Deshalb entwickelte und installierte man von Beginn an das, was wir jetzt die große chinesische Firewall nennen. Nur drei große Telekommunikationsgesellschaften durften die physischen grenzüberschreitenden Verbindungskanäle bauen, die entscheidende Voraussetzung für eine umfassende Zensur des Internets durch den Staat. Das gesamte chinesische Internet war allein über diese drei Kanäle mit dem globalen Internet verbunden.

Auch das russische Internet entstand in den Neunzigerjahren, aber im Unterschied zu China waren die Neunzigerjahre in Russland eine Phase der Freiheit. Den russischen Internetfirmen waren keine Grenzen gesetzt, die Anbieter kümmerten sich ausschließlich um die Optimierung ihrer Gewinne, und so waren sie daran interessiert, die Verbindungen in alle Welt möglichst vielfältig und durchlässig zu halten, um ihre Kunden effektiver mit Content beliefern zu können. Bis zum Jahr 2011 waren auf dem russischen Markt etwa 6000 kleinere oder größere private Internetprovider aktiv, die in der Summe um die 1000 grenzüberschreitende Verbindungskanäle hatten. Ein solches Netz ließ sich natürlich nicht mit einem einfachen Knopfdruck abschalten. Aber was noch wichtiger ist, es gab kein spezifisches internes digitales Ökosystem im Land.

Der Erfolg des chinesischen Modells der Internetzensur basiert gar nicht so sehr auf den technischen Möglichkeiten, die Verbindung zur restlichen Welt zu kappen, als vielmehr auf der Tatsache, dass 95 Prozent der chinesischen User es gar nicht merkten, wenn diese Verbindungen gekappt würden, weil es ein landesweites durchstrukturiertes digitales Ökosystem gibt: chinesische Suchmaschinen, chinesische Messenger, chinesische Videohosts, chinesische Handelsplattformen, chinesische soziale Netzwerke usw. Der normale unpolitische User spürt gar nicht, dass er über solch zweifelhafte Luxusgüter der freien Welt wie YouTube oder Instagram nicht verfügt. Die gibt es in China nicht, man kann sie über die normalen chinesischen

Provider nicht erreichen, nur über VPN. Aber wozu? Die chinesischen User brauchen sie nicht. Sie kommen wunderbar mit Weibo und Baidu zurecht.

In Russland war das anders. Der russische Internet-Gigant Yandex konnte sich im Sektor der Suchmaschinen gegen Google behaupten, es gibt das russische soziale Netzwerk Vkontakte.ru, das 2006 von Pawel Durow als Kopie von Facebook gegründet wurde. Aber eine russische Alternative zu Twitter, WhatsApp, YouTube oder Instagram wurde niemals entwickelt, einfach weil es nicht nötig war, denn die ausländischen Plattformen waren jedermann zugänglich, funktionierten einwandfrei und zudem kostenlos.

Unter diesen Gegebenheiten hätte die vollständige physische Abtrennung des russischen Internets von der übrigen Welt zahllose User im Land verärgert, auch solche, die das Internet nicht für politische Zwecke nutzen. Putin konnte sich nicht erlauben, das Internet abzuschalten, um die Websites von Nawalnys Antikorruptionsstiftung trockenzulegen, denn damit hätte er gleichzeitig die zahllosen Menschen getroffen, die nur mit ihren Kindern auf YouTube Trickfilme schauen wollen. Diese Gruppe war viel größer als die erstere, und Putin wollte sie nicht gegen sich aufbringen.

Also beschloss der Kreml, nicht das chinesische Modell der direkten Zensur und Content-Filterung zu übernehmen, obwohl die Zensurmechanismen schon geschaffen waren und obwohl man einige oppositionelle Seiten blockiert hatte und weiterhin blockiert. Das Hauptinstrument, mit dem man das Internet und die User unter Kontrolle bringen wollte, waren die Bots und die Trolle. Auf den ersten Blick scheint das vielleicht naiv. Hält man es wirklich für möglich, dass in schlechtem Russisch verfasste, stereotyp durchkopierte Kommentare meist groben und beleidigenden Inhalts einen vernünftigen erwachsenen Menschen dazu bringen, seine politische Meinung zu ändern? Natürlich nicht. Das ist auch gar nicht bezweckt.

Der Zweck ist ein anderer. Um das zu erklären, muss ich etwas ausholen. Russland hat gegenwärtig etwa 145 Millionen Einwohner. Die Zahl der Internetnutzer ist seit dem Start des Internets jedes Jahr exponentiell gewachsen. Russland ist sehr schnell zu einem der internetaffinsten Länder Europas geworden. Heute nutzen über 85 Prozent der Russen regelmäßig das Internet, dabei 100 Prozent der jüngeren Altersklasse, 80 Prozent der mittleren und über 60 Prozent der älteren Menschen. Dem Kreml war klar, dass sich dieser Prozess nicht aufhalten ließ. Aber man konnte ihn beeinflussen, genauer gesagt, man konnte Einfluss darauf nehmen, wie die Menschen das Internet nutzen: Dating-Portale, Chats, Privatanzeigen, Filme, Musik und Videos, Unterhaltung und Sport, kein Problem, das kann man alles zulassen; nur die Politik nicht.

Da geht jemand auf ein Sportportal, um sich ein Fußballspiel anzuschauen, er klickt sich durch YouTube auf der Suche nach einem Musikvideo, das ihm gefällt, oder er geht auf ein Streamingportal, um sich in die nächste Staffel seiner Lieblingsserie zu vertiefen. Und während er so gemütlich auf dem Sofa liegt und mit der Maus spielt, blinkt ihn von irgendwoher ein Bildchen an, das ihn neugierig macht, oder eine Schlagzeile von einer politischen Website, und er klickt die Seite an. Dann passiert Folgendes: Statt sich frei und ungestört auf den Inhalt konzentrieren zu können, wird er mit verbalem Dreck schier überflutet. Der eigentliche Content schwimmt förmlich in einem widerlichen Brei aus übelsten Beschimpfungen und Boshaftigkeiten, Schmähungen und Geläster. Bis er auch nur zum ersten sachlichen Kommentar gelangt ist, muss er sich durch ein derartiges verbales Gemetzel kämpfen, dass ihm schnell alle Lust vergeht, länger auf dieser Seite zu bleiben. Selbst wenn er hart im Nehmen ist und hartnäckig versucht, sich auf diesem Schlachtfeld über ein politisches Thema zu orientieren, wird er irgendwann erschöpft und angewidert aufgeben, weil ihm der Kopf schwirrt von all den Kontra gebenden und extrem aggressiven Äußerungen. Also kehrt er resigniert zu angenehmeren Beschäftigungen zurück, den Sportseiten, den Serien usw. Politik im Internet, das ist kein Spaß.

Anders das Fernsehen. Politik im Fernsehen ist ein ungetrübtes Vergnügen. Da weiß man sofort, wo man ist und wo man hingehört. Da gibt es nur eine Meinung, und die wird jedem klar verständlich, wohlgeformt und gut verdaulich präsentiert, niemand irritiert einen durch verschiedene Meinungen und kontroverse Diskussionen darüber.

Damit haben die Trolle und Bots ihren Dienst getan. Das ist die ganze Strategie, die hinter den Trollfabriken steht. Ihre Aufgabe besteht in erster Linie darin, das Informationsmilieu so toxisch aufzuladen, dass es niemand dort erträgt. Bei diesem extrem erhöhten Level Weißen Rauschens das eine relevante Signal herauszuhören, ist für den User ein mühsames Geschäft, deshalb wird er es schnell aufgeben und sich in politischen Dingen dann doch lieber an das halten, was im Fernsehen läuft. Und genau das ist es, worauf es Putin ankommt. Deshalb hatte der Kreml nach 2011 zig Milliarden Rubel in die Trollfabriken investiert. Wie sinnfrei, absurd, stereotyp und stumpfsinnig die Bots auch sind, die aus diesen Fabriken ohne Unterlass ins Netz gekippt werden, diese durchsichtige Strategie erfüllt tatsächlich ihren Zweck.

So erklärt sich, dass trotz der rasant wachsenden Zahl an Internetusern das Fernsehen in Russland immer noch der wichtigste Lieferant für politische Informationen ist. In diesem Sinne ist das Internet auf dem politischen Feld längst geschlagen. Aber Putin wäre nicht Putin, wenn er es dabei belassen hätte. Nachdem er das Internet einmal zum Feind erklärt hatte, konnte er keine Ruhe geben, bevor der Gegner nicht vollständig besiegt war. Die ersten Versuche auf dem chinesischen Weg waren gescheitert, also der Plan, die gesamte physische Infrastruktur durch eine neue, rein russische zu ersetzen, die internationalen Plattformen durch hausgemachte. Das Projekt einer nationalen Suchmaschine namens »Sputnik« war ein Fiasko und wurde, begleitet vom Spott der User, schnell wieder aufgegeben. Ein nationales Video-Portal nach dem Modell von YouTube hob gar nicht erst vom Boden ab, und auch der nationale Messenger »tamtam« verlief sich nach lautstarkem Start im Nebel. Einer Reihe weiterer digitaler Projekte erging es genauso, obwohl man Unsummen staatlicher Gelder investiert, sprich verpulvert hatte.

Im Hinblick auf die technologische Abschottung des Runet von der übrigen Welt hat Putin schon einiges mehr erreicht. Nach 2016 schuf Roskomnadzor ein funktionsfähiges System zum Filtern des Internet-Traffic. Jeder der etwa 1000 größeren russischen Internetprovider musste auf eigene Kosten in seinen Datenzentren eine teure und leistungsstarke Spionagetechnologie installieren, die für das Deep-Packet-Inspection-Verfahren eingerichtet ist, ein Verfahren, mit dem man Datenpakete überwachen und gleichzeitig regulieren kann.

Das ist ein bedeutender Fortschritt im Kampf um das kontrollierte Internet. Noch 2018 hatte Roskomnadzor in der Schlacht gegen Telegram eine schmerzhafte Niederlage einstecken müssen. Mit der Androhung der Totalblockierung hatte man sich den beliebten Messengerdienst gefügig machen wollen: Entweder ihr spurt, oder wir machen euch dicht, dann verliert ihr den attraktiven russischen Markt. Man wollte ein Exempel statuieren, um auch den anderen großen Internetdiensten Angst einzujagen. Aber die Macher von Telegram nahmen die Herausforderung an, sie modifizierten ihre Software so, dass sie die damals gängigen Blockiermechanismen unterlief und den Angriffen der IT-Spezialisten des Kremls immer wieder entwischte. So floss viel Zeit und Geld dahin, bis der Kreml im Frühjahr 2019 Telegram großherzig Absolution erteilte. Natürlich ohne seine Niederlage einzugestehen. Offiziell hieß es, Telegram habe sich bereit erklärt, die beklagten Verstöße zu beheben.

2021 hatte das System der Internetzensur ein neues technologisches Niveau erreicht, wozu auch die Erfahrungen aus dem Kampf mit Telegram beigetragen hatten. Jetzt war der Kreml in der Lage, jeden Internetservice zu blockieren, der seine Zensurbestimmungen nicht befolgte. Prominentestes Opfer wurde, gleich nach dem Beginn des Einmarsches in die Ukraine, die Plattform Instagram, nach YouTube der populärste Internetservice in Russland. Allerdings waren auch die User nach Jahren im Umgang mit Zensur- und Blockiermaßnahmen schlauer geworden. Sie kannten inzwischen die diversen Umgehungsmöglichkeiten wie VPN-Server und Ähnliches und wussten damit umzugehen. Roskomnadzor musste einsehen, dass der erwartete Erfolg sich nicht einstellte. Folglich verzichtete man zunächst darauf, auch YouTube zu blockieren, aus dem genannten Grund, um das zahlenmäßig größere unpolitische Publikum nicht unnötig zu verärgern.

Das ist der Stand der Dinge. Der Kampf um das Internet geht weiter. Es ist ein Wettkampf zwischen Hase und Igel. Roskomnadzor wird weiter nach immer wirksameren Mitteln suchen, um die Kontrolle über das Internet zu gewinnen, und die Opposition wird weiter nach Möglichkeiten suchen, diese Kontrollmechanismen zu umgehen und ihr Publikum zu erreichen. Aber die Luft wird dünner. Das russische Internet ist schon lange nicht mehr der unzensierte Raum für freien Meinungsaustausch, wie es das vor 2011 war.

Die Verteilung der Lager hat sich dabei nicht prinzipiell verändert. Das Internet ist immer noch bevorzugt das Medium der Opposition. Im Internet kommen Menschen zusammen, die unabhängig denken können und nicht bereit sind, Putins Sicht auf die Welt kritiklos hinzunehmen. Solange das so ist, wird der Kreml seine Trollfabriken nicht schließen. Im Gegenteil, seit ein paar Jahren hat man auch in der westlichen Welt verstärkt mit ihnen zu tun. Aus diesem Grund ist ja Chens eingangs erwähnter Artikel so brisant. Auf den Websites großer internationaler Periodika tummeln sich inzwischen zahlreiche polyglotte Trolle, die ihre Bots auf Englisch, Spanisch, Französisch und Deutsch ausstreuen.

Manchmal scheint mir, dass man im Westen die Problematik dieses Phänomens noch nicht wirklich erfasst hat. Mehr als einmal wurde ich von Journalisten gefragt, warum ich das für so ein großes Problem halte. Was macht das schon aus, sagt man, ein paar dumme Kommentare, noch dazu in peinlich schlechtem Englisch neben einem Artikel der *New York Times*, möglicherweise sogar von Robotern generiert – welcher halbwegs intelligente Leser sollte sich dadurch stören lassen? Schön und gut, aber diese Export-Trolle sind ja erst nur ein kleiner Versuchsballon der Putin-Administration. In den internationalen Abteilungen seiner Trollfabriken arbeitet nur ein Bruchteil des Stabes, und tatsächlich hapert es dort auch mit der Sprachkompetenz. Und noch sieht man im Kreml auch nicht die Notwendigkeit für groß angelegte Aktionen. Die Wahlbeeinflussung in den USA ist eigentlich mehr ein Experiment zu nennen, eine ernsthafte Beeinflussung hat dort nicht stattgefunden.

Deshalb versteht man aus westlicher Perspektive noch nicht, was im Runet vor sich geht. Aber man braucht nur einmal einen Blick in meinen Twitter- oder Facebook-Account zu werfen oder die von Alexei Nawalny, dann sieht man, dass unter jedem Post, egal zu welchem Thema, nicht Dutzende, sondern Hunderte Kommentare laufen, die alle aus irgendeiner Trollfabrik stammen. Der Umfang des russischsprachigen Content, der nur dazu dient, das Internet zu vermüllen und den Zugang zu Informationen zu erschweren, überwiegt den Umfang ähnlichen Contents auf Englisch und in anderen Sprachen um das Hundertfache. Damit hat ein russischer Internetuser jeden Tag und jede Stunde zu kämpfen.

Inzwischen führt dieses Phänomen eher zum gegenteiligen Ergebnis. Die Arbeit der Trollfabriken wird kontinuierlich ineffektiver, weil die Nutzer des Runet sich daran gewöhnt haben, in diesem extrem toxischen Milieu zu leben. Sie haben sich eine dicke Haut zugelegt. Sie sehen über diese Kommentare einfach hinweg und prüfen ihre Quellen selbstständig. Der Mensch gewöhnt sich an alles, auch an das Leben mit Trollen.

Und so bleibe ich optimistisch. In den letzten zehn Jahren wurde das freie russische Internet schon mehrfach zu Grabe getragen. Ob 2012 oder 2014, 2016 und 2018, immer wieder hieß es, jetzt ist es wirklich vorbei, jetzt kann man die Zensur nicht mehr umgehen. Putins Strategie unterscheidet sich im Grunde wenig von den alten sowjetischen Mitteln im Umgang mit Dissidenten, der Methodik des KGB; sie hat dort ihren Ursprung, und sie bleibt ihr verhaftet. Aber die Technologien sind stärker und klüger als Putin, und im Unterschied zu seinem Denken entwickeln sie sich weiter. Es wird schlagkräftige neue Mittel geben, die helfen, die Blockierungen des Internets zu umgehen: Satelliten-Internet, Mesh-Netze, neue Datenübertragungsprotokolle zum sicheren Chiffrieren. All das ermöglicht es uns, auch in Zukunft Informationen effektiv an den russischen User zu bringen. Immer mehr Menschen versorgen sich mit Informationen aus dem Internet, immer weniger setzen auf das Fernsehen. Die Uhren ticken für uns.

Andersdenken verboten

Kann man sich Russland als ein großes Nordkorea vorstellen? Ich denke nein, das wäre falsch und auch zu einfach. Trotz ihres autoritären Charakters hat die russische Regierung immer Raum für eine gewisse oppositionelle Arbeit gelassen, auch für Demonstrationen und Protestaktivitäten, das diente ihr als eine Art Ventil zum politischen Dampfablassen. Wobei sie natürlich immer darauf geachtet hat, dass diese Aktivitäten nie zu einer ernsthaften Gefahr für sie wurden. Die Wahlen zu den regionalen oder kommunalen Parlamenten zum Beispiel waren in großen Teilen Russlands solch ein Raum, in dem sich unabhängige Politiker engagieren konnten. Die staatlichen Institutionen dagegen wurden durch die Machtzentrale in Moskau streng kontrolliert. Aber Russland ist zu groß und hat viel zu viele unterschiedliche Regionen, um sich einer einheitlichen Verwaltung und Leitung zu fügen. In jeder Region gibt es ein kompliziertes Beziehungsgeflecht aus Interessengruppen: Darin mischen das lokale Industrie- und Finanzkapital, die örtlichen Silowiki – einstige Geheimdienst- und Militärangehörige, also Staatsdiener, die über wirtschaftlichen und politischen Einfluss verfügen –, diverse kriminelle Gruppierungen und sonstige Akteure mit. Dazu kommen noch die Moskauer Interessengruppen, die diese Regionen kontrollieren. Es handelt sich um ein eingespieltes, ausbalanciertes System.

Auf staatlicher Ebene reguliert Wladimir Putin den Interessenausgleich innerhalb seiner Elite mit eigener Hand. Aber er kann das nicht in jedem einzelnen der 85 föderalen Subjekte, und er will das auch nicht. Lange Zeit dienten die Wahlen zu den Regionalparlamenten als eine Art Mechanismus zur Selbstregulierung. Man überließ es den lokalen Interessengruppen, ihr Geld in bestimmte Parteien oder Kandidaten zu investieren und über diese direkten politischen Einfluss zu erhalten. Denn den Herrschenden in Moskau ist es egal, wer in einer Region das Geld abschöpft, solange er sich an die geltenden Regeln hält und den Löwenanteil ans Zentrum der Macht abliefert. Und dass man sich an die geltenden Regeln hielt, das machte dieses Zentrum der Macht den Akteuren in diesem Spiel notfalls unmissverständlich klar.

Ich möchte das ein wenig verdeutlichen. Das russische Steuersystem enthält einen strukturellen Widerspruch zwischen dem regionalen Zentrum und der dazugehörigen Region. Das regionale Zentrum ist immer die größte und wirtschaftlich am weitesten entwickelte Stadt. Dort wird der Hauptanteil der Steuergelder generiert, dort konzentriert sich das meiste Kapital. Aber die politische Gewalt, also auch die Verfügungsgewalt über die vereinnahmten Steuergelder, liegt bei der Regionalregierung. Nun ist es eine Sache, in einer geschlossenen städtischen Einheit das Straßennetz zu unterhalten oder Schulen und Krankenhäuser zu bauen; etwas ganz anderes ist es, das weitläufige Transport- und Wegenetz einer Region von der Größe eines mittleren europäischen Staates auch nur halbwegs instand zu halten, die Versorgung der Bevölkerung bis in das letzte abgelegene Dorf zu gewährleisten, das Gesundheits- und Bildungssystem auf einem normalen Niveau zu halten. Das kostet sehr viel Geld, und wo soll man das hernehmen? Es kann nur aus dem wirtschaftlichen Zentrum kommen, aus der Stadt. Aber das regionale Zentrum wehrt sich. Um die Jahrtausendwende gab es in Russland wohl keine Region, in der sich der Gouverneur und der Bürgermeister des jeweiligen städtischen Zentrums nicht in scharfem Konflikt miteinander befanden. Aber dies ist gewollt, das System funktioniert genau über diesen Konflikt, denn er gewährleistet, dass keine gesellschaftliche Kraft zu stark wird und die anderen dominiert.

Im Rahmen dieses Konfliktes funktionierten früher auch mehr oder weniger unabhängige Medien. In jeder großen Stadt gab es die Zeitung eines bürgermeisternahen Medienkonzerns, die die regionale Regierung zu attackieren pflegte und die schlechte Arbeit des Gouverneurs kritisierte, und es gab die Zeitungen der gouverneursnahen Medien, die die hervorragende Führungsarbeit der Regierung über den grünen Klee lobten und über korrupte Beamte im Rathaus schrieben. Die vom staatlichen Zentrum eingesetzten Silowiki standen immer über dem Konflikt und schlugen sich mal auf die eine, mal auf die andere Seite, je nachdem, wo mehr für sie heraussprang. Das alles ergab eine Art gelenktes Chaos, in dem, so seltsam es klingen mag, die Zivilgesellschaft nicht nur existieren, sondern sich sogar in einem gewissen Maß entwickeln konnte. Denn mit genügend Energie und Findigkeit ließ sich in diesem Chaos etwas erreichen. Es war möglich, Medien zu finden, die bestimmte politische Ziele unterstützten, man konnte an regionalen Wahlen teilnehmen und vielleicht sogar ein Mandat erringen. Vieles war möglich, weil es eine Vielfalt lokaler Interessengruppen gab und man immer gute Chancen hatte, Verbündete zu finden, sogar ohne seine Prinzipien zu verraten.

Auf staatlicher Ebene war das natürlich ganz anders. Die Staatsduma war schon seit 2003 von jeder echten Opposition bereinigt, und auch die staatlichen Medien waren zu dieser Zeit im Wesentlichen gleichgeschaltet und auf Regierungskurs gebracht. Dirigiert wurde dieser Kurs von einer Sonderabteilung der Präsidialadministration; sie erstellte einen sogenannten Themenplan für die Berichterstattung, den die zentralen Medien dann abzuarbeiten hatten, gestalterisch frei, aber streng im Rahmen der vorgegebenen Generallinie.

Vor diesem Hintergrund konnten sich auch die regionalen Protestbewegungen relativ frei entwickeln. In den Jahren 2009 und 2010 gab es eine Welle von Demonstrationen zum Beispiel in Wladiwostok und Kaliningrad, in Jekaterinburg und vielen anderen Regionen, ausgelöst in der Regel von spezifischen lokalen Problemen und Konflikten mit der örtlichen Verwaltung. Oft genug ließ sich der Kreml davon beeindrucken und ging auf die Forderungen der Protestierenden ein, weil es ihm nützlicher schien, die Bürger bei Laune zu halten, als sie wegen lokaler Lappalien gegen sich aufzubringen. Dabei ging es oft im Hintergrund um zusätzliche Einnahmequellen für Lokalmatadore.

Bis zu einem gewissen Maß ließ der Kreml diese kleinen Herrscher gewähren und förderte sogar die relative Unabhängigkeit der Regionen, weil es für ihn vorteilhaft war. Hatte er jedoch das Gefühl, die Unzufriedenheit der Bürger könnte sich gegen die Zentralregierung wenden, zog der Kreml die Leine an, und die Regionalfürsten mussten gehorchen.

Die Situation veränderte sich grundlegend, als die versprengten regionalen Protestbewegungen, motiviert und organisiert durch die Koordination der Stäbe Nawalnys, sich zusammenzuschließen begannen und mehr und mehr als eine einheitliche Protestbewegung verstanden. 2017 gelang es uns, die Proteste in Dutzenden Städten zu einem einzigen landesweiten Protest zu vereinen. Das konnte der Kreml nicht mehr zulassen, und er zog augenblicklich die Schrauben fester an.

Während der heißen Phase der Proteste in Moskau 2012 entstand eine Jugendbewegung, die sich »Occupy Abai« nannte. Der erste Teil des Namens war eine Reminiszenz an die amerikanische »Occupy Wall Street«-Bewegung, der zweite Teil leitete sich von dem Denkmal des kasachischen Dichters Abai Qunanbajuly her, dem Treffpunkt, an dem sich die jungen Leute versammelten, um dann in lockeren Gruppen durchs Zentrum von Moskau zu ziehen, so lange, bis sie festgenommen wurden. Man brachte sie aufs Polizeirevier, es wurde ein Protokoll aufgenommen, dann durften sie wieder gehen. Anschließend versammelten sie sich erneut, und das ganze Spiel ging von vorne los. Ordnungshaft hatte niemand zu befürchten, die konnte man allenfalls für die Organisatoren von Demonstrationen anordnen, und wenn jemand tatsächlich mal ein paar Tage absitzen musste, war das schon etwas Außergewöhnliches. Der Ex-Schachweltmeister Garri Kasparow bekam einmal fünf Tage Ordnungshaft aufgebrummt, und das war gleich ein Skandal, der international Wellen schlug. Sein ewiger Gegner Anatoli Karpow, immerhin damals wie heute Abgeordneter der Regierungspartei Einiges Russland in der Staatsduma, besuchte seinen Kontrahenten in der Arrestzelle, und nicht nur das, er wandte sich in der Öffentlichkeit entschieden gegen diese Polizeiwillkür. Als gegen Boris Nemzow eine fünfzehntägige Arreststrafe ausgesprochen wurde, war beinahe die gesamte internationale Presse bei der Urteilsverkündung zugegen, in allen Medien wurde davon berichtet.

Kaum zehn Jahre später werden in Moskaus Gerichten täglich 2000 bis 3000 Arrestprotokolle abgefasst, und Ordnungsstrafen von fünfzehn bis dreißig Tagen sind Alltag im Leben jedes politischen Aktivisten. Jeder von ihnen hat eine gepackte Tasche zu Hause im Schrank, und jeder weiß auch, wie man hinterher fachgerecht Klage beim Europäischen Gerichtshof für Menschenrechte einreicht.

Nach und nach erhöhte der Kreml die Kosten für die Teilnahme an Protesten, nicht nur für die Organisatoren, sondern auch für die normalen Teilnehmer. Die Buße von 500 Rubel verwandelte sich zuerst in 10 000, dann in unglaubliche 300 000, das entspricht etwa sechs durchschnittlichen Monatslöhnen. Arreststrafen, früher nur in Extremfällen angewandt, wurden die Regel, und schon bald wurden daraus veritable Strafverfahren. Diese Spirale dreht sich bis heute und steigert sich in immer absurdere »Straftatbestände«. Wer heute den Helm oder die Schutzweste eines Polizisten berührt, wird wegen »Gewalt gegen Rechtsschutzorgane« vor Gericht gestellt. Die neueste Erfindung ist der Paragraf gegen die »Verbreitung von Falschinformationen über die Militäroperation in der Ukraine«, für die Haftstrafen bis zu fünfzehn Jahren möglich sind.

Die Einsätze stiegen exponentiell, dennoch wurden die Proteste nicht weniger. Gemessen an der Zahl der Teilnehmer wie der territorialen Ausdehnung waren die Proteste im Jahr 2017 nach Erscheinen des Dokumentarfilms über das Korruptionsimperium Dmitri Medwedews umfangreicher als die Proteste von 2011. Die Demonstrationen von 2019 in Moskau gegen den Ausschluss unabhängiger Kandidaten von der Wahl zur Moskauer Stadtduma waren noch einmal größer als die von 2017. Und die Demonstrationen im Jahr 2021 nach Nawalnys Rückkehr aus Deutschland und der Veröffentlichung des Dokumentarfilms über Putins Palast übertrafen alles bisher Dagewesene in allen drei Kategorien: der Zahl der Teilnehmer, der Zahl der Städte, in denen Demonstrationen stattfanden, und der Zahl der Verhafteten. Im Zeitraum zwischen Januar und April 2021 wurden 19 000 Personen festgenommen – aber 16 000 von ihnen in einer einzigen Woche zwischen Ende Januar, Anfang Februar.

All das bedeutet nichts anderes, als dass die soziale Basis des Protestes sich enorm vergrößert hat. Ich stelle mir die Protestbewegung gern als eine Pyramide vor, eine Pyramide des Engagements, der Einsatzbereitschaft. Nehmen wir an, eine Million Menschen solidarisieren sich mit dem Protest. Darunter sind ganz bestimmt 100 000, die sich nicht nur solidarisieren, sondern bereit sind, auch etwas zu tun, sagen wir, an einer sicheren Kundgebung teilzunehmen oder eine kleine Spende zu machen. Unter diesen 100 000 wiederum gibt es bestimmt

10 000, die bereit sind, mehr zu tun, etwa als Freiwillige an politischen Aktionen teilzunehmen oder an einem konkreten Projekt mitzuwirken. Und von diesen 10 000 wollen wiederum 1000 noch etwas mehr tun, vielleicht selbst bei einer Wahl kandidieren, Demonstrationen organisieren oder in einem von Nawalnys Stäben in ihrer Stadt arbeiten. Und unter diesen 1000 sind ganz bestimmt 100, die keine Angst vor Bußgeldern oder Ordnungshaft haben, die sich nicht durch Repressionen oder Drohungen einschüchtern lassen und die bereit sind, eine verantwortungsvolle Funktion zu übernehmen und vielleicht im zentralen Stab der Antikorruptionsstiftung mitzuarbeiten. Und wenn es 100 von dieser Sorte gibt, dann finden sich unter ihnen sicher zehn Aufrechte, die bereit sind, das Risiko eines Strafverfahrens auf sich zu nehmen, die keine Angst vor Verfolgung, Gefängnis und Exil haben. Und schließlich wird es unter diesen zehn Mutigsten einen geben, der bereit ist, eine Last zu tragen, wie sie Alexei Nawalny auf sich genommen hat.

Diese Pyramiden-Metapher erklärt, wie ich finde, sehr anschaulich einen Aspekt der russischen Protestbewegung, den man im Westen vielleicht nicht so richtig versteht. Für die Menschen im Westen ist es ganz selbstverständlich, jederzeit offen ihre Meinung zu sagen, gegen Ungerechtigkeit öffentlich zu demonstrieren, die Regierung zu kritisieren. Ich werde oft gefragt, warum in Russland nicht alle Leute auf die Straße gehen, wenn Menschen aus politischen Gründen eingesperrt werden, wenn der Staat seine eigenen Bürger unterdrückt, wenn er einen Krieg anfängt, den niemand will. Ja, warum? Weil die Menschen verschieden sind. Weil nicht jeder im gleichen Maße risikobereit ist. Wer eine Familie hat, Kinder, für die er sorgen muss, vielleicht auch alte und kranke Eltern, die auf ihn angewiesen sind, der ist vorsichtig, vor allem wenn er weiß, dass er seinen Job verlieren kann und damit das Einkommen, von dem nicht er allein abhängig ist. Mancher hat einfach nicht die Nerven, um den enormen Druck auszuhalten, die Belastung polizeilicher Maßnahmen, der Strafprozesse, Arrest, Gefängnis und so weiter.

Menschen im Westen können nicht die Last staatlicher Willkür ermessen, das Gefühl völliger Rechtlosigkeit, des Ausgeliefertseins. Nicht jeder hat die Kraft, das alles auf sich zu nehmen. Es ist menschlich, an die eigene Sicherheit zu denken, das ist eine ganz natürliche Reaktion angesichts der gravierenden Repressionen, die das politische Leben in Russland bestimmen. Menschen, die bereit sind, ihren Kopf hinzuhalten, gibt es naturgemäß wenige, sie machen nur einen kleinen Prozentsatz einer Bevölkerung aus. Genau das soll meine Pyramide deutlich machen. Wenn man einige wenige sieht, die die Gefahr nicht scheuen, die die Risiken tragen, dann weiß man: Hinter ihnen stehen viele, die sich zurückhalten, die lieber in Deckung bleiben, aber mit den Mutigen solidarisch sind.

Als wir im März 2017 die ersten russlandweiten Demonstrationen durchführten, als Hunderttausende Menschen in achtzig Städten auf die Straßen gingen, zeigten wir diese Aktionen in unserer ersten Online-Sendung. Sie wurde von 4,5 Millionen Menschen angeschaut. Daran sieht man sehr deutlich, wie diese Pyramide in der Realität funktioniert. Auf jeden, der auf die Straße ging, kamen zwanzig oder dreißig andere, die die Kundgebungen auf YouTube anschauten, die sich mit den Menschen dort draußen solidarisierten und vielleicht Mut und Kraft daraus bezogen, beim nächsten Mal mit auf die Straße zu gehen.

Dass die Zahl der Teilnehmer an den Demonstrationen seit 2011 nicht zurückgegangen ist, obwohl die staatliche Repression um ein Vielfaches zugenommen hat, bezeugt eines: dass die Pyramide seither um viele Stufen gewachsen ist. Die Spitze der Pyramide, also die Zahl der Aktivisten, die bereit sind, verschärfte Risiken auf sich zu nehmen, ist heute so groß, wie früher die Basis war, also die Anzahl der Menschen, die auf die Straße gingen, als es praktisch noch gefahrlos war. Stellen wir uns die Pyramide als einen Eisberg vor, der im Meer schwimmt: Die Spitze des Eisbergs ragt heraus, aber der allergrößte Teil der Eismasse befindet sich unter Wasser.

Dem Kreml ist es in den vergangenen elf Jahren nicht gelungen, die Protestbewegung in Russland zu vernichten. Er hat den Wasserspiegel kontinuierlich angehoben, aber der Eisberg darin ist mit der gleichen Konstanz gewachsen. Was man sieht, ist nur die Spitze, der Teil, der sichtbar und der staatlichen Willkür zugänglich ist. Der größte Teil ist unsichtbar, er entzieht sich dem Blick, aber er wird beständig größer und größer. Das Maß der Proteststimmung, also das verborgene Potenzial der Opposition, ist gegenwärtig sehr schwer einzuschätzen. Jede Art von Widerspruch, selbst der geringste, wird unterdrückt und mit drakonischen Strafen belegt. Deshalb rührt sich kaum mehr Protest. Das heißt jedoch nicht, dass er nicht da wäre, man sieht ihn nur nicht. Putin ist wie jemand, der sein Zimmer sauber macht, indem er den Staub unter den Teppich kehrt. Das Zimmer scheint für den Augenblick sauber, aber man weiß, so funktioniert das nicht, das kann man nur eine bestimmte Zeit machen, irgendwann kommt alles wieder zum Vorschein. In der Regel passiert das genau dann, wenn man nicht damit rechnet und wenn man es am wenigsten braucht. So wird es mit Sicherheit auch in Russland geschehen. Die Proteststimmung wächst im Verborgenen, sie wird größer und größer, und irgendwann, wenn es niemand erwartet, bricht sie sich Bahn.

Alexei Nawalny habe ich 2010 kennengelernt, auf einer Konferenz der demokratischen Kräfte in Moskau. Das war im Nachhinein betrachtet eine sehr spannende Zeit. Konferenzen fanden noch statt, aber demokratische Kräfte existierten nicht mehr. In der Staatsduma war kein unabhängiger Politiker mehr vertreten, und auch in den Regionalparlamenten gab es sie nur noch vereinzelt. Nur in Sankt Petersburg und den umliegenden Regionen waren noch demokratische Fraktionen in den Parlamenten geduldet.

Außerhalb der Parlamente jedoch existierte eine sehr vielgestaltige Opposition. Es gab mehrere registrierte Parteien und einige nicht registrierte Organisationen wie die von Boris Nemzow gegründete Bürgerbewegung Solidarnost, und alle stritten miteinander um etwas, als gäbe es für sie etwas, um das sie streiten könnten. Auf Konferenzen schimpfte man über Putin und sprach viele offene und wahre Worte. Ihren Organisatoren lag daran, das ganze Land zu repräsentieren, deshalb wurden gern Teilnehmer aus den Regionen eingeladen. Das war nicht ganz so einfach, da es, wie gesagt, kaum mehr unabhängige Politiker gab. Wahrscheinlich deshalb war ich in meiner Zeit als Stadtverordneter von Jekaterinburg ein häufiger Gast auf solchen Veranstaltungen. Für mich war das immer sehr interessant, und für die Organisatoren brachte ich ein wenig Diversität mit, sodass sie zeigen konnten, dass sich nicht nur die immer gleichen Moskauer bei ihnen versammelten.

Als ich Alexei Nawalny im Juni 2010 auf einer solchen Konferenz zum ersten Mal begegnete, war er schon ein bekannter politischer Blogger. Ich hatte natürlich seine Beiträge auf der Internet-Plattform »LiveJournal« gelesen, er meine »Aufzeichnungen eines Abgeordneten«. Aber er stand noch nicht an der Spitze einer politischen Bewegung, er war nur er selbst. Damals begann unsere gemeinsame Arbeit. Mir gefiel der Stil seines praktischen politischen Denkens, der sich wohltuend vom üblichen Modus in der alten demokratischen Opposition unterschied. Zwar gab es in dieser Opposition politische Schwergewichte wie Ex-Ministerpräsident Michail Kassjanow, Ex-Vizeministerpräsident Boris Nemzow, Ex-Vizesprecher der

Staatsduma Wladimir Ryschkow und einige andere, aber ihre Tätigkeit beschränkte sich im Wesentlichen auf das Verbreiten von Statements. Das war auch ihr Verständnis von Politik. Die Regierung, sprich Putin, tut irgendetwas, und die Oppositionspolitiker veröffentlichen ein Statement, in dem sie die Handlung des Kremls entschieden kritisieren. Sie treten auf Pressekonferenzen auf, auch mal vor dem Europäischen Parlament oder der Parlamentarischen Versammlung des Europarates, sie halten Reden und sagen klare Worte. Aber sie tun nichts.

Nawalny machte von Beginn an alles vollkommen anders. Er dachte Politik immer pragmatisch, in Gestalt konkreter Projekte zu einem konkreten gesellschaftlichen Problem. Zum Beispiel die Korruption. Es wird nicht erst lange lamentiert, sondern man bildet eine Gruppe von Leuten, die sich gezielt mit diesem Problem beschäftigt, die von morgens bis abends nur an diesem Thema arbeitet. Parallel dazu sammelt man um diese Kerngruppe eine möglichst große Anzahl Freiwilliger, die bei der praktischen Umsetzung des Projektes helfen. Diese beiden zentralen Merkmale zeichnen die Bewegung Nawalnys aus – die Projektarbeit und die Einbeziehung von Freiwilligen.

Dieses Prinzip entsprach meiner Erfahrung aus der IT-Branche. In der praktischen Umsetzung konkreter Projekte sah ich mehr Sinn als in wortreichen, aber wirkungslosen Statements. Vor allem: Es funktionierte, der Kreml war darauf nicht vorbereitet, er hatte dieser Strategie nichts entgegenzusetzen. Die Projekte, die Nawalny in Gang setzte, drehten sich anfangs noch nicht alle um das Thema Korruption, aber egal, worum es im Einzelfall ging, die Vorgehensweise war immer die gleiche.

Ein Beispiel: Die Straßen in einer Region befanden sich in desolatem Zustand. Mit Worten kann man sie nicht reparieren. Nawalny erstellte eine Website mit dem Titel »RosJama« (von »Rossija« – Russland und »Jama« – Schlagloch). Auf dieser Website konnte jeder Bürger Fotos von Schlaglöchern in seiner

Umgebung hochladen, und dann erging automatisch eine Beschwerde über den schlechten Straßenzustand an die zuständige staatliche Behörde. Wenn bei einer staatlichen Behörde eine förmliche Beschwerde eingeht, ist sie verpflichtet, diese zu bearbeiten und zu beantworten. Was den Zustand öffentlicher Straßen angeht, gibt es gesetzliche Richtlinien. Ein Schlagloch auf einem Verkehrsweg darf demnach maximal soundso viele Zentimeter in der Breite, Länge und Tiefe aufweisen, dergleichen ist in Russland so präzise geregelt wie in der EU die Länge und Form von Salatgurken. Wenn diese Werte überschritten werden, ist die Kommune verpflichtet, die Straße instand zu setzen. Die Behörde muss die Beschwerde beantworten, und die Antwort kann nicht lauten, die Norm sei zwar überschritten, aber man werde trotzdem nichts tun.

Das Projekt »RosJama« generierte innerhalb weniger Monate Zehntausende solcher Beschwerden, eingereicht von konkreten Bürgern über konkrete Schlaglöcher, was die regionalen Verwaltungen in schwere Bedrängnis brachte. Was sollten sie tun? Die Straßen mussten wohl oder übel repariert werden. Und das Geld für die Instandhaltung war im Prinzip auch vorhanden, nur hatten die zuständigen Beamten es für sich selber bestimmt. Jede schlecht oder gar nicht instand gesetzte Straße hatte sich bisher gewohnheitsmäßig in ein luxuriöses Wochenendhaus für den Vizebürgermeister oder eine hübsche Wohnung für die Tochter des Ministers für Bauwesen verwandelt. Nun musste das Geld auf einmal dafür verwendet werden, wofür es eigentlich bestimmt war, man musste Asphalt kaufen, Maschinen und Arbeiter bezahlen.

Alexei Nawalny hat zahlreiche solcher Projekte initiiert, und viele waren sehr effektiv. Aber er beließ es nicht dabei, nur lauter unabhängige kleine Projekte anzustoßen, sondern er verknüpfte diese Projekte zu einem Netz, zu einer riesigen Organisation ehrenamtlicher Aktivisten, die miteinander kommunizierten, Erfahrungen austauschten und einander unterstützten. Ihre Zahl ging sehr bald in die Zehntausende, und es entwickelten sich Strukturen politischer Selbstorganisation, die nichts mit den klassischen politischen Parteien zu tun hatten, in denen man viel redete, aber nichts bewirkte.

2011 gründete Alexei Nawalny seine Antikorruptionsstiftung, die mit dem Projekt »RosPil« startete (wieder ein Schachtelwort, diesmal aus »Rossija« – Russland und »Pilit« – wörtlich: »zersägen«, ein Slangausdruck für das Abzweigen von Steuergeldern, gleichsam das Aufteilen der Torte). Das Projekt »RosPil« bestand in einem öffentlichen Monitoring des staatlichen Beschaffungswesens, wieder in Kombination mit Beschwerdemöglichkeiten wegen Unregelmäßigkeiten. Das Prinzip ist das gleiche wie bei »RosJama«. Wieder zwang eine Flut aus Hunderten oder Tausenden Beschwerden wegen konkreter Unregelmäßigkeiten bei kommunalen Beschaffungsvorgängen die staatlichen Stellen, die dreistesten Fälle von Selbstbereicherung ihrer Beamten einzuschränken.

Mit dieser Strategie hat Nawalny die Form der oppositionellen Arbeit, die Gestalt der gesamten Protestbewegung maßgeblich bestimmt. Alle anderen Formen legaler politischer Arbeit oder demokratischer Teilhabe an Entscheidungsprozessen waren zu dieser Zeit schon weitestgehend unmöglich geworden, nach 2014, nach der Annexion der Krim endgültig.

Ein weiterer wichtiger Faktor bei der Arbeit in horizontaler Selbstorganisation wurde das Crowdfunding, die Finanzierung konkreter politischer Projekte über Mikrospenden. Eigentlich war »RosPil« unser Pionier bei dieser Methode. Alexei Nawalny präsentierte die Idee dieses Projektes auf seinem Blog mit der Bitte um private Spenden. Er erklärte, er werde das Projekt starten, sobald er zehn Millionen Rubel zusammenhätte. Das waren zu dieser Zeit umgerechnet etwa 300 000 Euro. Dieser Betrag war erforderlich für die juristische Begleitung und

Durchsetzung der Beschwerden gegen die staatlichen Beschaffungspraktiken für den Zeitraum des ersten halben Jahres.

Die zehn Millionen Rubel kamen in weniger als einem Monat zusammen – ein sensationeller Erfolg, der sich positiv auf nachfolgende Projekte auswirkte und unser Unterstützerfeld erheblich ausweitete. Crowdfunding wurde zur Visitenkarte der oppositionellen Bürgerrechtsbewegung. Der kostspielige und aufwendige Wahlkampf für die Bürgermeisterwahl in Moskau 2013 wurde vollständig über Crowdfunding finanziert. 2017/18 konnten alle im Zusammenhang mit der Arbeit der regionalen Stäbe anfallenden Kosten mithilfe von Crowdfunding gedeckt werden, Rechtsanwälte, die sich um Verhaftete kümmerten, wurden bezahlt, Bußgelder beglichen. Und auch die unabhängigen Medien überleben nur durch Spendengelder, eigenständige Einnahmequellen haben sie nicht mehr.

Der Überlebenskampf in diesem extrem toxischen Milieu der letzten beiden Jahrzehnte hat die russische Zivilgesellschaft letztlich stärker gemacht. Aber vielleicht ist das nur logisch. Die Aktivisten haben gelernt, sich jenseits offizieller Strukturen zu organisieren, sie nutzen Nebenwege, wo die Hauptstraßen nicht mehr gangbar sind, sie finanzieren über Kryptowährungen, wenn sie das Banksystem nicht mehr nutzen können, sie kommunizieren über geschützte Verbindungen, wenn die offenen für sie unbrauchbar sind, weil die Lauscher der Sicherheitsorgane mithören. Das alles ist für sie normaler Alltag, so leben Hunderttausende von ihnen. Und diese vielfältige, jahrelange Erfahrung in der horizontalen Selbstorganisation wird durch noch so starken Repressionsdruck nicht zunichtegemacht, sie wird bleiben und uns helfen, neue, lebensfähige Strukturen zu aktivieren, wenn die Zeit dazu gekommen ist.

Putins Oligarchen

Ende der Neunzigerjahre hatte eine Handvoll Superreicher aus Boris Jelzins Umfeld die Befürchtung, der Kommunismus könne wieder auferstehen. Und sie beschlossen, einiges von ihrem guten Geld zu verwenden, um einen verständigen und steuerbaren Mann zu Jelzins Nachfolger zu machen, einen, der sie bei ihren Geschäften nicht stören würde. Vor allem wollten sie verhindern, dass die großflächigen Privatisierungen rückgängig gemacht wurden, die Anatoli Tschubais in seiner Zeit als Vorsitzender des Staatlichen Komitees für die Verwaltung des Staatsvermögens (und später als Finanzminister) umgesetzt hatte und bei denen sich einige Großbankiers die Filetstücke der sowjetischen Industrie für ein Butterbrot abgegriffen hatten. Putin wurde, wie allgemein bekannt, von den Oligarchen zum Präsidenten gemacht.

Seitdem ist der Begriff »Oligarch« fester Bestandteil des russischen Wortschatzes. Er bezeichnet eine Person, die in naher Beziehung zur herrschenden Macht steht oder in das Machtsystem integriert ist, in jedem Fall eine Person, die aufgrund ihres großen Reichtums erheblichen politischen Einfluss ausüben kann. Sie taten das als Besitzer von Fernsehsendern oder Zeitungen, sie griffen aber auch direkt in die Politik ein und genierten sich nicht, selbst offizielle politische Funktionen zu übernehmen, wie zum Beispiel Boris Beresowski und Wladimir Potanin.

Auf die Frage nach Putins Oligarchen antwortete der Regierungssprecher Dmitri Peskow vor einigen Jahren: Bei uns gibt es keine Oligarchen, keinen einzigen. Er hatte nicht ganz unrecht. Zwar ist die Zahl der Milliardäre unter Putin erheblich angestiegen, aber Oligarchen wie unter Jelzin mit direktem Einfluss auf die Entscheidungen des Kremls gibt es schon lange nicht mehr. Die letzten, die es versuchten, hat Putin bereits Anfang der 2000er-Jahre ausgeschaltet. Die Oligarchen in Russland sind abgestiegen zu einfachen Superreichen, die wissen, dass sie sich jeglicher Versuche zu enthalten haben, in der Politik mitzuspielen. Wer das nicht versteht, dem wird es erklärt. Der Fall Yukos, verbunden mit den Namen Michail Chodorkowski und Platon Lebedew, ist das klassische Lehrbeispiel.

Kann man das System Putin also gar nicht mehr als Oligarchenkapitalismus bezeichnen? Doch, man kann es, nur ist die Rolle der Oligarchen in Putins Russland im Vergleich zu der unter Jelzin nun eine andere. Das Verhältnis hat sich in gewisser Weise umgekehrt. Wenn früher der Kreml abhängig war von den Finanzressourcen der Oligarchen, so sind heute die Superreichen abhängig von der Gunst des Kremls. Die Oligarchen sind heute, kurz gesagt, Putins Portemonnaie. Sie sind Platzhalter oder bessere Strohmänner. Über sie kontrolliert der Kreml ein gewaltiges Kapital. Denn selbstverständlich wird man nirgendwo auf der Welt ein Bankkonto finden, das als Inhaber den Namen Wladimir Putin verzeichnet, so viel Diskretion muss sein. Das ist anders geregelt. Unter den Putin nahestehenden Geschäftsleuten gilt eine unausgesprochene und natürlich niemals schriftlich fixierte Grundregel: Ihr Kapital ist real Putins Privateigentum, sie sind nur die nominellen Besitzer.

Wie das genau funktioniert, haben wir erstmals von Sergej Kolesnikow erfahren, einem von Putins Kapitalhaltern, der uns nach seiner Flucht in den Westen 2010 in einer Reihe von Interviews beschrieb, wie die Finanzierung von Putins Palast am Schwarzen Meer vonstattenging. Was Kolesnikow erzählte und mit Dokumenten und Audioaufzeichnungen belegte, ist – verkürzt um die technischen Feinheiten – Folgendes: Eine Firma in Russland importierte im großen Stil medizinische Geräte und verkaufte sie als privilegierter Partner an die staatlichen Krankenhäuser. Von dem reichlichen Gewinn, der natürlich aus der Staatskasse floss, gingen 35 Prozent in eine eigens gegründete Stiftung vorgeblich für karitative Zwecke. Tatsächlich wurde das Geld für den Bau des gigantischen Palastes am Kap Idokopas verwendet.

Dieser Fall zeigt beispielhaft die Funktionsweise von Putins Oligarchenkapitalismus. Nach außen sieht alles wie ein normales Geschäft aus, vor allem für die in der Regel westlichen Handelspartner. Die Vertreter der russischen Seite wirken wie ganz normale Geschäftsleute. Sie tragen gut geschnittene Businessanzüge, benutzen Privatjets und teure Limousinen, verhandeln kompetent und unterschreiben routiniert, benehmen sich also wie Geschäftsleute überall auf der Welt. Aber hinter dieser Fassade sind sie in Wahrheit Putins Erfüllungsgehilfen, zu dem einzigen Zweck eingesetzt, den Bau dieses Palastes zu finanzieren. Zudem sind sie direkte Sachwalter der Korruption, denn sie müssen sich Techniken ausdenken, wie man das staatliche Beschaffungswesen austricksen kann.

Es liegt in der Natur der Korruption, dass sie nicht zur Bescheidenheit erzieht. Wer einmal verstanden hat, dass man 35 Prozent »absägen« kann, ohne dass es auffällt, der wird es nächstes Mal mit 50 Prozent versuchen. Und wenn das gelingt, warum dann nicht 70 Prozent abzweigen? Putin will ja nur 35 Prozent, was darüber hinausgeht, fließt in die eigene Tasche – völlig risikolos! Keine Ermittler, keinen Staatsanwalt, keinen Richter hat man zu befürchten. Du bist immun, denn Putin hält seine schützende Hand über dich.

Das ist eine Besonderheit. Korruption gibt es überall auf der Welt. Sogar in Dänemark und Neuseeland, den beiden vorbildlichsten Ländern, die auf dem internationalen Korruptionsindex die vordersten Plätze belegen, wird jemand bisweilen einen anderen zu schmieren versuchen, um ein lästiges Problem aus der Welt zu schaffen. Allerdings muss man in solchen Ländern auch damit rechnen, dafür bestraft zu werden, denn Bestechung ist eine schwere Straftat, die verfolgt wird. In Putins Russland ist Korruption keine Straftat, sondern hat Systemrelevanz. Sie durchzieht den gesamten sozialen Organismus.

Ich möchte das mithilfe eines simplen 500-Rubel-Scheins verdeutlichen. 500 Rubel, umgerechnet etwa sechs Euro, sind die gängige Einheit, mit der Autofahrer Verkehrspolizisten schmieren. Haben die Polizisten einen Verkehrssünder erwischt, taxieren sie fachkundig Fahrer und Fahrzeug und beginnen ein langes ermahnendes Gespräch, das nichts anderes ist als versteckte Erpressung. Es kommt auch vor, dass ein Polizist kein Schmiergeld nimmt, das liegt dann daran, dass er zunächst sein Plansoll an offiziellen Bußgeldern erfüllen muss. Erst wenn er während seiner Dienstzeit die vorgegebene Menge von Strafzetteln ausgestellt hat, fängt er an, Geld zu verdienen, als hätte er neben dem offiziellen Plansoll noch ein zweites zu erfüllen, ein Schmiergeldplansoll. Und so ist es auch. In einem normalen russischen Polizeirevier erhält ein Verkehrspolizist zum Dienstantritt zwei Vorgaben: die Zahl abzuliefernder Strafzettel und den Betrag an Schmiergeldern, den er einsammeln muss.

Warum ist das so? Weil sein nächster Vorgesetzter eine bestimmte Geldsumme von ihm erwartet, die einem Prozentsatz der einkassierten Schmiergelder entspricht. Ein kleiner Polizist muss also seinem Vorgesetzten am Ende der Schicht zum Beispiel 5000 Rubel abliefern, also zehn Mal 500 Rubel; die Mehreinnahmen gehen in die eigene Tasche. Was spricht also dagegen, zwanzig Mal 500 Rubel zu kassieren? Zur Not macht man halt Überstunden. Der Vorgesetzte denkt übrigens ähnlich, nur eine Etage höher, denn er hat ja selbst auch einen Vorgesetzten, der von ihm seinen Anteil erwartet. Und so geht es immer weiter bis ganz nach oben. Der Polizeichef der Region weiß natürlich, dass der Straßenverkehr eine lukrative Einnahmequelle ist, und da ihm klar ist, dass seine Verkehrspolizisten die Hand aufhalten, sagt er sich: Dann muss die Sache wenigstens so gemacht werden, dass ich auch was davon habe.

Und er tut es ja nicht nur für sich. Der Innenminister, sein höherer Vorgesetzter, macht ihm Druck. Innenminister wird man in Russland übrigens nicht einfach so, etwa aufgrund von Qualifikation. Der Posten des Innenministers einer größeren Region mit einer Millionenstadt als Zentrum kostete in den 2010er-Jahren verschiedenen Schätzungen zufolge zwischen drei und fünf Millionen Dollar. Diese Summe wird der Vertreter einer örtlichen Interessengruppe in dem Moskauer Büro, in dem die Ernennungsurkunden der regionalen Minister unterzeichnet werden, auf den Tisch legen, damit auf dieser Urkunde der Name einer Person steht, die ihren Interessen gegenüber aufgeschlossen ist. Aber Geschäftsleute zahlen nicht fünf Millionen Dollar für nichts, Investitionen müssen sich rentieren. Deswegen werden sie nach einer Weile auf ihren vorfinanzierten Minister zutreten, ihm freundlich auf die Schulter klopfen und sagen: Iwan Iwanowitsch, wir freuen uns über Ihren Erfolg, aber unser Geld hätten wir gern irgendwann zurück. Und Iwan Iwanowitsch sieht dann zu, wo er es hernimmt.

Korruption in Russland – das wurde bereits deutlich gemacht – ist kein Nebenzweig im kriminellen Schattenreich der Unterwelt, sie ist systemisch. Das System funktioniert entsprechend dem Prinzip der Machtvertikale. Jeder Staatsdiener reicht einen Teil des durch Korruption vereinnahmten Geldes an die nächsthöhere Ebene der Macht weiter. So wird die Korruption zu einer selbsttragenden Institution. Denn ein Staatsbediensteter gibt einen Teil seines Gewinns nach oben weiter in dem Bewusstsein, dass er sich damit Schutz erkauft. Er sichert sich Immunität vor einer möglichen Strafverfolgung, er klaut ja nicht allein, sein Vorgesetzter ist sein Komplize, weil er am Gewinn beteiligt ist, und das heißt, er ist seine Rückversicherung. Gleichzeitig begibt er sich natürlich in dessen Hand. Sein Vorgesetzter hat immer genügend kompromittierendes Material, um sich seine Untergebenen gefügig zu halten. Das ist auch der Grund dafür, dass sich die Korruption in Putins Russland nicht beseitigen lässt: Das ganze Herrschaftssystem würde zusammenbrechen. Denn die Machtvertikale in Russland ist identisch mit der Korruptionsvertikale.

Gelegentlich kommt es in dem System zu Störfällen. Immer wieder machen Korruptionsskandale von sich reden, ein hoher Amtsträger wurde dabei gefilmt, wie er in seinem Büro größere Mengen Bargeld in Empfang nimmt, es folgt ein spektakulärer Prozess, und der Übeltäter wird zu einer langen Haftstrafe verurteilt. Man darf sich davon nicht täuschen lassen, dabei finden nur singuläre Verschiebungen innerhalb des Systems statt, es sind Störfälle in der Matrix, dadurch verursacht, dass etwa eine bestimmte Lobby schwächelt und von einer anderen aus dem Feld geschlagen wird. Dann erscheint ganz plötzlich und für die Öffentlichkeit überraschend ein neuer Minister, wodurch natürlich das ganze über den alten Minister geknüpfte Netz von Beziehungen zusammenfällt; alle mit ihm getroffenen Absprachen werden null und nichtig. Der neue Minister muss sich Raum schaffen, um sein eigenes Netz zu weben. Also veranstaltet er eine Hexenjagd auf das Gefolge seines Vorgängers und säubert alle wichtigen Posten in seinem Amt, um sie mit seinen eigenen Leuten zu besetzen. Das Image eines Korruptionsbekämpfers leistet ihm dabei gute Dienste. Und dann finden sich auf einmal Leute vor dem Strafrichter wieder, die nach russischen Maßstäben nichts weiter Schlimmes getan haben, sondern einfach Teil der Korruptionsvertikale der Macht waren.

Solche Fälle sind jedoch höchst selten, sie betreffen nur einen verschwindend geringen Teil der Beamten, die in das vertikale Korruptionsgefüge eingespannt sind. Und sie bleiben letztlich immer unter der Kontrolle der obersten Etage dieser Vertikale, und die heißt Wladimir Putin. Ganz unten hatte das System mit einem einfachen 500-Rubel-Schein begonnen, der irgendwo am Rand einer staubigen Landstraße aus dem Autofenster gereicht wurde. Dieses Geld wandert immer weiter durch immer größere und immer besser ausgestattete Dienstzimmer und landet am Ende unvermeidlich in Moskau. Nur nicht mehr als kleine Rubelscheine, es hat inzwischen die Form großer Dollarnoten oder sogar Bitcoins angenommen. Seine letzte Metamorphose erlebt es als Ziegelstein in einem von Putins Palästen, goldener Wasserhahn auf einer seiner Privatjachten oder Höhenruder eines seiner Privatjets.

Die fatale Maßlosigkeit des korrupten Bewusstseins wirkt auf jeder Ebene der Korruptionspyramide. Der Versuchung, den von oben vorgegebenen Rahmen zu überschreiten und immer mehr und mehr in die eigene Tasche fließen zu lassen, ist kaum zu widerstehen. So kommt es, dass der »Regelsatz« des Bestechungsgeldanteils von ursprünglich einmal 3 oder 5 Prozent auf bis zu 50 oder gar 70 Prozent angestiegen ist. Das wiederum ist mit ein Grund, warum irgendwann die Räder der russischen Wirtschaft anfingen, sich zu verkeilen, und es nicht mehr weiterging. Da helfen dann auch steigende Rohstoffpreise nicht mehr. Die destruktive Kraft des Korruptionssystems ist so groß, dass sie das Wachstumspotenzial jeder noch so potenten Volkswirtschaft bis auf null ausbremsen kann.

Wenn ein Beamter in Putins System in der Zeitung liest, dass irgendwo in Westeuropa mal wieder ein Minister zurücktreten musste, weil er nicht überzeugend belegen konnte, dass er sein Mittagessen auch wirklich aus eigener Tasche bezahlt und nicht Steuergelder zweckentfremdet hat, kann er nur herzlich darüber lachen. Noch lauter wird er lachen, wenn er hört, dass gegen einen Zunftkollegen im Westen Strafanzeige gestellt wurde, weil er in den Verdacht geriet, ein paar Zehntausend oder Hunderttausend Euro veruntreut zu haben. In Russland denkt man in anderen Dimensionen. Die hochrangigen Staatsdiener, etwa auf Ministerebene – und davon gibt es Tausende – sind fast immer Dollarmillionäre, sie besitzen Luxusimmobilien in Westeuropa, wo sie auch gerne ihre Kinder auf teure Privatschulen schicken.

Ein Sprichwort, das seinen Weg auch nach Russland gefunden hat, lautet: Der Fisch stinkt vom Kopf. In der Sowjetunion gab es sehr viel Korruption, in der zweiten Hälfte der Achtzigerjahre wurde das Land von mehreren heftigen Korruptionsskandalen erschüttert; auch im Russland unter Jelzin mit seinem wilden, unreifen Kapitalismus wurde vieles über Geld geregelt. Aber niemals ist die Korruption so ins Kraut geschossen wie unter Putin. Man kann Boris Jelzin, dem ersten Präsidenten Russlands, allerhand vorwerfen, und vieles davon ist berechtigt, aber er war kein Mensch, der nach persönlicher Bereicherung strebte. Mit der Folge, dass schon die zweitoberste Etage der Macht, die Ebene unter dem Präsidenten, sich bei ihren korrupten Machenschaften nicht absolut sicher fühlen konnte, denn diese Leute wussten kein Schutzdach über sich, das sie verlässlich vor Strafverfolgung schützte. Diese Unsicherheit wirkte als natürlicher Appetitzügler.

In Jelzins Regierungszeit gab es eine begrenzte Zahl von Oligarchen, die zum Teil maßgeblichen Einfluss auf die Regierung hatten, sodass man dieses System mit einer gewissen Berechtigung als Oligarchie bezeichnen musste. Das nach ihm von Putin errichtete System ist nichts anderes als ein Mafia-Staat. Das ist keineswegs polemisch zu verstehen, »Mafia-Staat« bezeichnet den Sachverhalt ganz objektiv, konstatiert ein Faktum. An der Spitze des Mafia-Staates steht der Oberboss der Mafia, der Pate. Ein Kreis von »Lieutenants« umgibt ihn, jeder ist für einen bestimmten »Geschäftsbereich« zuständig: einer für das Öl, einer für Gas, einer für Verkehr und Infrastruktur, einer für Bauprojekte und so weiter. Diese »seriösen« Lieutenants nennen sich »Geschäftsleute«, sie sind die heutigen Oligarchen. Daneben gibt es auch Lieutenants für kriminelle Wirtschaftszweige wie Drogenhandel oder Prostitution. Die Unterdrückung der Opposition verantworten Leute aus dem Silowiki-Block, den Sicherheitsorganen, gegebenenfalls auch einfache Kriminelle nach Art eines Jewgeni Prigoschin, bekannt als »Putins Koch«. Prigoschin, der die Einsätze privater Söldnertruppen, etwa in Afrika, steuert und auch die Arbeit der Trollfabriken verwaltet, jemand wie Nikolaj Patruschew, der sich um die politische Schnüffelei und Repressionsmaßnahmen kümmert, oder der sehr europäisch auftretende Gennadi Timtschenko, nebenbei finnischer Staatsbürger, der zuständig ist für den Export von Mineralölprodukten – sie sind alle gewissermaßen ranggleich.

Es gibt ziemlich viele Lieutenants, sicher um die zwei Dutzend. Manche tragen Armeeuniform, andere Anzug und Krawatte, aber sie alle sind auf die eine oder andere Art treue Helfer ihres Paten. Sie sind seine obersten Vertrauensleute, die er delegiert, um alle Bereiche der Gesellschaft unter Kontrolle zu halten. Sie funktionieren dabei wie austauschbare Schräubchen einer Maschine, lassen sich mal da, mal dort platzieren, ganz nach Wunsch des Paten. Sergej Naryschkin war Leiter der russischen Präsidialverwaltung, dann Vorsitzender der Staatsduma und ist heute Chef des russischen Auslandsgeheimdienstes. Igor Setschin war stellvertretender Leiter der Präsidialverwaltung und wurde dann Vorstandsvorsitzender des staatlichen Ölkonzerns Rosneft. Anatoli Serdjukow war Leiter des Föderalen Dienstes für Steuern, wurde dann Verteidigungsminister, bis er von Sergej Schoigu abgelöst wurde, der zuvor Gouverneur der Region Moskau gewesen war. Und so weiter und so fort.

Die Leitung dieses Mafia-Staates basiert auf dem Prinzip des permanenten Konflikts. Putin achtet sorgsam darauf, dass alle seine Lieutenants in ständiger Konkurrenz zueinander stehen. Dadurch ist er selbst für sie unentbehrlich. Wie funktioniert das? Jeder Lieutenant ist mit speziellen Privilegien ausgestattet, quasi einer Lizenz zur Bereicherung an den Profiten aus seinem Geschäftsfeld. Mit der Einschränkung natürlich, dass er zunächst Putins Ansprüche zu bedienen hat. Solange er das leistet, lässt Putin ihm freie Hand. Und das wird hemmungslos ausgenutzt. Die Besitztümer des Gas-Fürsten Alexej Miller, ein Schloss und ein Landgut nahe Moskau, übertreffen an Größe und Pracht noch ein wenig die Schlossanlagen in Versailles. Ein anderer Großverdiener unter Putins Lieutenants ist Boris Rotenberg, er dirigiert sämtliche staatlichen Großbauprojekte. Er hat die Brücke zur Krim gebaut und die großen Gaspipelines wie Nord Stream 2, er entscheidet alle Ausschreibungen (die es der Form nach auch in Russland gibt) über große staatliche Infrastrukturprojekte für sich, und zwar zu dem Preis, den er nennt.

Miller und Rotenberg sind alte Freunde Putins. Miller hat lange unter Putin im Bürgermeisteramt von Sankt Petersburg gearbeitet, Rotenberg war schon zu Schulzeiten Putins Partner beim Judo. Aber sie treten nicht öffentlich in Erscheinung, im politischen Raum sind sie inexistent. Es gibt keine Umfragewerte für Alexej Miller oder Boris Rotenberg. Die Leute, die mit ihnen zu tun haben, vor allem die anderen Lieutenants, fürchten und hassen sie, aber die Mehrheit der Russen weiß gar nichts über sie, trotz der enormen Bedeutung, die sie für das Funktionieren des russischen Staatskapitalismus haben. Und so soll es auch sein. Keiner von Putins Lieutenants darf in der öffentlichen Wahrnehmung eine Rolle spielen, keiner darf eigene nennenswerte Popularität oder politische Legitimität besitzen, etwa durch den Sieg bei einer Wahl. Politisch sind sie Nobodys. Weil und solange das so ist, behält Putin das Ruder in der Hand, denn so bleibt er der lenkende Faktor in ihrem Konkurrenzverhältnis, die Entscheidungsinstanz bei allen Interessenkonflikten.

Russland ist ein großes Land, die russische Wirtschaft ist sehr komplex, ihre einzelnen Zweige sind teilweise eng miteinander verwoben, was dazu führt, dass sich die Interessen von Putins Lieutenants häufig überschneiden, es kommt permanent zu Konflikten. Auch Miller und Rotenberg, so mächtig sie in ihrer eigenen Branche auch sind, haben keine eigenen Ressourcen, um im Konfliktfall ihre Interessen durchzusetzen. Der Weg an die Öffentlichkeit ist ihnen versperrt, ihnen steht kein Propagandaapparat zur Verfügung, es gibt keine Partei, auf die sie sich stützen könnten, und sie können sich auch an keine Schiedsstelle oder ein Gericht wenden. Sie sind vollständig von der Entscheidung Wladimir Putins abhängig. Putin ist der einzige Mensch im Land, der die erforderliche Autorität besitzt. Und weil das alle wissen, wird es auch von allen anerkannt.

Natürlich sind Putins Entscheidungen für seine Lieutenants unterschiedlich vorteilhaft, mal begünstigen sie den einen, mal einen anderen. Aber sie wissen: Unterm Strich profitiert jeder. Wer in dem einen Fall leer ausgegangen ist, wird beim nächsten Mal seinen Teil abbekommen. Und die Hauptsache ist, dass alle immer reicher und reicher werden.

Wie in jedem Mafia-System gelten auch hier absolute Gesetze und Regeln. Aussteigen ist tabu, niemand kann aus eigenem Willen das System verlassen. Und niemand wird sich ungestraft nach neuen Formen der Entscheidungsfindung umsehen, denn jede Konfliktlösung, die außerhalb von Putins Arbeitszimmer erfolgte, wäre eine Verletzung seiner Autorität und Legitimität.

Das darf nicht toleriert werden, das ganze System würde sonst zusammenbrechen. Jeder Versuch in dieser Richtung würde als Verrat angesehen und entsprechend geahndet. Aber solange sich jeder an die Regeln hält, läuft alles wie geschmiert. Putin gewinnt eine Wahl nach der anderen, er ist und bleibt der populärste Politiker des Landes, seine Macht bleibt unangefochten. Und solange das so ist, werden sich Putins Gefolgsleute brav an die Regeln halten, denn ihr persönlicher Profit hängt davon ab.

Darin besteht die große Kraft des Putinismus als Mafia-System. Diese rund zwei Dutzend Personen bilden eine Interessenbalance und ein eingeschworenes Bündnis, das nach außen als ein geschlossenes Ganzes auftritt, wenngleich sich die einzelnen Mitglieder in einem ständigen Konfliktverhältnis zueinander befinden. Wenn es mal politisch turbulent wird, gehen sie mit vereinter Kraft vor, sie kämpfen mit allen ihnen zur Verfügung stehenden Ressourcen, allen Medien- und Propagandamitteln, ihrem vereinten Finanzkapital gegen jeden, der es wagt, Putin zu attackieren.

Die Logik von Putins System bringt es mit sich, dass es keinen Nachfolger für ihn hervorbringen kann. Es stützt sich auf jahrzehntelang bestehende enge persönliche Beziehungen innerhalb einer überschaubaren Gruppe, deren Stabilitätszentrum Putin ist. Diese aus Interessen, Absprachen und Verpflichtungen montierte Architektur ist vollständig personalisiert. Wenn Putin einmal nicht mehr da ist, muss dieses Gebäude augenblicklich zusammenbrechen. Dann gerät das gesamte System aus der Balance, dann bleiben nur zwei Dutzend betagte Einzelkämpfer zurück, die sich bis aufs Blut hassen und augenblicklich mit Zähnen und Krallen aufeinander losgehen.

Die Konstruktion von Putins Staat macht es unmöglich, einen Nachfolger für ihn aufzubauen, die Rolle eines Kronprinzen ist darin nicht vorgesehen und kann es auch nicht sein.

Wer immer hier auch nur die kleinste Ambition durchblicken ließe, würde sofort alle anderen Gefolgsleute gegen sich mobilisieren. Sie würden sämtliche Kräfte bündeln, um ihn aus dem Feld zu räumen, denn sie würden mit Recht ihre Interessen bedroht sehen.

Vor einigen Jahren ernannte Putin Alexej Djumin zum Gouverneur einer großen Industrieregion in Zentralrussland. Sofort wurden Gerüchte laut, der junge Mann, ein enger Vertrauter Putins und sein Leibwächter, solle zu seinem Nachfolger aufgebaut werden. Man argwöhnte, er könnte nach einer kurzen Anlernphase als Gouverneur in irgendein Ministerium aufsteigen und so allmählich auf das höchste Kreml-Amt vorbereitet werden. Daraufhin nahmen jegliche Medienressourcen, die sämtlich unter der Kontrolle von Putins Oligarchen stehen, Djumin ins Visier, nicht allzu offen, aber unübersehbar. Sie kritisierten ihn, zerrten allerlei kompromittierende Geschichten ans Tageslicht, taten alles, um ihrem Kontrahenten Steine in den Weg zu legen.

Putins Elite hat ein Interesse daran, die bestehende Balance aufrechtzuerhalten, es kann ihr nicht darum gehen, sie zu destabilisieren. Putin weiß das natürlich. Ihm ist vollkommen bewusst, dass er sich selbst in Schwierigkeiten bringt, sollte er doch plötzlich jemanden zu seinem Nachfolger bestimmen. Er würde – wie Jelzin, als er ihn zu seinem Nachfolger machte – augenblicklich zu einer »lahmen Ente«. Tritt diese Situation ein, beginnen seine Gefolgsleute sofort zu überlegen, wie sie sich taktisch am besten aufstellen. Sie wissen, der Präsident rollt auf das Abstellgleis zu, weiter auf ihn zu setzen hat keine Perspektive. Absprachen, die man jetzt noch mit dem alten Machthaber trifft, haben unter dem neuen wahrscheinlich keine Geltung mehr. Wenn man sich aber gleich nach dem neuen Machthaber ausrichtet, handelt man sich Ärger ein, da der alte noch da ist. Das System kommt ins Stocken.

Warum Putin es sich nicht erlauben kann, einen offiziellen Nachfolger einzusetzen, lehrt sehr anschaulich das Beispiel Kasachstan. Der kasachische Staatspräsident Nursultan Nasarbajew benannte den unscheinbaren, wie er meinte absolut loyalen Diplomaten Kassym-Schomart Tokajew als seinen Nachfolger, behielt aber eine Reihe wichtiger Machtbefugnisse für sich; so dachte er, das Land weiter kontrollieren zu können. Aber kaum zwei Jahre später nutzte Tokajew die Gelegenheit politischer Turbulenzen, um Nasarbajew samt Familienclan und Anhängern vollständig zu entmachten.

Eine Mafia ist nicht unsterblich. In Putins System existieren keine Vorkehrungen für die Zeit nach Putin. Der Putinismus wird seinen Erschaffer nicht überleben. Aber gegenwärtig funktioniert das System noch tadellos, und es ist weiterhin sehr stabil. Es hat große Reserven, sehr viel Geld, einen starken Repressionsapparat, grenzenlose Medienressourcen, und noch steht die Gefolgschaft geschlossen hinter ihrem Führer. Diese Geschlossenheit wird zudem in dem Maß enger werden, je schwieriger sich das äußere Milieu für die Gefolgschaft darstellt.

Putins Oligarchen sind immer noch ein wesentlicher Teil dieses Mafia-Systems, es ist wichtig, dass man das versteht. Lange Zeit begegnete man uns mit einem gewissen Unverständnis, wenn wir vom Westen Sanktionen gegen bestimmte Geschäftsleute forderten. Das sind doch nur Unternehmer, erwiderte man uns, die haben doch persönlich gar nichts mit der Politik der Regierung zu tun, die haben doch diese Repressionen nicht zu verantworten, wofür sollte man sie bestrafen? Einige Oligarchen in Putins Umfeld gerieren sich tatsächlich mit einigem Erfolg als unschuldige Geschäftsleute, die nie etwas anderes taten, als mit ihrer eigenen Hände Arbeit ehrliches Geld zu verdienen. Roman Abramowitsch ist einer von ihnen. Anfang der Neunzigerjahre kaufte er den sibirischen Erdölkonzern Sibneft für 250 Millionen Dollar, und 2005 verkaufte er ihn für 13 Milliarden Dollar an Gazprom – was natürlich nur mit Erlaubnis von höchster Stelle möglich war. Abramowitsch lässt es sich ein paar Millionen kosten, um sein Image eines seriösen Geschäftsmannes von PR-Spezialisten aufpolieren und von den besten Rechtsanwälten schützen zu lassen.

Andere wiederum, wie besagter Gennadi Timtschenko, dessen Datscha neben der von Putin steht, oder Michail Kowaltschuk oder die Brüder Arkadi und Boris Rotenberg, sehen keinen Grund, sich um ihr Image zu sorgen. Sie sind an Putins Herzensprojekten beteiligt, dem Export von Rohstoffen, und ihre Milliarden kommen direkt aus der Staatskasse.

Es gibt auch versteckte Milliardäre. Da wäre der Cellist Sergej Roldugin oder Pjotr Kolbin, ein Freund Putins aus Kindheitszeiten, der nicht weniger Milliarden besitzt als Oleg Deripaska oder Roman Abramowitsch oder Gennadi Timtschenko. Nur wissen sie nichts von ihren Milliarden. Sie sind nur nominell Milliardäre, das heißt, es laufen diverse Firmenbeteiligungen auf ihre Namen, gut gefüllte Offshore-Konten und so weiter, aber sie selbst führen nicht nur ein recht bescheidenes Leben, sondern sie wissen tatsächlich nicht, was sie alles – auf dem Papier – besitzen.

Die Unterschiede zwischen diesen drei Typen von Geschäftsleuten, also denen, die die Rolle respektabler Geschäftsleute spielen, denen, die sich gar nicht erst die Mühe machen, die Herkunft ihrer Milliarden zu verstecken, und denen, die gar nichts von ihren Milliarden wissen, sind gering und letztlich irrelevant. Alle sind auf die eine oder andere Weise Putins Platzhalter oder Strohmänner. Allen ist vollkommen klar, dass Putin jederzeit jede beliebige Summe bei ihnen abfordern kann, dass ihr Geld so gut wie sein eigenes ist. Er kann sich ein gigantisches Schloss davon bauen oder die Olympischen Spiele in Sotschi finanzieren. Bekanntlich wurde dieses Sportfest von

A bis Z durch private Sponsorengelder ermöglicht. Eine wunderbare Sache: Weil ihnen das Ansehen ihrer Heimat so am Herzen lag, drängten sich einige Privatunternehmer förmlich danach, ihre Milliarden in ein offensichtlich unrentables Projekt – eine Winterolympiade am Schwarzen Meer! – zu investieren: prachtvolle Sportanlagen, die anschließend nie wieder jemand nutzen würde. Aus marktwirtschaftlicher Sicht kann man darüber nur staunen, aber für uns ist die Sache sonnenklar: Putin hat dieses Prestigeprojekt zu seinem persönlichen Triumph an Land gezogen und dafür sein »eigenes« Geld ausgegeben, das er nur in unterschiedlichen Portemonnaies aufbewahrte. Den diversen Oligarchen blieb gar nichts anderes übrig, als die geforderten Summen zu überweisen.

Aus dieser Perspektive ist es vollkommen gleichgültig, wer wie viele Milliarden besitzt, wer sich Oligarch nennt und wer nicht. Alle Lieutenants, ob sie teure Dreiteiler tragen oder Schulterklappen, ob sie sich auf dem freien Markt bewegen, in Kasernen oder Amtsstuben, sind nur Figuren auf Putins Spielfeld. Recherchen der Antikorruptionsstiftung haben etwa gezeigt, dass die Familie von Außenminister Sergej Lawrow vom Oligarchen Oleg Deripaska freigehalten wird. Das ist der Trick. Lawrow darf selbst keine Milliarden kassieren, deshalb übernimmt das Deripaska für ihn, und dann wird geteilt. Deripaska macht das natürlich nicht aus lauter Freundlichkeit, sondern weil es zu seinen Aufgaben gehört. Und so fliegt Lawrows Geliebte in Deripaskas Privatjet durch die Welt, für die Stieftochter kauft Deripaska eine Wohnung, für Lawrow selbst ein Haus an der Rubljowka. Eine ähnliche Symbiose verbindet Sergej Naryschkin, den Chef des Auslandsgeheimdienstes, mit God Nissanow, einem der größten Moskauer Immobilienunternehmer. Auch das ist durch Recherchen der »Projekt/Agenstvo«-Journalisten gut belegt.

Beispiele dieser Art gibt es viele. Putins Gefolgsleute, gleich ob sie als Oligarchen firmieren oder im Sicherheitsapparat tätig sind, erfüllen gemeinsam die ihnen zugeteilten Aufgaben und werden dafür honoriert. Wenn der Polizeichef in Moskau den Befehl gibt, Protestierende zu verprügeln, dann tut er das, damit Putins Oligarchen ungestört Geld machen können. Und die Oligarchen finanzieren mit dem Geld das Polizei- und Repressionssystem, das ihnen die Verdienstmöglichkeiten sichert. Und so immer im Kreis.

Als Wladimir Putin im Jahr 2000 zum Präsidenten gewählt wurde, hielt er auf der Jahresversammlung des FSB eine Rede, in der er einen Scherz machte, der manchem das Blut in den Adern gefrieren ließ. Er sagte sinngemäß: Jetzt haben wir die Aufgabe, meinen FSB in die obersten Etagen der Macht einzuschleusen, endlich erfolgreich umgesetzt. Viele mögen diesen Geheimdienstlerhumor nicht ganz ernst genommen haben, aber so mancher hat damals schon verstanden, worauf das hinauslaufen sollte. Heute wissen wir, dass Putin keinen Witz machte, sondern sehr präzise zum Ausdruck brachte, worauf sein System gegründet ist.

Putins System ist auf Korruption gebaut. Beseitigt man die Korruption, bricht dieses System zusammen. Natürlich kann man die Korruption nicht so einfach abschaffen, trotzdem halte ich dieses Problem nicht für unlösbar. Im Kampf gegen die Korruption wird ein langer Weg durch sämtliche Ebenen aller staatlichen Institutionen führen müssen. Er wird viele Ermittlungen, Gerichtsprozesse und Urteile im Gefolge haben. Und man darf sich nicht der Illusion hingeben, Korruption ließe sich ganz beseitigen. Aber es wird möglich sein, sie so weit einzuschränken, dass sie wieder, wie in anderen Staaten auch, ein ganz normales Wirtschaftsverbrechen ist, eine Straftat, die geahndet wird; dass sie aufhört, wie jetzt ein staatstragendes Element zu sein.

Wir gehören zu Europa

In seiner berühmten Münchner Rede von 2007 vollzog Putin eine drastische Wende in seinem Verhältnis zum Westen. Vergessen war alles, was er vorher über einen möglichen Beitritt Russlands zur NATO und der EU gesagt hatte, jetzt schlug er ganz andere Töne an. Ich bin sicher, Putins Auftritt damals war eine Art Experiment nach dem Motto: Mal schauen, was passiert, wenn ich schwere Vorwürfe in den Raum stelle. Putins gut geölte Propagandamaschinerie lief nach der Methode Zuckerbrot und Peitsche: Wir können sanft sein oder streng, wir können miteinander reden oder einander beschimpfen, wie es gerade passt. In vielen regionalen Konflikten hatte man das bereits erprobt. Als sich das Verhältnis zu Georgien verschlechterte, verbot Russland die Einfuhr georgischer Weine und des georgischen Mineralwassers Borjomi; man musste den Leuten nur auf allen Fernsehkanälen erzählen, dass der Wein sauer und das Wasser gesundheitsschädlich sei. Als Russland Streit mit der Türkei hatte, waren die türkischen Tomaten auf einmal von schlechter Qualität; als der Streit beigelegt war, waren auch die Tomaten wieder wunderbar aromatisch und gesund.

So erzeugte der Kreml am laufenden Band künstliche Narrative, die man je nach Laune aktivieren oder wieder einmotten konnte. Das eröffnete einen breiten Raum für Experimente im Manipulieren. Die unterschiedlichsten Behauptungen ließen sich lancieren, um die öffentliche Meinung zu testen, und dann schaute man, worauf die Leute positiv oder negativ reagierten.

So streute man probehalber antiamerikanische Ressentiments und schürte den Hass auf die verdammten »Pindossy«. Dieses seltsame Wort, ein aus dem Griechischen stammender Ethnophaulismus, fand Ende der Nullerjahre Eingang in unseren Wortschatz als Schimpfwort für die Amerikaner. Als »pindos« wurden im 19. Jahrhundert in Griechenland abfällig die Pontosgriechen in Kleinasien bezeichnet. Auf die bösen Yankees gemünzt, ließ sich das klangvolle Wort vielfältig einsetzen. Läuft die Wirtschaft nicht rund – schuld daran sind die Pindossy; unsere Sportler bringen nicht die erwünschten Leistungen? Nur weil die Pindossy sie manipulieren …

Als man im Kreml sah, dass das antiamerikanische Narrativ wunderbar funktionierte, begann man es zu hegen und auszuweiten. Diesen Mechanismus muss man im Blick haben, will man den realen Bezug der modernen Russen zum Westen verstehen. Es ist sorgfältig zu unterscheiden zwischen einem von der Propaganda künstlich aufgeblähten Bild und der wirklichen Gemütslage innerhalb der Gesellschaft. Dass es viele solche aufgeblähten Bilder gibt, wird einem schnell klar, wenn man sieht, welche höchst unterschiedlichen »Erfolge« die russische Propaganda bei der Konstruktion antiamerikanischer und antieuropäischer Ressentiments erzielte.

Nach der Annexion der Krim 2014, die Wirtschaftssanktionen zur Folge hatte, wurden für den Kreml beide Narrative gleichermaßen bedeutsam. Europa hatte sich mit Amerika gegen Russland verbündet, um Druck zu erzeugen, deshalb musste man beide propagandistisch bekämpfen. Und die Propaganda drehte auf, geiferte und hetzte: All diese westlichen Werte sind vollkommen falsch und unsittlich, sie widersprechen den in unserer tausendjährigen Kultur verwurzelten traditionellen russischen Werten. So oder so ähnlich ging das die ganze Zeit, und es zeigte Wirkung. Unabhängige Meinungsforschungsinstitute konstatierten, dass es dem Kreml ganz gut gelungen war, ein negatives Bild von Amerika im Volk zu verankern. Immer mehr Russen übernahmen diese Haltung und hielten die Amerikaner pauschal für ihre Feinde. Ohne groß darüber nachzudenken, lehnten sie die amerikanische Lebensweise – oder das, was sie dafür hielten – ab und befanden sie gewissermaßen inkompatibel zur russischen.

Doch die entsprechenden Bemühungen der staatlichen Propaganda, auch das Bild von Westeuropa zu demontieren, blieben erfolglos. Die Entwicklung ging sogar eher in die Gegenrichtung. Immer mehr russische Bürger äußerten sich dahingehend, dass man die Beziehungen zu Westeuropa verbessern müsse, dass sie sich ein stärker europäisch geprägtes Leben wünschten. Und das, obwohl die Propaganda auch gegen Europa schwere Geschütze auffuhr. Man agitierte auf allen Kanälen gegen die Seelenlosigkeit und den Sittenverfall des Westens. Dem russischen Fernsehzuschauer wurde suggeriert, er brauche nur einen Fuß nach Berlin, London oder Rom zu setzen, schon werde man ihn mit Heroin vollpumpen, ihn in gemischtrassigen Orgien missbrauchen und am Ende zwingen, einen gleichgeschlechtlichen Partner zu heiraten.

Aus irgendeinem Grund wirkte das bei den Russen nicht so richtig. Ein gutes Symptom dafür, wie es um die Sympathien für Europa steht, sind Marketingstrategien. Wenn man in Russland ein Handelsgeschäft zum Erfolg führen will, liegt man mit deutschen Autos, europäischer Qualität, schwedischen Möbeln oder finnischer Santechnik immer ganz vorn. Der Verweis auf die europäische Provenienz einer Marke oder eines Produktes ist ein verlässlicher Verkaufsgarant. Auf dem russischen Markt gibt es ein witziges Phänomen, wir haben zahlreiche Marken russischer Produkte, die von den Russen für westliche gehalten werden. Sie tarnen sich als westeuropäisch und steigern auf diese Art ihren Wert; die umgekehrte Variante kommt nicht vor. Warum ist das so? Ich denke, es liegt daran, dass Europa so nah ist. Ein Drittel aller Russen besitzt einen Reisepass, die meisten benutzen ihn für Reisen ins nahe gelegene Ausland, in die Türkei, nach Ägypten oder in Länder der ehemaligen UdSSR. Aber viele Millionen Russen reisen auch in das westliche Europa, sie haben mit eigenen Augen gesehen, wie die gewöhnlichen Menschen dort leben, und vor allem haben sie den Lebensstandard des durchschnittlichen Westeuropäers kennengelernt.

Deshalb wirkt die Kreml-Propaganda nicht so, wie sie sollte. In die USA hingegen reist kaum mal ein Russe (außer um dort im Exil zu bleiben), deshalb kann die Propaganda sich jedes beliebige, noch so fantastische Bild von Amerika zusammenbasteln, es kann ja keiner überprüfen. Zudem gibt es bei den Russen ein tief verwurzeltes Gefühl der Zugehörigkeit zu Europa, zur europäischen Kultur und Zivilisation, das sich nicht so einfach ausradieren lässt. Der überwiegende Teil Russlands liegt zwar in Asien, aber die Menschen in Wladiwostok oder Nowosibirsk unterscheiden sich in ihrer Lebens- und Denkweise, in der Sprache und ihrer Kultur wenig von den Menschen, die in Moskau oder Sankt Petersburg wohnen. Sie gehen in die gleichen Schulen, lernen mit den gleichen Lehrbüchern den identischen Lehrstoff, und darin wird die Geschichte und Kultur Russlands, allen propagandistischen Veränderungen der letzten Jahrzehnte zum Trotz, völlig zu Recht als Teil der europäischen Geschichte vermittelt.

Russland war auch schon im 17. Jahrhundert ein europäisches Land, als englische Kaufleute ihre Handelswege über Murmansk und Archangelsk befuhren. Umso mehr im 18. Jahrhundert, als Zar Peter I. das Fenster nach Europa weit aufstieß, um aktiv an internationaler Politik teilzunehmen. Und noch einmal mehr im 19. und 20. Jahrhundert, von Napoleons Russlandfeldzug bis zu den beiden Weltkriegen, als Russland zu den führenden europäischen Mächten gehörte und auch so wahrgenommen wurde. Immer stand Russland in einem regen kulturellen und wissenschaftlichen, politischen und wirtschaftlichen Austausch mit Deutschland, Frankreich, Österreich und anderen Ländern.

Das ist heute immer noch so. Zwanzig Jahre massive Propaganda konnten über Jahrhunderte gewachsene Wurzeln nicht abtöten. Fragt man einen halbwegs gebildeten Russen, ob er, sagen wir, fünf europäische Schriftsteller, fünf Künstler und fünf Komponisten nennen kann, dann wird er, ohne lange nachzudenken, antworten. Shakespeare und Goethe, Rubens und Goya, Verdi und Beethoven sind ihm so nah und geläufig wie Tschechow und Tolstoi, Kandinsky und Malewitsch, Strawinsky und Rachmaninow für gebildete Westeuropäer. Fragt man ihn jedoch nach Namen asiatischer Künstler, Dichter oder Komponisten, erhält man Schweigen zur Antwort. Nicht weil man die asiatische Kunst oder Kultur geringschätzt, keineswegs. Aber den meisten Menschen in Russland sind sie einfach fremd, selbst wenn sie geografisch näher an Asien leben als an Europa. Kulturell ist Asien für sie Terra incognita. Vor allem junge Leute zieht es nach Europa, sie sehen sich als Europäer, sie wollen Europäer sein. Auch die russischen Unternehmen orientieren sich mehr in Richtung auf den europäischen Markt. Wer es sich leisten kann, schickt seine Kinder zum Studieren nach Westeuropa. All das hat Putins Propaganda zum Glück nicht zerstören können, und das ist eine gute Nachricht für die Zukunft Russlands.

Fragt man uns, was für ein Land das Russland der Zukunft sein soll, wo es hingehört, dann ist unsere Antwort kurz: Das Russland der Zukunft ist ein europäisches Land. Und damit ist alles gesagt. Sicher wird mancher entgegnen, das sei eine recht unbestimmte Aussage, Europa ist schließlich sehr vielgestaltig. Zwischen Ländern wie Ungarn und Portugal, Finnland und

Griechenland, Deutschland und Lettland scheint es mehr Unterschiede zu geben als Gemeinsamkeiten. Wie kann man die über einen Kamm scheren? Was soll das also heißen: Wir möchten aus Russland ein europäisches Land machen? Was für ein europäisches Land?

Die Antwort scheint mir sehr einfach: Es ist eine Frage der Perspektive. Ob man Gemeinsamkeiten sieht oder mehr Unterschiede, das hängt immer vom Standpunkt des Betrachters ab. Wer in Europa lebt, hat die Unterschiede in den politischen oder sozialen Gegebenheiten der verschiedenen Länder mehr oder weniger deutlich vor Augen, mit Sicherheit deutlicher als von einer kleinen Pazifikinsel aus. Wer auf dem Mond steht, kann nur noch Grünzonen und Wüsten unterscheiden, und wen das Schicksal in die Atmosphäre der Venus verschlagen hat, wo eine mittlere Temperatur von 467 Grad Celsius herrscht, dem scheint jeder beliebige Ort auf der Erde reizvoll, sei es Lappland oder Somalia, Schottland oder die Malediven.

Russland im Jahr 2022 ist, wenn man die Verfassung seiner politischen Kultur und das Funktionieren seiner Institutionen betrachtet, so weit von jedem europäischen Land entfernt, dass von hier aus gesehen die Unterschiede schlicht nicht mehr sichtbar sind. Das macht unsere Optik. Wir haben gewissermaßen Verhältnisse wie auf der Venus und möchten leben wie auf der Erde. Wir wollen Verhältnisse wie in irgendeinem europäischen Land, welches Land das ist, spielt erst einmal keine Rolle.

Ein anderes Bild: Zur einfachen Verortung einer Person oder einer Partei innerhalb des politischen Spektrums haben Politologen ein Koordinatensystem entworfen. Es gibt, wie in der Mathematik, zwei Achsen, eine vertikale und eine horizontale; auf der vertikalen liegt eine Werteskala zwischen »gesellschaftlich progressiv« (ganz oben) und »gesellschaftlich konservativ« (ganz unten), auf der horizontalen Achse eine Skala von »wirtschaftlich links« bis »wirtschaftlich rechts«. Nach bestimmten Kriterien, die sich durch eine Reihe einfacher Fragen ermitteln lassen, verortet sich eine Person oder Partei auf einem bestimmten Punkt innerhalb dieses Koordinatensystems, sie findet dort ihren politischen Standort. Das Gleiche gilt für die Politik eines Landes insgesamt.

Interessant ist nun, dass sich dieser Punkt verschieben lässt, abhängig vom Willen der Wählerinnen und Wähler. Jeder Bürger hat die Möglichkeit, durch die demokratischen Institutionen, vor allem durch Wahlen, daran mitzuwirken, diesen Punkt in die eine oder andere Richtung zu bewegen. Wichtige Triebkräfte in diesem Prozess sind unabhängige Medien, bürgerschaftliches Engagement, politische Parteien und Ähnliches, die zur Bildung der öffentlichen Meinung beitragen. Mithilfe dieser Instrumente kann eine Gesellschaft die Politik ihres Landes, also die Position in diesem Koordinatensystem, steuern und ausbalancieren.

Wer sich innerhalb eines solchen Koordinatensystems befindet, kann sich kaum vorstellen, wie es ist, wenn alle diese Instrumente fehlen, wenn vielleicht das ganze Achsenkreuz verschwunden ist. Genau in dieser Lage befinden sich die Bürger Russlands. Sie haben keine Möglichkeit, über freie Wahlen zu entscheiden, ob sie ihr politisches System liberalisieren oder die Wirtschaft sozialer machen wollen. Es gibt keine unabhängigen Medien, die den Wählern das politische Koordinatensystem veranschaulichen könnten, um rationale Entscheidungen zu ermöglichen. Russland hat seine Koordinaten im Laufe der letzten zwanzig Jahre vollständig verloren, seine Bürger schweben politisch gesehen als Subjekte staatlicher Willkür im luftleeren Raum. Wir müssen – und das wird eines Tages unsere Aufgabe sein – Russland wieder in ein solches Koordinatensystem hineinbringen. Das bedeutet, die demokratischen Regeln und Institutionen wiederherzustellen oder sogar vollkommen neu zu schaffen, die den Bürgern Europas heute als selbstverständliche Bedingungen ihres politischen Lebens erscheinen.

Die wichtigste Voraussetzung dafür sind eine funktionierende Gewaltenteilung, die freie Konkurrenz demokratischer Körperschaften, freie und transparente Wahlen, unabhängige Medien, Meinungsfreiheit, Versammlungs- und Demonstrationsfreiheit usw. Das alles muss gewährleistet werden, damit die Bürger Russlands ihre Position auf dem politischen Koordinatensystem nach ihrem freien Willen bestimmen können. Das ist im Grunde eine einfache und elementare Forderung, und deshalb ist der Satz, Russland solle ein europäisches Land werden, eine klare und sehr konkrete Aussage, die nicht näher verdeutlicht werden muss.

Es hat keinen Sinn, hier und jetzt darüber zu diskutieren, ob das Russland der Zukunft bei der Einkommensteuer einen linear-progressiven Tarif oder eher einen Stufengrenzsatztarif bevorzugen soll, ob man sofort eine vollgültige Ehe für gleichgeschlechtliche Paare ermöglichen soll oder zunächst eine eingetragene Partnerschaft, ob man weiche Drogen legalisiert oder Sterbehilfe ermöglicht. All diese Diskussionen haben momentan keinen Sinn. Die Zeit ist noch nicht reif dafür, denn den russischen Bürgern fehlen die elementaren Instrumente zur Beteiligung an solchen Diskussionen oder gar Entscheidungen. Deshalb ist eines unserer wichtigsten und ersten Ziele, ihnen diese Instrumente zu verschaffen, die alle europäischen Bürger schon haben, von Griechenland bis Ungarn, von Lettland bis Deutschland. Genau das meinen wir, wenn wir sagen, wir wollen Russland zu einem europäischen Land machen.

Nach Putin: Szenarien und Hoffnungen

Alle glücklichen Länder sind einander ähnlich, jede Diktatur ist auf ihre Weise schrecklich, könnte man frei nach Lew Tolstoi sagen. Doch unser unglücklicher Planet erträgt Dutzende Diktaturen, die bei allen individuellen Unterschieden einige gemeinsame Merkmale mit der Diktatur Putins teilen. Gestützt auf hohe Weltmarktpreise für Rohstoffe und einen repressiven Staatsapparat, unterhalten sie klassische Kleptokratien, in denen 80 Prozent der Staatseinnahmen, also vor allem des Gewinns aus dem Verkauf der Bodenschätze, von den herrschenden Gruppen vereinnahmt werden, weitere 10 Prozent in die Propaganda fließen, um den Menschen das Gehirn zu waschen, damit sie glauben, sie lebten im besten Land der Welt, und nur kümmerliche 10 Prozent den einfachen Bürgern gelassen werden wie ein Kanten trockenes Brot. Dieses Modell ist uralt und sehr verbreitet. Nicht Putin hat es ersonnen, und es wird mit Putin nicht verschwinden. Aber die Erfahrungen, die die Welt mit diesem Modell gesammelt hat, erlauben uns Spekulationen zu möglichen Szenarien vom Ende der Ära Putin.

Über eines bin ich mir ganz sicher: dass der Putinismus Putin nicht überleben wird. Das System, das Putin errichtet hat, kann er niemandem vererben, es ist absolut personalisiert. Es basiert, wie ich gezeigt habe, auf einem komplizierten Gefüge persönlicher Absprachen und gegenseitiger Verpflichtungen, die Putin und die Schlüsselfiguren seiner Gefolgschaft fest miteinander verkettet – Absprachen und Verpflichtungen, die in dem Moment, da Putin nicht mehr ist, null und nichtig werden. Wir haben außerdem gesehen, dass es niemanden aus Putins Umkreis gibt und niemanden geben kann, der sein politisches Erbe antreten könnte. Wenn Putin einmal abtritt, wird er einen Scherbenhaufen hinterlassen. Der Umbau des Systems wird Jahre eines inneren Kampfes erfordern. Dann beginnt ein Streit um die Fleischtöpfe, ein Krieg jeder gegen jeden, in dem nur einer überleben wird. Ein anderes System der Thronfolge kennt Putins System nicht.

Ist es möglich, dass dieser Krieg aller gegen alle mit einem neuen Autoritarismus endet, dass auf den Ruinen des Putinismus schließlich ein neuer Diktator ersteht? Das wäre ein furchtbares Szenario, aber ich denke, wir haben allen Grund zu der Annahme, dass es vermeidbar ist. Russland ist ein großes Land und seine politische und soziale Struktur ist kompliziert. Putins Elite im weitesten Sinn, seine Minister und Funktionäre, seine Gouverneure und wichtigsten Silowiki, geht in die Hunderte, wenn nicht Tausende. Keiner von ihnen wird in der Lage sein, auch nur 10 Prozent von Putins Einfluss und Macht in seiner Hand zu konzentrieren. Deshalb wird der Kampf um seine Nachfolge sehr viel Zeit in Anspruch nehmen, Zeit, in der die russische Zivilgesellschaft ihre Chance ergreifen muss.

Unsere politische Strategie bestand im Kern immer darin, die Zahl unserer Anhänger kontinuierlich zu vergrößern und den Zusammenhalt zu organisieren, also Kommunikationsmechanismen aufzubauen und Strukturen horizontaler Selbstorganisation zu schaffen. Denn in dem Augenblick, wo Putins Diktatur endet und die Zeit des Interregnums beginnt, wenn das Land sich in einem Machtvakuum befindet und der Kampf um die Nachfolge tobt, muss die russische Zivilgesellschaft ihre Fähigkeit zur Selbstmobilisierung erweisen, dann müssen die Menschen bereit sein, auf die Straße zu gehen und zu handeln, sie müssen den demokratischen Wandel fordern, sie müssen verhindern, dass der Putinismus wiederaufersteht, und sie müssen fähig sein, neue, alternative Machtstrukturen entstehen zu lassen.

Vor allem müssen sie verhindern, dass das Zentrum der Macht wieder ein Hinterzimmer ist, in dem wenige allmächtige Figuren alle wesentlichen Entscheidungen ohne Beteiligung der Bürger treffen. Die Institutionen des Putin-Systems müssen endgültig demontiert werden, Putins Nachfolger muss in freien und gleichen Wahlen ermittelt werden. In dieser Situation, wenn es keine wirksame Macht im Staat mehr gibt – denn auch die niederen administrativen Machtstrukturen werden gelähmt sein –, wird das alles völlig realistisch sein.

Unser Land hat das alles schon einmal durchgemacht, nämlich im Jahr 1991, als das sowjetische System in sich zusammenfiel. Die maßgeblichen Sicherheitsfunktionäre schauten damals tatenlos zu, sie waren paralysiert, sie unterstützten nicht einmal den kommunistischen Putschversuch im August, der eigentlich in ihrem Interesse war. Damals gelang es der Zivilgesellschaft, eine demokratische Veränderung in Russland zu erreichen, und das wird ihr auch nach Putin gelingen, davon bin ich vollkommen überzeugt.

Unser Beitrag dazu ist geleistet: Wir haben horizontale Strukturen und Kommunikationsnetze aufgebaut, die sich über das gesamte Territorium Russlands erstrecken und zig Millionen Menschen miteinander verbinden, Menschen, die genug haben von Putin und die auch keine autoritäre Renaissance wollen. Wir sind in den Startlöchern.

Aber solange Putin lebt, solange er an der Macht ist, wird die gegenwärtige Situation konserviert bleiben, wird sich die Stagnation fortsetzen. Ich möchte auf ein Parallelbeispiel verweisen. Spaniens autoritärer Caudillo Francisco Franco saß 39 Jahre hindurch fest im Sattel, bis zu seinem Tod. Obwohl das Land längst vollkommen rückständig war, obwohl Franco selbst seine einstige Popularität gänzlich verspielt hatte und die Menschen sich nur noch mit kaum verhohlenem Spott in all die Rituale seines Regimes fügten, zerfiel das System nicht, solange Franco am Leben war. Erst danach gelang dem Land der Weg in die Demokratie.

Diese große Standhaftigkeit besitzt auch das System Putins. Es stützt sich auf einen reibungslos funktionierenden Repressionsapparat, bis ins Letzte kontrollierte Gerichte und Wahlkommissionen und natürlich auf sein äußerst effektives Propagandasystem. Diese Mauer steht, aber sie wird fallen, sobald Putins Zeit abgelaufen ist. Und wir werden es uns niemals verzeihen, wenn wir diese große Chance auf eine demokratische Veränderung dann nicht ergreifen.

Welche Faktoren können zur Triebkraft des Geschehens werden? Wie wird der Putinismus konkret enden? Ich sehe drei grundlegende Szenarien. Eines dieser Szenarien wurde schon genannt, es ist, dass sich die Sache rein biologisch erledigt. Putins treuer Gefolgsmann, der Sprecher der Staatsduma Wjatscheslaw Wolodin, hat erst kürzlich erklärt, und zwar wörtlich: »Solange es Putin gibt, gibt es Russland. Kein Putin, kein Russland.« Er ignoriert einfach die Tatsache, dass Putin früher oder später gehen wird, Russland aber bleibt. Denn natürlich ist Putin sterblich, auch wenn er auf geradezu zwanghafte Weise um seine Gesundheit besorgt ist. Da seine Vorfahren nach russischen Maßstäben alle sehr alt geworden sind, muss man wohl davon ausgehen, dass er noch viele Jahre lang imstande sein wird, das Land zu kontrollieren.

Dennoch: Putin wird irgendwann sterben, und dann stirbt der Putinismus mit ihm. Und hätte er nicht diesen verbrecherischen Krieg gegen die Ukraine begonnen, würde ich das biologische Szenario mit dem gebotenen Pessimismus für das allerwahrscheinlichste halten. Wie in Spanien oder Portugal würde unser Land noch viele Jahre in Niedergang und Stagnation dahindämmern, geführt von einem vergreisenden Diktator, dem der Bezug zur Realität immer mehr abhandenkommt, der sich aber bis zuletzt mir knöchernen Händen an die Macht klammert. Das wäre furchtbar für Russland, denn jedes weitere Jahr Putinismus vergrößert die Rückständigkeit unseres Landes gegenüber dem Rest der zivilisierten Welt, gegenüber Europa. Jedes Jahr unter der Herrschaft dieser Kleptokratie bedeutet weitere zig Milliarden Dollar, die gestohlen und ins Ausland transferiert werden, die für die russische Volkswirtschaft wohl auf immer verloren sind.

Aber es kann auch anders kommen. Das zweite Szenario, das man auf der Rechnung haben sollte, ist der Aufstand der Eliten, die Palastrevolution. Sollte Putins Popularität auf ein gefährliches Maß sinken und seine Autorität bröckeln, wäre seine Macht also nicht mehr stark und umfassend genug, dass seine Eliten im gewünschten Maße davon profitieren, dann wird das kollektive System der Interessenbalance Risse bekommen. Wenn Putin seinen Gefolgsleuten nicht mehr garantieren kann, dass sie ungestört stehlen können, werden sie ihrerseits aufhören, Garanten für den Erhalt seiner Macht zu sein. Dann könnten sie auf den Gedanken kommen, sich nach einer neuen Machtarchitektur umzusehen, in der Putin keinen Platz mehr hat.

Auch für diese Variante gibt es Beispiele in der Geschichte nichtdemokratischer Länder, etwa Argentinien nach dem Falklandkrieg. Und sie ist vielleicht wahrscheinlicher, als man derzeit glauben mag. Putins System wechselseitiger Verpflichtungen arbeitet im Verborgenen, deshalb können wir nicht wissen, wie es in seinem Inneren gerade aussieht, ob nicht das Wasser im Kessel vielleicht schon am Siedepunkt ist.

Das dritte mögliche Szenario ist der Volksprotest, ein Aufbegehren von unten. Ob hierzu bereits genügend Leidensdruck und Energie besteht, ist schwer zu sagen. Ein Volksaufstand ist, um ein Bild des Finanzmathematikers Nassim Nicholas Taleb zu verwenden, ein »schwarzer Schwan« – ein kaum vorhersehbares Ereignis, dessen Folgen aber gravierend sein können. Der »schwarze Schwan« kann durch einen geringfügigen Anlass in Erscheinung treten. Denken wir an den Arabischen Frühling in Tunis im Frühjahr 2011. Ein kleiner Straßenhändler, den die erdrückende Korruption der Polizei zur Verzweiflung getrieben hatte, übergoss sich mit Benzin und zündete sich selbst an. Es war eine singuläre Verzweiflungstat ohne politischen Hintergrund und doch der berühmte Tropfen, der das Fass zum Überlaufen brachte, bzw. der Strohhalm, der dem Kamel die Wirbelsäule brach, wie man im Orient sagen würde. Mit einem Schlag explodierte der ganze aufgestaute Hass der tunesischen Bürger auf das kleptokratische Regime ihres Herrschers Zine es-Abidine Ben Ali, der ganze Überdruss an 27 Jahren selbstherrlicher Regierung brach sich Bahn, die Menschen waren es leid, Polizeigewalt und staatliche Willkür länger hinzunehmen.

Putin hat nach Art eines Diktators jede Form öffentlicher Protestäußerung gründlich unterdrückt und unmöglich gemacht. Verboten sind unabhängige Parteien, verboten sind Demonstrationen und Streiks, wer eine kritische Meinung in den sozialen Netzwerken äußert, muss mit Repressionen rechnen. Aber dass diese Unterdrückung besteht, bedeutet nicht, dass die reale Proteststimmung in der Bevölkerung effektiv ausgelöscht wurde. Die Unzufriedenheit wächst, Tropfen auf Tropfen fällt in das Fass, aber wann es überläuft – wenn es denn je passiert –, das können weder wir noch die russische Regierung, noch die Menschen im Land selbst einschätzen.

Kommen wir zur Strategie oppositioneller Arbeit im Kontext dieser drei Szenarien. Auf die erste Variante haben wir keinen Einfluss, die Biologie erledigt ihr Geschäft ohne unser

Zutun. Unsere Bemühungen können nur darauf abzielen, die Möglichkeit der beiden anderen Szenarien zu erhöhen. Klar ist, wir wollen nicht warten, bis Putin stirbt. Also müssen wir alles in unserer Macht Stehende dafür tun, den Konflikt der Eliten zu schüren und den Volksprotest zu unterstützen, damit wir uns von Putin befreien, bevor bei uns geschieht, was in Belarus passiert ist.

Was kann man dafür tun? Vor allem müssen wir weiter alle Anstrengungen unternehmen, um Putins Popularität zu senken und damit sein System unter Druck zu setzen. Unserer oppositionellen Arbeit ging es vor allem darum. Durch Aufrufe zu Massenprotesten, durch politische Kampagnen und immer neue Projekte, durch die Unterstützung eigener Kandidaten bei den Wahlen, durch unsere Taktik des Smart Voting und nicht zuletzt durch unsere beharrlichen Recherchen zur Korruption haben wir den Herrschenden immer wieder Schwierigkeiten bereitet, ihnen ständig Stress gemacht. Gleichzeitig haben wir den Kreis unserer Unterstützer ständig erweitert und immer neue Anhänger gefunden. Dabei behielten wir im Auge, leistungsfähige horizontale Strukturen aufzubauen, damit wir im entscheidenden Moment als die große und gut organisierte politische Kraft dastehen, die die Macht im Land übernehmen und die bevorstehenden Aufgaben bewältigen kann.

Unsere Strategie schien aufzugehen. Allein die Taktik des Smart Voting hatte durchschlagenden Erfolg und ließ Putins Umfragewerte im Jahr 2021 auf ein historisches Tief abstürzen, was ihn zu den massivsten und skrupellosesten Wahlfälschungen seiner gesamten Regierungsjahre zwang. Dieser Erfolg kam nicht aus dem Nichts, er war das Ergebnis beharrlicher Basisarbeit. Zehn Jahre lang haben wir immer mehr Anhänger gewonnen, haben Erfahrungen in politischer Strategie gesammelt, haben gelernt, immer umfangreichere und bedeutsamere

Projekte durchzuführen. So ist das System Putin schwer unter Druck geraten, es hat Schlagseite bekommen.

Weil es für Putin nur die Alternativen totale Herrschaft oder völliger Machtverlust gibt, hat er schließlich seinen schwersten, tragischsten, aber hoffentlich auch letzten Fehler begangen. Er sah, dass seine Popularität immer weiter sank und sich einem gefährlichen Wert näherte, er musste befürchten, die Interessenbalance seiner Elite nicht mehr halten zu können. So stürzte er sich in diesen »kleinen siegreichen Krieg«, diese »Spezialoperation«, die ihm wie schon im Jahr 2014 nach Eroberung der Krim die verlorene grenzenlose Popularität im Volk zurückbringen sollte.

Dieser Fehler ergab sich ganz aus der Logik des Systems. Und so können wir sagen, dass die drei Szenarien vom Ende des Putinismus auch nach dem Angriff auf die Ukraine die gleichen geblieben sind, verändert aber hat sich der Grad ihrer Wahrscheinlichkeit. Damit Putin noch darauf hoffen kann, seine Tage im Kreml und am Schreibtisch des Präsidenten zu beenden, muss er jetzt enorme Anstrengungen unternehmen, um die gestörte Interessenbalance wiederherzustellen. Denn die Situation des Krieges und die massiven Sanktionen haben seine verwöhnte Elite in Verwirrung gestürzt. Ihre Möglichkeiten zur Selbstbereicherung wurden schmerzhaft beschnitten, ihre Existenz oder das, was sie darunter verstehen, ist bedroht. Bedroht ist auch die Fähigkeit Putins, seinen Machtapparat als legitimes, vom Volk getragenes Konstrukt darzustellen. Denn dieser Krieg ist letztlich unpopulär und der Ausgang dieses Abenteuers, anders als erwartet, keineswegs gewiss.

Jeder Politiker legt sich mit der Zeit eine Anzahl praktischer Floskeln zu, pointierte Bemerkungen, mit denen man eine Sache auf den Punkt bringt, eine Art Running Gag. Vor allem wenn man in Europa tätig ist und ständig allen möglichen

Journalisten Interviews geben muss, ist das sehr nützlich. Man braucht keine Sorge zu haben, dass die Witze sich wiederholen, denn die bulgarischen Zuschauer zum Beispiel bekommen ja nicht mit, was man tags zuvor im französischen Fernsehen gesagt hat. Auch ich habe so einen Running Gag. Allerdings ist er, wie eigentlich jeder gute Witz, ziemlich nah dran an der Wahrheit. Ich werde oft gefragt, wie ich es schaffe, so optimistisch zu bleiben. Wie ich immer noch daran glauben kann, dass Russland eine Zukunft hat. Ich sage dann, Optimismus ist für meine Arbeit eine notwendige Voraussetzung, eine Berufsqualifikation, ohne Optimismus bekommt man bei uns keinen Job. In gewisser Hinsicht stimmt das auch. Eigentlich sogar in jeder Hinsicht. Man kann nicht dafür arbeiten, die soziale und politische Situation in Russland zu verändern, wenn man nicht fest daran glaubt, dass eine bessere Zukunft möglich ist. Das aktuelle Geschehen würde einen sonst nämlich bald unter die Erde bringen. Die politischen Tagesmeldungen in Russland sind seit Jahren nur noch eine Abfolge schlimmer Ereignisse, furchtbarer Tragödien und schrecklichster Hiobsbotschaften. Ständig wird jemand ermordet, vergiftet, ins Gefängnis geworfen, in Arrest genommen, zu Kerkerhaft verurteilt, brutal zusammengeschlagen und so weiter und so fort. Und jetzt kommt auch noch der Krieg dazu.

Auch vor dem Krieg schon konnten die Nachrichten aus Russland einen normal sensiblen Menschen in schwerste Depressionen stürzen und selbst den hartgesottensten Optimisten in Trübsal versetzen. Dass die oppositionelle politische Arbeit vom Kreml gezielt marginalisiert und vorsätzlich so stark behindert wird, dass ein normaler Mensch sich das gar nicht erst antun wird, ist ein bewusster, gut durchdachter Teil der politischen Strategie Putins. Mit der zwangsläufigen Folge, dass nur die hartgesottensten Optimisten überleben werden. Aber woher nehmen wir unsere Motivation, wie schaffen wir es, Optimisten zu bleiben? Wie schaffe ich es, wie schaffen es die vielen Kollegen, die mit uns in Nawalnys Antikorruptionsstiftung arbeiten, wie schafft es Alexei Nawalny sogar noch im Gefängnis, weiter optimistisch zu bleiben?

Ein psychologischer Trick ermöglicht uns das Überleben, eine Technik, ohne die unsere Arbeit nicht möglich wäre: Sie heißt Zoom-out, also abschalten, sich auf Abstand bringen – »to see the bigger picture«, wie Alexei immer sagt. Ja, es ist so, in jeder Minute kommen schlechte Nachrichten aus Russland. Aber wenn wir genau hinschauen, dann sehen wir zu unserem Erstaunen, dass sich in all den vielen schlechten Nachrichten ein Trend abzeichnet, der für die Zukunft Russlands optimistisch stimmt. Für die Zukunft Russlands und für die Zukunft der russischen Opposition. Die Zahl der Gegner von Wladimir Putin wächst kontinuierlich. Die Umfragewerte Putins und seiner Partei Einiges Russland sind über einen langen Zeitraum hinweg gesunken, und hätte es nicht die Injektion der Droge Krim vor acht Jahren gegeben, dann lägen sie jetzt wahrscheinlich in der Gegend von 20 bis 30 Prozent. Aber auch so sind sie auf ein historisches Tief gesunken. Immer mehr Menschen nutzen das Internet als Quelle politischer Information, und mit jedem Jahr wird der Einfluss des allmächtigen Kreml-Fernsehens und der gut geschmierten Propagandamaschinerie schwächer. Gerade die junge Generation wünscht sich Veränderung, bei ihr sind Putins Umfragewerte von allen Altersgruppen am niedrigsten. Diesen Trend wird Putin nicht brechen können. Die Menschen haben ihn satt, und das ganz natürliche Streben nach Veränderung ist ein wichtiger Antrieb für den politischen Wandel.

Im Jahr 2011, als unsere Antikorruptionsstiftung FBK die Arbeit aufnahm, hatten wir einige Zehntausend Follower in den sozialen Netzwerken, um die 300 000 bis 500 000 Mal wurden unsere Publikationen gelesen oder angeschaut. Heute, zehn Jahre später, trotz aller Gegenmaßnahmen und Drangsalierungen durch die staatlichen Behörden, trotz der Einstufung der Stiftung als extremistische Organisation, trotz der massiven Zensur haben wir Millionen Follower und Unterstützer, unsere monatlichen Nutzerzahlen liegen konstant über 20 Millionen. Die aktuellen Publikationen, die Newsletter-Videos und Texte des Nawalny-Teams können im Umfang ohne Weiteres mit den Produktionen der staatlichen Media-Holding mithalten, sie haben nicht weniger Zuschauer als die populärsten Sendungen des ersten und zweiten staatlichen Fernsehens zur Hauptsendezeit, sie stellen die anderen Instrumente staatlicher Propaganda auch in ihrer Reichweite weit in den Schatten. Und die besten Beispiele unserer Produktion, etwa das Video »Ein Palast für Putin«, kennt nahezu jeder russische Bürger.

Die politische Situation verändert sich, die Zeit läuft für uns, und wenn wir das »große Bild«, »the bigger picture« betrachten, können wir das nicht übersehen.

Aber, höre ich Sie fragen, was ist mit dem Krieg? Hat der Krieg nicht alles verändert? Dieser Krieg, der Russland im 21. Jahrhundert in eine Lage gebracht hat, die sich ein wenig mit der Situation Deutschlands Mitte des 20. Jahrhunderts vergleichen lässt, der Situation eines Aggressors, eines geächteten Landes, das vielleicht viele Jahrzehnte lang für seine historischen Sünden wird büßen müssen. Der Krieg eines Landes, das schuldig geworden ist an seinen nächsten Nachbarn, denen es unendlichen Schmerz und unglaubliches Leid zugefügt hat. Wie, bitte schön, kann man auch in dieser Situation noch Optimist bleiben? Es herrscht Kriegszensur, und wer einfach nur Krieg zum Krieg sagt, kann für fünfzehn Jahre im Gefängnis verschwinden. Wie kann man da noch hoffnungsvoll in die Zukunft blicken?

Ich antworte: Ja, es scheint paradox, und doch hat der Krieg viele Dinge verändert. Dieser Krieg, bei allen seinen Schrecken, mit all den sinnlosen Opfern, die Putins widersinnige Aggression verschuldet, hat doch neue Wege eröffnet zur Lösung von Problemen, die früher unlösbar schienen.

Wir haben uns, schon lange bevor der Ukrainekrieg angezettelt wurde, oft vorgestellt, Putin wäre nicht mehr da – wie könnten wir dann Russland zu einem normalen europäischen Land machen, zu einem Land, wie wir es uns wünschen? Stellen wir uns vor, an Putins Stelle würde Alexei Nawalny seit einigen Jahren im Kreml sitzen. Würde er als Präsident die annektierte Krim einfach zurückgeben? Und was würde man dann mit den Millionen sich als Russen verstehenden Menschen geschehen, die dort leben? Ein unlösbares Problem. Die öffentliche Meinung in Russland würde einen Präsidenten, der die Entscheidung zur Rückgabe träfe, einfach auffressen, auf der Stelle mit Haut und Haaren. Und dann käme es zu einer totalitären Revanche. Ein Politiker, der nach 2014 öffentlich gesagt hätte, man müsse die Krim zurückgeben, damit Russland im Gefüge des internationalen Rechts wieder ernst genommen werde, hätte damit politischen Selbstmord begangen.

Oder ein anderes Beispiel: Was machen wir nach Putin bloß mit den Putinisten? Die Nullerjahre waren eine Zeit des wirtschaftlichen Aufschwungs. Die Menschen, die damals aufgewachsen sind, die ihre Jugend in dieser Zeit verlebt haben, werden in den Zwanziger-, Dreißiger- und noch in den Vierzigerjahren dieses Jahrhunderts die maßgebliche soziale Gruppe sein, und ihre Einstellung wird den politischen Diskurs weiter prägen. Anders gesagt: Putin ist weg, aber die Putinisten bleiben. Wie geht man damit um?

Hätte Putin nicht diesen Krieg gegen die Ukraine begonnen, wäre er schon vorher friedlich in seinem Bett gestorben, dann wäre das für die Entwicklung Russlands zu einer normalen europäischen Demokratie ein großes Problem gewesen. Aber

Putin hat seinen Platz in der Geschichte gewählt, er ist zum Kriegsverbrecher geworden. Zweifellos wird er der Menschheit als Hitler des 21. Jahrhunderts im Gedächtnis bleiben. Und das wird den möglichen Wandel Russlands in eine demokratische Zukunft erleichtern – durch eine schmerzhafte Reinigung, durch eine Entnazifizierung, wenn man so will, aber nicht Putins fiktive Entnazifizierung, die er in der Ukraine veranstalten wollte, sondern eine echte Austreibung jeder totalitären, menschenverachtenden, das Völkerrecht mit Füßen tretenden Haltung; durch Arbeit an der Einsicht, wie sehr die Wahrnehmung von Propagandalügen geprägt wurde, durch Aufklärung aller Verbrechen des Regimes, durch öffentliche Buße.

Ja, das wird eine schmerzvolle Zeit. Den Menschen muss bewusst werden, wie tief Putin gefallen ist und in welchen Abgrund er sie mit sich hinabgerissen hat. Dafür gibt uns diese Reinigung durch den Schmerz die Chance, zu begreifen, dass sich so etwas nie mehr wiederholen darf.

Wenn es Russland gelingt, diese Lektion zu lernen, dann wird sich nach dem Krieg auch das Problem der konservativen Partei Putins in einem künftigen Parlament ganz von selbst lösen. Es wird sie einfach nicht mehr geben, so wie es im bundesdeutschen Parlament nach dem Zweiten Weltkrieg keine nationalistische, keine neonazistische Partei von irgendwelcher Bedeutung gab. Und auch das Problem der Krim wird sich lösen. Die Gesellschaft wird begreifen, dass die Annexion der Krim der erste Schritt in die Katastrophe war, ein Schritt, der die eigentliche Katastrophe noch ein wenig aufgeschoben hat. Die Klärung des Status der Krim wird nach diesem blutigen Gemetzel, das Putin veranstaltet hat, sehr viel leichter werden.

Natürlich hätten wir uns alle gewünscht, dass der Weg Russlands zu einem normalen europäischen Land weniger schmerzhaft verläuft und dieser Wandel nicht auf Kosten Tausender Menschenleben und zerstörter ukrainischer Städte geht. Aber da einmal geschehen ist, was geschehen ist, sehe ich auch hier »the bigger picture«. Ich zoome ein wenig weg vom Gang der täglichen Nachrichten, die übervoll sind von Meldungen zu grausamen Ereignissen. Und dann sehe ich, dass Russland eine Chance zur Reinigung erhalten hat.

Die Antwort auf die Frage, wie Russland nach Putin sein wird, hängt meiner Meinung nach sehr davon ab, wie Putin und der Putinismus enden. Der Putinismus als System wird Putin nicht überleben, denn er gründet, wie wir gezeigt haben, auf einer Vielzahl persönlicher Beziehungen und Abmachungen. Dieses System wird in sich zusammenbrechen, weil diese Abmachungen in dem Moment wertlos werden, da Putin nicht mehr da ist. Man könnte daher sagen, es mache keinen Unterschied, auf welche Art und Weise der Putinismus endet, ob mit oder ohne Putin; wenn Putin nicht mehr ist, werde der Weg frei, alles andere sei dann egal. Aber das stimmt nicht. Es macht einen großen Unterschied, ob Putin den Putinismus überlebt oder nicht.

Irgendwann begannen sich westliche Medien mit Eifer auf Berichte über den angeblich schlechten Gesundheitszustand des russischen Staatschefs zu stürzen. Diese Berichte stammen überwiegend aus anonymen, nicht überprüfbaren Quellen. Putin hat Krebs, heißt es, Putin geht es schlecht, Putin wurde operiert, Putin stirbt – Schlagzeilen aus der Boulevardpresse, die sich immer wieder auch in respektable Medien schleichen. Die ganze Welt fiebert seinem baldigen Ableben entgegen.

Ich schreibe diese Zeilen im Juni 2022; bis sie in gedruckter Form erscheinen, werden noch einige Monate vergehen. Deshalb gehe ich natürlich ein gewisses Risiko ein, wenn ich an dieser Stelle eine Prognose wage. Ich tue es trotzdem. Ich sage hier und jetzt: Wenn man diese Worte liest, wird Putin noch immer quicklebendig sein, und in den Massenmedien wird man immer noch die gleichen Berichte über seinen immer schlechteren Gesundheitszustand vernehmen.

Putin hat mir vieles angetan. Er hat versucht, einen sehr nahen Freund mit einem heimtückischen Gift zu ermorden, er hat ihn ins Gefängnis werfen lassen. Mich selbst hat er gezwungen, buchstäblich über Nacht mein Land zu verlassen, nur mit einem kleinen Koffer als Handgepäck. Er hat die Wohnung meiner Eltern durchsuchen lassen, er hat viele, viele meiner Freunde verhaften lassen oder zu Vertriebenen gemacht.

Aber was er der ganzen Welt angetan hat, ist tausendmal schlimmer. Er hat in dem sinnlosen Gemetzel des Krieges gegen die Ukraine ungezählte Menschen getötet. Er hat die Weltordnung zerstört, jene Weltordnung, die nach dem Zweiten Weltkrieg in Jalta und Potsdam errichtet wurde. Sie hatte sogar in der schlimmsten Zeit des Kalten Krieges Bestand, deren Garanten sollten die Vereinten Nationen sein, zu denen auch Russland gehört. Putin hat sich zu einem mächtigen Faktor der Destabilisierung entwickelt, stark genug, Europa wiederum in den Strudel eines totalen Krieges zu reißen – verkörpert in der Gestalt eines nicht sehr gesunden Mannes von kleinem Wuchs. Man sollte meinen, wenn man diesen Faktor ausschalten würde, käme die Welt wieder in Ordnung, und alles wäre wie früher.

Nein, nein und nochmals nein. Sosehr ich Wladimir Putin auch hasse, ich möchte nicht, dass er jetzt stirbt, nicht an Krebs, nicht an irgendeiner Krankheit, auch nicht eines anderen natürlichen Todes. Denn dann würde Russland – ein Land, das immer eines der einflussreichsten Länder Europas bleiben wird, aufgrund seiner geografischen Lage, seiner schieren Größe und seines Reichtums an Bodenschätzen – der Chance beraubt, eine unschätzbar wichtige historische Lehre zu ziehen. Russland muss anfangen nachzudenken, muss sich zu Bewusstsein bringen, was mit ihm geschehen ist, wohin es abgedriftet ist. Es muss begreifen, dass es Opfer einer mächtigen Propagandamaschinerie geworden ist, die aus einem unscheinbaren kleinen Mann einen Diktator mit unbegrenzter Machtfülle geschaffen hat, der alle demokratischen Institutionen ausgeschaltet und das Land in einen blutigen Massenmord geführt hat. Es wird den Menschen schwerfallen, das zu begreifen, aber es ist absolut notwendig, denn anders hat unser Land keine Chance auf eine zivilisierte Zukunft. Und würde Putin einfach so an Krebs sterben oder auf einer Bananenschale ausrutschen und sich den Hals brechen, dann würden wir diese Chance wahrscheinlich nicht bekommen.

Nehmen wir an, er bricht sich den Hals. Putin wäre zwar weg, aber die Putinisten würde er nicht mitnehmen, die würden sich im Gegenteil noch vermehren. Der starke Führer, den ein böses Schicksal in dem Augenblick niederstreckt, da er sich anschickte, den größten Coup seines Lebens zu verwirklichen – das war immer schon ein zäher und gefährlicher Mythos. Und heute im 21. Jahrhundert, im Zeitalter des Internets, da sich alle Arten von Verschwörungstheorien rasend schnell verbreiten, wird dieser Mythos auf fruchtbaren Boden fallen. Ehe wir es uns versehen, werden im Post-Putin-Russland die wildesten Verschwörungstheorien kursieren, und über Nacht werden die Putinisten zur führenden politischen Kraft, sie werden demokratische Wahlen gewinnen, und schneller, als wir uns aus der Schockstarre befreien können, werden sie das Land in die nächste Windung derselben Teufelsspirale schicken, die Russland ein ums andere Mal in die Diktatur geführt hat.

Das ist das eine. Aber der Gedanke, Putin sei todkrank, seine Tage seien gezählt, und wir müssten nur noch ein wenig abwarten, bis er von selbst verschwindet, ist auch feige und kleinmütig. Denn er schreckt vor Taten zurück. So zu denken, heißt, man muss gar nichts tun. Man geht davon aus, dass wir uns gerade im Schlussakt unseres aktuellen Dramas befinden, und gleich, im nächsten Moment, wird ein Deus ex Machina auf der Bühne erscheinen und alle unsere Probleme mit einem Schlag beseitigen. Aber ein auf diese Art erreichter Sieg über Putin wäre ein Pyrrhussieg. Wir würden nicht gestärkt daraus hervorgehen, wir würden um die entscheidende historische Lehre gebracht. Putin würde dadurch zum Mythos, zu einer legendären Gestalt, die wie ein drohender Schatten über dem Russland des 21. Jahrhunderts hinge und seine traurige Zukunft bestimmen würde.

Nein, wir dürfen Putin nicht den Tod wünschen, im Gegenteil! Wir müssen ihm ein langes Leben wünschen, ein sehr langes, damit er noch in diesem Leben für seine Untaten zur Rechenschaft gezogen wird, damit wenigstens die schwersten Verbrechen seines Regimes noch zu seinen Lebzeiten ans Licht der Öffentlichkeit gebracht und dokumentiert werden, die schlimmsten der Verbrechen, die er seinen eigenen Bürgern und den Bürgern seiner Nachbarstaaten angetan hat. Damit Putins Anhänger sehen können, was für einem Menschen sie all diese Jahre blind gefolgt sind. Putin soll den Zusammenbruch des Putinismus mit seinen eigenen Augen sehen. Das wird für unser Land das wichtigste Element der Selbstreinigung sein, das Fundament, auf dem man das Russland der Zukunft aufbauen kann.

Wir wissen nicht, wie die Umstände aussehen könnten, die dazu führen, dass Putin auf der Anklagebank landet. Im Moment kann man sich nur schwer vorstellen, dass das je passiert. Aber man konnte sich das zu einer bestimmten Zeit auch bei Slobodan Milošević nur schwer vorstellen oder bei vielen anderen Kriegsverbrechern, deren Weg schließlich vor den Internationalen Strafgerichtshof in Den Haag führte.

Ich persönlich würde eher auf den Elitenkonflikt setzen. Der ungünstige Kriegsverlauf, allein die Tatsache, dass Putin den

Krieg überhaupt begonnen hat, hat ihn mit fast allen Elitegruppen entzweit. Die jungen Technokraten, die für die Wirtschaftspolitik verantwortlich sind, waren schockiert, keiner von ihnen hatte ernsthaft erwartet, dass es so weit kommen würde. Schließlich waren sie nicht in die Regierung eingetreten, um sinnlos aufgerissene Finanzlöcher zu stopfen und den ins Trudeln geratenen Rubelkurs zu stützen; sie wollten die Entwicklung der Wirtschaft vorantreiben, ein Projekt, das am 24. Februar 2022 nicht nur auf die lange Bank geschoben, sondern in den Mülleimer geworfen wurde, von dem man sich endgültig verabschiedet hat.

Putins Oligarchen, seine wandelnden Portemonnaies, haben allen Grund, unzufrieden zu sein und zu murren. Putin hat ihnen mit einem Schlag ihren ganzen gewohnten luxuriösen Lebensstil ruiniert, ihnen einen erheblichen Teil ihres Kapitals genommen. Sie haben ihre liebevoll eingerichteten Villen und kostbar ausgestatteten Jachten verloren, sie können ihre Kinder nicht mehr in Europa und Amerika auf Privatschulen schicken, sie können ihre Ferien nicht mehr wie sonst an der Côte d'Azur oder in Courchevel verbringen. Worüber sollten sie sich freuen?

Auch die Silowiki und die Hardliner aus Putins Umgebung haben allen Grund, verstimmt zu sein. Ihr oberster Kommandant hat ihnen einen schnellen und siegreichen Feldzug versprochen, einen überzeugenden und vernichtenden Sieg. Aber er hat sich gehörig verrechnet und sie damit der Lächerlichkeit preisgegeben, zum Gespött der Welt gemacht. Er hat gezögert, rechtzeitig die harten und entschiedenen Maßnahmen zu ergreifen, die sie ihm zweifellos empfohlen hatten. Und was vielleicht das Schlimmste ist: Er hat ihnen den Glauben an seine Unfehlbarkeit genommen, den Glauben daran, dass er letztlich immer am besten weiß, was zu tun ist, dass er aus jeder Situation einen Ausweg findet, dass er ein Gewinner ist. Der Glaube an seine glückliche Hand war zweifellos das heilige Symbol, das all die unterschiedlichen Schichten und Gruppen der politischen Elite miteinander verband. Da dieser Glauben zerstört ist, muss nach neuen Antworten gesucht werden, nach einem neuen Glaubenssymbol. Für Putin wird in diesem neuen Konstrukt kein Platz mehr sein.

Putin hat es sich mit seiner gesamten Elite verdorben und ihre Loyalität eingebüßt. Ihre Gefolgschaft basierte auf den drei Grundpfeilern Loyalität, wechselseitiger Nutzen und Angst. Davon ist nur einer geblieben: die Angst. Wie lange dieser Pfeiler noch trägt, wie lange es dauert, bis man in Putins Umfeld versteht, dass ihr Führer ein Koloss auf tönernen Füßen ist, wissen wir nicht, und wir wollen auch nicht darauf spekulieren. Aber wir können sicher sein, dass Putin maximales Risiko geht, dass er die Geduld und das Vertrauen seiner Getreuen vor eine echte Zerreißprobe stellt.

So sähe mein optimales Szenario für die nächste Zukunft Russlands aus: ein akuter Elitenkonflikt, der zu einer Palastrevolution und zur Entmachtung Putins führt. Das würde der Zivilgesellschaft einen enormen Möglichkeitsraum schaffen, in dem die horizontalen Strukturen, die wir aufgebaut haben, wieder auf die Bühne der politischen Auseinandersetzung gelangen könnten. Wir hätten die Chance, der Gesellschaft einen demokratischen Transit anzubieten, wir könnten eine Reform des Systems der Staatsführung in Gang setzen, wieder ehrlichen und effektiven Wettbewerb in der Politik installieren als Instrumentarium für die zukünftige Führung des Landes anstelle der klandestinen Politikintrigen.

Wenn das gelänge, dann würde das Strafgericht über Putin Wirklichkeit, dann würde der Prozess der großen kollektiven Reflexion über den Putinismus beginnen, der Prozess der Aufarbeitung dessen, was mit uns allen in den vergangenen zwanzig Jahren geschehen ist. Dann könnte Russland es schaffen, den Putinismus wie einen bösen Albtraum hinter sich zu lassen, es könnte anfangen, wieder nach vorn zu schauen, sich nach vorn zu bewegen. Ich wünsche mir sehr, dass Putin aus einer komfortablen Gefängniszelle mit ansieht, wie alles, was er in zwei Jahrzehnten so bösartig aufgebaut hat, zerfällt und zunichtegemacht wird. Denn dann hat Russland die Chance, dieser Spirale zu entgehen, die die nachfolgenden Generationen wieder und wieder in die Diktatur schleudert, dann könnte ein völlig verändertes Russland auf eine vollkommen andere Entwicklungsbahn gelangen.

Russland wird niemals wieder sein wie früher, aber auch die Welt wird nicht mehr dieselbe sein, sie muss sich ebenfalls bewusst zu machen beginnen, was da geschehen ist. Angenommen, der Putinismus endet nach meinem optimalen Szenario: Selbst dann wäre es doch grenzenlos naiv, zu glauben, wir könnten einfach so zum Zustand vor dem Krieg zurückkehren, als wäre nichts gewesen. Der Krieg in der Ukraine hat ein grelles Licht auf alle Mängel, Fehler und Schwächen der politischen Weltordnung geworfen. Es ist offensichtlich, dass dieses System überaltert ist.

Viele internationale Institutionen basieren auf dem Prinzip des gegenseitigen Vertrauens. Nehmen wir das Beispiel Interpol, auf den ersten Blick eine sehr sinnvolle Einrichtung: Staaten verpflichten sich gemeinsam zu gegenseitiger Hilfe bei der grenzübergreifenden Jagd nach Verbrechern. Eine großartige Sache, aber der Teufel steckt im Detail, denn die Frage ist: Wer oder was ist ein Verbrecher? Im Sinne der multilateralen Vereinbarung ist das jemand, den ein Staat auf Basis seiner Rechtsordnung als solchen bezeichnet. In dieses System ist somit eine Art Vertrauensvorschuss eingebaut, die grundsätzliche Annahme, dass die verantwortlichen staatlichen Stellen gerecht und ehrbar handeln. Aber die Putins und Erdogans und Xi Jinpings und die vielen anderen kleineren Diktatoren auf der Welt haben längst verstanden, wie gut man damit arbeiten kann. Und schon verwandelt sich die Interpol von einem sinnvollen Instrument zur Bekämpfung internationaler Kriminalität in ein bequemes Werkzeug zur Verfolgung und Ergreifung politischer Gegner in einem nur scheinbar sicheren Exil.

So öffnen Institutionen, die auf der Grundlage von Vertrauen und Fairness funktionieren, ihre Tore weit dem staatlich betriebenen Missbrauch: Das ist der Fall, wenn die ganze Welt gegen den internationalen Drogenhandel kämpft, und die russische Regierung schmuggelt in großem Stil Drogen mit ihrer Diplomatenpost, nutzt das System ihrer diplomatischen Vertretungen zum Dealen. Das ist der Fall, wenn die ganze Welt gegen die Herstellung und Verbreitung chemischer Waffen kämpft, und Russland, ein Land, das die Organisation für das Verbot chemischer Waffen OPCW mitbegründet hat, entwickelt chemische Waffen gezielt und setzt sie gegen politische Gegner ein. Und genau so muss ein System zur Vermeidung von Kriegen, das sich auf das Vetorecht der Ständigen Mitglieder im UN-Sicherheitsrat gründet, in sich zusammenfallen, wenn eines dieser Ständigen Mitglieder einen Krieg beginnt, eine Nuklearmacht, die dem Sinn des Systems nach ein Garant des Friedens sein sollte. Beispiele ließen sich endlos fortsetzen, sie würden jedes Mal aufs Neue die tiefe, systemimmanente Krise der internationalen Beziehungen verdeutlichen.

Krieg ist schrecklich. Und wahrscheinlich darf man nicht versuchen, irgendetwas Gutes an ihm zu finden. Aber wenn man es dürfte, dann würde ich sagen: Eine positive Folge von Putins militärischer Aggression gegen die Ukraine könnte der Beginn einer internationalen Reflexion sein, des Nachdenkens über die Lehren dieses grausamen Krieges. Es könnte, es müsste zu einer Reform des Systems der kollektiven Sicherheit und der internationalen Zusammenarbeit führen, und diese Reform müsste eine grundlegende Tatsache berücksichtigen, die immer noch ignoriert wird: die unübersehbare Tatsache, dass nicht jeder Staat automatisch ein vertrauenswürdiger, gutwilliger Akteur ist, der sich an die Spielregeln hält. Staaten versuchen vielmehr sehr oft, Regeln zu brechen oder zu umgehen oder sie gegen den Sinn des Spieles für ihre eigenen Interessen auszulegen.

Wenn wir diese Erkenntnis beherzigen, werden wir in eine andere Zukunft blicken können, in der Diktatoren nicht mehr ein so leichtes Spiel haben. Dann, ich bin sicher, wird ein demokratisches Russland in der neuen Nachkriegswelt seinen Platz finden können, einen würdigen Platz, an dem es zum Aufblühen des gesamten europäischen Kontinents beiträgt.

Aber ich möchte auch gern daran glauben, dass die Welt insgesamt eine andere sein wird. Dazu gehört, das System der internationalen Beziehungen so umzugestalten, dass eine jahrelange ungestrafte Missachtung geltender Regeln nicht mehr geduldet wird. Es muss einem neuen Putin unmöglich gemacht werden, in gleich welchem Land der Erde Fuß zu fassen. Eine wesentliche Voraussetzung für die Entwicklungen in Russland war die Gewissheit der Mächtigen, für ihre Machenschaften niemals zur Verantwortung gezogen zu werden. Jahrzehntelang konnten sie sämtliche Regeln des Rechts und der Menschlichkeit ignorieren, weil sie wussten, dass sie ungestraft davonkommen. Das dürfen wir nicht länger zulassen. Diese Lektion müssen wir alle gemeinsam lernen.

Wie hat sich die russische Gesellschaft verändert?

Im Februar 2023, am ersten Jahrestag des Einmarsches russischer Truppen in die Ukraine, übergab Alexei Nawalny seinen Rechtsanwälten eine politische Stellungnahme, die umgehend in seinen sozialen Netzwerken publiziert wurde. In 15 Einzelpunkten erklärte er klipp und klar, dass jeder vernunftbegabte russische Bürger, dem sein Land am Herzen liege, sich nichts anderes wünschen könne als die totale Niederlage von Putins Armee. Nawalny forderte den sofortigen Abzug der russischen Truppen, die Wiedereinsetzung der vollständigen Souveränität der Ukraine über ihr gesamtes Territorium in den international anerkannten Grenzen von 1991 – also auch über die Krim – sowie die Zahlung von Reparationen für den durch den verbrecherischen Überfall verursachten Schaden. Nur unter diesen Bedingungen, so Nawalny, werde Russland jemals wieder Aussicht auf eine Zukunft haben.

In der Ukraine und im Westen wurde die Erklärung mit großer Befriedigung aufgenommen, hatten doch viele Menschen immer noch der von Putin verbreiteten Propaganda geglaubt, Nawalny sei in Wahrheit ein Imperialist, unterstütze die Annexion der Krim usw. Dieses Narrativ hielt sich hartnäckig und wurde vor allem von Putins vielen kleinen Freunden, seinen nützlichen Idioten, eifrig verbreitet.

Gleichzeitig stellten sich der westlichen Öffentlichkeit doch einige Fragen. Wo sind denn nun die vernunftbegabten Russen, von denen Alexei Nawalny da spricht? Warum sieht man so gar nichts von ihnen? Wie steht es tatsächlich um die öffentliche Meinung in Russland, was denken die Menschen wirklich? Und was hat sich im Laufe eines Jahres in ihren Ansichten möglicherweise verändert? Woran soll man solche Veränderungen festmachen? Welche sichtbaren Anzeichen gibt es dafür? Schließlich sehen wir keine Massenproteste, wir sehen keinen aktiven Widerstand gegen Putin, keine Umsturzversuche oder Ähnliches vonseiten der Zivilgesellschaft. Die russische Gesellschaft scheint doch im Grunde eher einverstanden mit dem, was dort geschieht.

Das sind einige der Fragen, die die Welt sich – und den Russen – nach dem ersten Jahr des blutigsten Krieges auf europäischem Boden seit 1945 stellte. Vielleicht umso dringlicher, da Putins Plan eines »Blitzkrieges« gescheitert war, da die rasche Überrumpelung und Okkupation der gesamten Ukraine, von der er offenbar geträumt hatte, misslungen war und seine kleine »militärische Spezialoperation« sich in einen zermürbenden und verlustreichen Stellungskrieg verwandelt hatte. Angesichts dieser Situation kann niemand vorhersagen, was noch folgen wird, welche Pläne Putin in Zukunft ausbrüten wird, niemand weiß, wie die russische Gesellschaft auf diese fatale Entwicklung, auf dieses Scheitern reagieren wird.

An früherer Stelle haben wir darüber gesprochen, wie schwierig es aktuell ist, in Russland realistische Meinungsforschung zu betreiben. Die Menschen haben Angst, ehrlich zu antworten. Seit Beginn des Krieges wurden weitere repressive Gesetze verabschiedet, die jegliche kritische Äußerung über Putins Krieg kriminalisieren und mit drastischen Strafen belegen. Die Verbreitung von »Falschinformationen«, die »Diffamierung« der »Spezialoperation« oder der daran beteiligten Soldaten sehen Gefängnisstrafen von bis zu 15 Jahren vor. Und diese Drohung ist sehr real, viele bekannte oppositionelle Stimmen wurden auf diese Art zum Schweigen gebracht. Aber nicht nur Prominente landeten hinter Gittern, auch viele ganz unbekannte, einfache Bürger und Bürgerinnen hatten es gewagt, ihre Stimme zu erheben, und wanderten dafür in die Gefängnisse und Straflager.

Dass aktive Politiker verfolgt und verhaftet und zu langen Haftstrafen verurteilt wurden, daran hatten wir uns im Lauf der Jahre halbwegs gewöhnt. Als im Dezember 2022 der prominente Moskauer Oppositionspolitiker Ilja Jaschin zu acht Jahren Freiheitsstrafe verurteilt wurde – er hatte auf seinem YouTube-Kanal einen Stream über die Kriegsverbrechen der russischen Armee in Butscha verlinkt und überhaupt die Dinge beim Namen genannt –, war ehrlich gesagt niemand wirklich überrascht oder gar schockiert. Aber als das Urteil im Prozess gegen den ehemaligen Moskauer Polizisten Sergej Klokow verkündet wurde – sieben Jahre Freiheitsentzug –, waren wir einfach nur fassungslos.

Klokow ist kein Oppositioneller, er hatte sich lediglich in einem privaten Telefongespräch mit einem ehemaligen Kollegen kritisch über die »Spezialoperation« geäußert. Das Gespräch fand statt, nachdem er aus dem Polizeidienst ausgeschieden war, weil er die russische Militäraktion weder direkt noch indirekt unterstützen wollte. Dabei spielte sicherlich eine Rolle, dass er aus der Ukraine stammte, aus Irpin bei Kiew. Diese Unbotmäßigkeit war für den FSB Grund genug, sein Telefon abzuhören, und dieses Telefonat wiederum war Grund genug, ein Strafverfahren wegen öffentlicher Diffamierung der russischen Armee und Verbreitung von Falschinformationen gegen ihn einzuleiten.

Nun wird man sich fragen, wie in einem privaten Telefongespräch eine öffentliche Diffamierung stattfinden kann. Um angeklagt werden zu können, muss die Öffentlichkeit beteiligt sein, irgendjemand muss die geäußerten Informationen oder Meinungen zu hören bekommen haben. Im Fall von Sergej

Klokow stellte der Mitarbeiter des FSB, der das Telefongespräch abhörte, diese Öffentlichkeit dar. Dass Klokow von diesem Vorgehen gar nichts wusste, spielte für das Gericht keine Rolle.

Das ist kein Einzelfall, es gab es Hunderte vergleichbarer Fälle, und wie man sich vorstellen kann, blieb die russische Gesellschaft davon nicht unberührt. Diese so absurde wie rechtswidrige Praxis hat in viel größerem Maße eine Atmosphäre des Terrors und der Einschüchterung erzeugt als die öffentliche Verfolgung bekannter politischer Führer. Denn während die »einfachen« Bürger bislang geglaubt hatten, ihnen könne nichts passieren, wenn sie nur nicht zu vorlaut wären und sich nicht politisch betätigten, wurde ihnen nun bewusst, dass es jeden erwischen kann, dafür genügt schon ein einziges unbedachtes Wort. So wurde die russische Gesellschaft zum Schweigen gebracht.

Eine aussagefähige Meinungsforschung lässt sich so natürlich nur sehr schwer betreiben. Wie also geht man vor? Unsere übliche Methode ist die telefonische Umfrage. Wir rufen die Menschen an und stellen ihnen Fragen. Nun ist der Person am anderen Ende der Leitung zweifellos bewusst, dass eine »falsche« Antwort sie vielleicht für 15 Jahre hinter Gitter bringen kann, und sie wird entsprechend vorsichtig sein. Würde man direkt fragen: »Unterstützen Sie die Spezialoperation?« oder »Wie stehen Sie zu Wladimir Putin?«, bekäme man niemals realistisch verwertbare Resultate. Wenn die Menschen auf solche Fragen überhaupt reagieren, dann selten offen und ehrlich, sie werden vielmehr irgendetwas sagen, das sie für unbedenklich halten, und damit wird die gesamte Umfrage unbrauchbar.

Wir haben lange darüber diskutiert, ob man unter den gegebenen Bedingungen überhaupt noch sinnvoll Umfragen in Russland durchführen kann, und uns dafür entschieden, weiterzumachen, aber unsere Methodik anzupassen.

Wir halten uns an folgende Grundsätze: Wir stellen erstens nur indirekte Fragen, die über einen Umweg Rückschlüsse auf die wahre Haltung der Befragten zulassen, und wir räumen zweitens immer die Möglichkeit ein, unbequeme Fragen gar nicht zu beantworten. Wir arbeiten drittens bei der Auswertung nicht mehr mit absoluten Zahlen, sondern ermitteln den Trend.

Wie funktioniert das? Folgendermaßen: Wir wissen ja nie, wie viele Menschen sich auf eine Befragung überhaupt einlassen. Wir haben etwa festgestellt, dass nach Beginn des Krieges die Zahl derjenigen, die zur Teilnahme bereit waren, drastisch zurückging. Wenn vorher 20 Prozent der Angerufenen antworteten, waren es jetzt nur noch 6 bis 7 Prozent. Also zwei von drei Personen, die vor dem Krieg einem unbekannten Anrufer Fragen beantworten mochten, waren jetzt nicht mehr dazu bereit. Dieser Umstand birgt ein erhebliches Potenzial, das Ergebnis zu verzerren, weil nun einmal nur solche Menschen überhaupt bereit sind, am Telefon mit einem Unbekannten über politische Themen zu sprechen, die weniger Angst haben als andere. Aber wenn man jeden Monat die gleichen Fragen stellt, kann man darauf hoffen, dass diese Verzerrung von immer gleicher Art ist und dass sich aus den Antworten ein bestimmter Trend ableiten lässt.

In unserem konkreten Fragenkatalog heißt es zum Beispiel: »Stellen Sie sich vor, im russischen Staatshaushalt würden zusätzliche Mittel zur Verfügung gestellt, etwa durch den Mehrverkauf von Energie. Wie würden Sie diese Mittel einsetzen? Was wäre Ihrer Meinung nach die bestmögliche Verwendung?« Natürlich zielt die Frage konkret auf die Bereitschaft zur Unterstützung des Krieges gegen die Ukraine, aber eben in indirekter Form, in Gestalt der Frage, ob eine Person Geld für militärische Zwecke ausgeben würde, wenn sie darüber zu entscheiden hätte.

In der Ukraine wurde nach 2014 die Einkommensteuer um 1,5 Prozentpunkte erhöht, um die Armee besser auszurüsten. Die Verwendung dieser Mittel war für alle augenfällig, die ukrainischen Streitkräfte im Jahr 2022 waren vollkommen anders aufgestellt als 2014. Wir hingegen stellten den Menschen am Telefon eine rein fiktive Frage, die nicht einmal den privaten Geldbeutel im Visier hatte. Trotzdem antworteten weniger als 10 Prozent der Russinnen und Russen, dass dieses überschüssige Geld aus dem Staatsbudget vorzugsweise für militärische Zwecke verwendet werden sollte. Die übrigen präferierten Investitionen in das Gesundheitssystem, in Bildung, den Straßenbau oder die Renten, nicht aber in den Krieg.

Das ist bemerkenswert, denn die befragten Menschen werden seit Jahren von Putins Propaganda dauerbestrahlt. Diese Propaganda macht nichts anderes, als ihnen Tag für Tag, Stunde für Stunde einzureden, dass Russland sich im Krieg gegen die gesamte NATO befindet. Nicht nur gegen die Ukraine! Würden wir nur gegen die Ukraine kämpfen, wäre die »Spezialoperation« nach drei Tagen erledigt gewesen. Aber nein, es hat sich gezeigt, dass wir gegen die ganze NATO kämpfen müssen, und in diesem Kampf geht es um die Existenz Russlands, des russischen Volkes, deshalb – so die Propaganda – muss jeder russische Bürger und jede russische Bürgerin bereit sein, alles zu geben für den Sieg. So wie im Zweiten Weltkrieg. Aber jetzt zeigte sich plötzlich: Obwohl den Menschen praktisch rund um die Uhr die schrecklichsten Horrorszenarien einer Bedrohung durch die NATO vorgeführt werden, sind sie keineswegs überzeugte Kriegsbefürworter geworden. Sie sind nicht bereit, staatliches Geld für den Krieg auszugeben, so wenig glauben sie an diese Bedrohung.

Eine weitere unserer Fragen lautet: »Sind Sie der Ansicht, dass die militärische Spezialoperation planmäßig verläuft?« Was ist der Hintergrund dieser Frage? Zunächst einmal: Was soll das heißen: planmäßig? Es ist vollkommen klar, dass es ursprünglich gar keinen wirklichen Plan gab. Putin begann diesen Krieg mit einer Handvoll vager, um nicht zu sagen wirrer Schlagwörter wie »Entnazifizierung« und »Demilitarisierung« der Ukraine und machte sich gar nicht erst die Mühe, die Bedeutung dieser Begriffe näher zu erläutern. Vor seinem inneren Auge standen nur ein erfolgreicher Blitzkrieg und die darauf folgenden großen politischen Triumphe. Aber als der Blitzkrieg misslang, war – logische Folge aus dem Fehlen eines »Plan A« – sein »Plan B« nur das große Schweigen.

Dies ist gleichsam das Signet russischer Politik im Jahr 2022. In diesem Jahr sagte Putin zum ersten Mal im Verlauf seiner Regierungszeit die große jährliche Pressekonferenz ab, auf der er sonst live im Studio drei, vier Stunden lang in selbstgefälliger Souveränität Fragen von Journalisten beantwortet, virtuos mit Zahlen jongliert und seine Beschlagenheit in allen Wissensfeldern demonstriert, kurz, dem Land zeigt, dass nur er genau weiß, wie Russland eigentlich funktioniert. Auch seine Rede vor der Föderationsversammlung sagte Putin ab, zu der er laut Verfassung verpflichtet ist. Dass Putin sich um das rechtliche Fundament der Russischen Föderation nicht weiter schert, ist nichts Neues. Aber diese Absage war ein deutliches Indiz dafür, dass Putin schlicht nichts zu sagen hatte.

Abgesagt wurde auch die populäre Sendung »Der direkte Draht«, in der er regelmäßig den Kontakt zum einfachen Bürger sucht, eine Art Fragestunde, in der sich die Leute per Telefon direkt an ihren Präsidenten wenden können. 2022 fand keine dieser wichtigen und bei Putin selbst gewöhnlich sehr beliebten Veranstaltungen statt. Allein das demonstriert überdeutlich, dass die russische Regierung völlig unvorbereitet auf die Ereignisse war, dass nichts »nach Plan« lief. Die Staatspropaganda zeichnete natürlich ein anderes Bild: Putin hat alles unter Kontrolle, natürlich läuft alles wie vorgesehen, niemand muss sich Sorgen machen, die Bürger haben nichts zu befürchten.

Im Sommer 2022 waren etwa 40 Prozent der Bürger, die auf unsere Fragen antworteten, tatsächlich der Meinung, es laufe alles wie geplant. Die übrigen 60 Prozent wählten andere Antwortmöglichkeiten, manche sagten zum Beispiel, es sei noch zu früh, das zu beurteilen, andere sagten auch, sie seien nicht der Meinung, es laufe alles nach Plan, fast die Hälfte der Befragten aber sagte, sie wollten sich dazu lieber nicht äußern. Im Winter 2022/23 dann war die Zahl derjenigen, die der Meinung waren, die Spezialoperation verlaufe nach Plan, auf gerade einmal 15 Prozent gesunken, nur noch jeder Siebte glaubte somit an den Erfolg der Aktion. Gestiegen war die Zahl derjenigen, die offen sagten, es laufe nicht nach Plan, leicht gesunken der Anteil derjenigen, die auf diese Frage nicht antworten wollten. Offenbar hatten die Leute jetzt schon nicht mehr so viel Angst, auf unsere Fragen zu antworten.

Was lässt sich daraus schließen? Wenn nur noch jeder Siebte der Meinung ist, es laufe alles nach Plan, heißt das natürlich noch lange nicht, dass die anderen gegen Putin eingestellt wären oder gar erklärte Anhänger von Oppositionellen. Es bedeutet jedoch, dass der Einfluss der Propaganda schwächer geworden ist. Wenn 85 Prozent der Bevölkerung nicht mehr fraglos dem offiziellen staatlichen Narrativ von der erfolgreichen »Spezialoperation« unter der vollen Kontrolle Präsident Putins folgen, dann heißt das für uns, dass dort ein Raum entstanden ist, um mit diesen Menschen ins Gespräch zu kommen.

Wir suchten nach den Ursachen dafür. Hatte ein bestimmtes Erlebnis, ein tiefer Vertrauensbruch diesen Bewusstseinswandel ausgelöst? In der Tat. Es war die Ankündigung der Mobilmachung im September 2022, vom Kreml in trügerischer Bescheidenheit »Teilmobilmachung« genannt, womit man den wahren Umfang der Katastrophe zu tarnen versuchte. Dies war ein echter Schock für die russische Bevölkerung, ein viel größerer Schock als der Beginn des Krieges selbst.

Ich erinnere an den ungeschriebenen Vertrag, den Putin im Jahr 2000 mit der russischen Bevölkerung geschlossen hat: Ihr, die Bürger und Bürgerinnen, erklärt euch bereit, euch aus der Politik rauszuhalten, im Gegenzug werde ich, Wladimir Putin, dafür sorgen, dass sich euer Lebensstandard verbessert. Die Menschen haben sich an diese Abmachung gehalten, sie ließen Putin in Ruhe regieren, stellten keine unangenehmen Fragen, dafür ließ Putin sie in Ruhe ihren Alltag genießen. Im Februar 2022 wollte er diesen ungeschriebenen Vertrag nicht einseitig aufheben, genau aus diesem Grund hat er das Wort »Krieg« nie in den Mund genommen, sondern immer nur diesen seltsamen Ausdruck »militärische Spezialoperation« gebraucht. Das sollte den Leuten zu verstehen geben, hört zu, Freunde, euer Leben geht weiter wie bisher, nur dass gerade irgendwo weit weg speziell dazu ausgebildete Männer eine kleine Operation durchführen. Anfangs hat das auch gut funktioniert. Die Propaganda half den Leuten nach Kräften, die Realität auszublenden, nichts Unangenehmes an sich heranzulassen, die grausame Wahrheit zu ignorieren. Man musste nur einfach den Krieg nicht Krieg nennen.

Natürlich hatte das nicht bei allen den gewünschten Effekt. Hundertausende Russen verließen ihr Land, vor allem junge, gut ausgebildete Menschen. Dieser Exodus ist zweifellos ein schmerzhafter Verlust für Russland, für seine Wirtschaft, für seine Zukunft.

Aber die große Masse der Russen hielt sich weiterhin an die Abmachung, sie taten so, als gäbe es keinen Krieg, einfach weil es sich so einfacher leben ließ. Würden sie sich jeden Tag vor Augen halten, dass in ihrem Namen schreckliche Kriegsverbrechen begangen werden, Plünderungen, Raubüberfälle, Vergewaltigungen, dass die zivile Infrastruktur eines friedlichen Landes vernichtet und unschuldige Zivilisten getötet werden, dann müssten sie ja irgendwann verrückt werden. Und das will schließlich niemand.

Diese Spielregeln galten vom Februar bis September 2022. Dann endete der langjährige Vertrag zwischen Putin und der russischen Gesellschaft. Wladimir Putin selbst hatte ihn gebrochen. Denn jetzt kam der Krieg in jedes Haus, konnte an jede Tür klopfen, um die Ehemänner zu holen, die Söhne, Väter und Brüder. Das war der Moment, da die russische Gesellschaft anfing, sich zu verändern.

Wer in der Woche nach Ankündigung der Teilmobilmachung in der russischen Standard-Suchmaschine Yandex nach den aktuell besonders häufig aufgerufenen Suchbegriffen schaute, konnte feststellen, dass die Frage »Wann ist die nächste Präsidentenwahl in Russland« zehnmal häufiger eingegeben wurde als zuvor. Man hätte am liebsten nur bitter auflachen und fragen wollen, Leute, wo wart ihr denn die letzten 20 Jahre? Die Frage kommt ein bisschen spät, ihr hättet sie vor 15 Jahren stellen sollen, spätestens 2008, meinetwegen auch noch 2011, da hätte man vielleicht mit Wahlen noch etwas verändern können. Aber jetzt, im Jahr 2022, ist es vorbei mit echten Wahlen, Putin hat die russische Verfassung ganz auf sich zugeschnitten und kontrolliert längst das gesamte politische System, und niemand hat ihn daran gehindert. Aus eurer Frage spricht nichts als totale Naivität angesichts der politischen Wirklichkeit.

Das hätten wir sagen können, aber wir sagten und sagen es nicht. Denn es kommt darauf an, dass diese einfachen Russen, die als schweigende, apathische Mehrheit von politischer Teilhabe ausgeschlossen waren, die zufrieden waren mit jenem Gesellschaftsvertrag, der ihnen erlaubte, gutes Geld zu verdienen und einmal im Jahr nach Antalya oder anderswohin günstig in Urlaub zu fahren, dass diese Menschen jetzt endlich anfangen, Fragen zu stellen. Gut, 15 Jahre zu spät, aber immerhin. Jetzt stellen sie sie. Und das bedeutet, dass die verantwortlichen russischen Politiker diesen Fragen nicht mehr ausweichen können, dass sie endlich Antworten darauf geben müssen.

Nawalny

Am 24. Januar 2023 fand nahe dem Brandenburger Tor eine ungewöhnliche Installation statt. Auf der Straße Unter den Linden, auf dem Mittelstreifen direkt gegenüber der russischen Botschaft, die seit Sowjetzeiten einen ganzen Häuserblock im alten Zentrum Berlins einnimmt, wurde eine Art Box platziert, mit einer Grundfläche von zwei mal drei Metern hatte sie etwa die Größe eines Frachtcontainers. An den Seiten dieser seltsamen Kiste stand in großen Buchstaben »ШИЗО«. Es handelte sich um die exakte Kopie der Arrestzelle in einem russischen Straflager – »Strafisolator« genannt –, in der Alexei Nawalny seit August 2022 den größten Teil seiner Haftzeit verbringt.

Diese Isolierzelle ist die schlimmste Art der Bestrafung, die ein russisches Gefängnis zu bieten hat. Sie steht ganz am Ende einer Hierarchie von möglichen Disziplinierungsmaßnahmen. Wenn ein Häftling immer wieder gegen die Gefängnisordnung verstößt, also zum Beispiel Drogen oder ein Handy einschmuggelt, wenn er sich wiederholt mit seinen Mithäftlingen prügelt oder die Arbeit boykottiert, dann kann er aus dem regulären Vollzug in den verschärften Vollzug überstellt werden. Wenn das nicht wirkt und er sich weiterhin aufsässig verhält, bringt man ihn in einen zellenartigen Raum, in dem er die Nacht in Einzelhaft verbringt. Tagsüber darf er sich mit den anderen Häftlingen in den normalen Baracken aufhalten. Und wenn das immer noch nicht genügt, gibt es die allerstrengste Form der Bestrafung, dann kommt er in den »Strafisolator«. Diese Arrestzelle ist ein winziger Kasten mit sieben Quadratmetern

Grundfläche, in dem sich nichts weiter befindet als ein sehr kleiner Tisch, ein einfacher Hocker ohne Lehne, eine schmale Pritsche und ein Abtritt zum Verrichten der Notdurft. Die Pritsche wird von sechs Uhr morgens bis zehn Uhr abends hochgeklappt, sodass der Häftling außer in den acht Stunden der vorgeschriebenen Nachtruhe keine Möglichkeit zum Ausruhen hat. Im Strafisolator darf ein Delinquent maximal 15 Tage am Stück bleiben.

Bis zum Herbst 2023, da ich dies niederschreibe, wurde Alexei Nawalny bereits 22 Mal dieser Form der Bestrafung unterzogen, mehrfach auch ohne Unterbrechung direkt nacheinander. Das heißt, er hat insgesamt mehr als 200 Tage in dieser Folterkiste verbracht. Das ist ein absoluter Rekord für alle russischen Gefängnisse. Und die Gründe für diese Maßnahme waren nicht etwa bewaffnete Meuterei oder versuchter Aufruhr gegen das Personal, sondern so schwerwiegende Verstöße gegen die Gefängnisordnung wie ein offen stehender Kragenknopf, den Alexei nicht zubekommt, weil die Knastmontur, die man ihm gegeben hat, ein paar Nummern zu klein ist.

Für uns, die wir mit Sorge und Schmerz verfolgen, was dort mit Alexei Nawalny geschieht, besteht kein Zweifel, dass der Befehl zu diesen unmenschlichen Schikanen direkt aus Moskau kommt. Die Mitarbeiter der Strafkolonie machen im Grunde auch gar keinen Hehl daraus. Wenn man sie fragt, rucken sie nur vielsagend mit dem Kopf oder deuten nach oben, Richtung Himmel.

Aber das ist ohnedies klar. Für Russlands politischen Gefangenen Nr. 1 kann niemand anderer als der Chef des Kremls die Haftbedingungen bestimmen. Vor dem August 2022 waren diese, gemessen an den »normalen« Verhältnissen in russischen Gefängnissen, noch als relativ erträglich zu bezeichnen. Danach jedoch begannen sie sich für Alexei Nawalny dramatisch zu verschlechtern. Innerhalb weniger Wochen durchlief er die gesamte Bestrafungshierarchie, wofür ein gewöhnlicher Häftling in der Regel mehrere Jahre braucht – vom regulären über den verschärften Vollzug und die Einzelhaft bis in den Strafisolator. Dazu kam an weiteren Strafmaßnahmen alles, was möglich ist: Der Kontakt mit seiner Familie wurde praktisch vollkommen unterbunden, seit Juli 2022 hat er seine Angehörigen noch nicht einmal gesehen. Auch der Verkehr mit seinen Rechtsanwälten wurde eingeschränkt, desgleichen die Möglichkeit, Briefe zu schreiben oder zu empfangen: Hatte man ihm anfangs für ganze anderthalb Stunden am Tag einen Stift zur Verfügung gestellt, mit dem er die Briefe seiner Verwandten, Freunde und Kollegen beantworten konnte – ohnehin die einzige Verbindung zur Außenwelt –, nimmt man ihm sein Schreibgerät jetzt nach 35 Minuten wieder ab. Nicht mehr gestattet sind Versorgungspakete oder der private Einkauf von Lebensmitteln im Gefängnisladen. Angesichts der unbeschreiblich schlechten Qualität der Gefängniskost ist diese Maßnahme allein schon eine harte Belastungsprobe, eine echte Quälerei. Kurz, man unternimmt alles nur Denkbare, um den Druck auf Alexei Nawalny maximal zu verstärken.

Ein normaler Mensch in Freiheit kann sich das alles nicht vorstellen. So entstand unsere Idee, diesen Strafisolator nachzubauen und mit ihm durch europäische Städte zu reisen, damit die Leute mit eigenen Augen sehen können, unter welchen Bedingungen Nawalny leben muss. Man kann in die Zelle hineingehen, verbringt fünf Minuten darin und spürt am eigenen Leib, wie sich das anfühlt. Und dann kann man versuchen, sich vorzustellen, wie es ist, dort drei oder vielleicht fünf Jahre eingesperrt zu sein.

Von Berlin ging die Installation weiter nach Paris, dann nach Düsseldorf, Den Haag, nach Prag, Brüssel, Genf und in andere Städte. Zahlreiche Menschen kamen, um sich den Strafisolator anzusehen, viele Journalisten und Politikerinnen, sie betraten die Kiste, nahmen auf dem Hocker Platz und schauten die nackten grauen Wände an. Dort hatten wir Lautsprecher installiert, aus denen allerdings keine unterhaltsame Radiosendung erklang, sondern nur eine monotone Stimme, die in Endlosschleife die Gefängnisordnung verlas. Genauso funktionieren, Nawalnys Briefen zufolge, auch die Lautsprecher in seiner tatsächlichen Strafzelle.

Wer einige Minuten in dieser Zelle verbracht hatte, stellte uns anschließend die immer gleichen Fragen: Wie können wir Ihnen helfen? Und warum nur ist er nach Russland zurückgegangen, wenn er doch wusste, dass ihn dort so etwas erwartet?

Ja, wie kann man Alexei Nawalny helfen? Helfen kann man ihm nur auf eine Art – indem man Wladimir Putin besiegt. Die Haftstrafe für Alexei Nawalny bedeutet faktisch ein Lebenslänglich. Die Frage ist nur: Nach der Länge von wessen Leben bemisst sie sich? Nach dem Leben Nawalnys oder dem Leben Putins?

Das war schon im Januar 2021 offensichtlich, als man Alexei Nawalny gleich bei seiner Ankunft in Russland verhaftet hatte. Putins Richter verurteilten ihn zunächst zu zwei Jahren Freiheitsentzug, später, in einem zweiten Prozess, der direkt in der Strafkolonie stattfand, zu weiteren neun Jahren. Dieser Prozess begann übrigens genau am 24. Februar 2022, was sicher kein Zufall ist. Dass sich ein Gericht in eine Strafkolonie begibt, um ein Strafverfahren durchzuführen, das hatte es in der Geschichte Russlands bis dato noch nicht gegeben. Man kann also mit Sicherheit davon ausgehen, dass dieses besondere Verfahren maßgeschneidert war, speziell für die Causa Nawalny. Und genauso sicher ist, dass die Entscheidung dafür nur von einer Person getroffen werden konnte, von dem, dessen persönlicher Gefangener Alexei Nawalny ist. Derselbe, der die Entscheidung getroffen hat, in die Ukraine einzumarschieren, und der genau wusste, an welchem Tag das geschehen sollte.

Im Juni 2023 kam es erneut zu einem Prozess gegen Nawalny, und wieder fand er in der Strafkolonie statt. Doch dieser Prozess unterschied sich in einem wesentlichen Punkt von allen vorherigen. Bisher hatte sich der Kreml bemüht, Nawalny als einen gewöhnlichen Gauner darzustellen. Man gab sich objektiv, als wollte man sagen: Wir haben ja gar nichts gegen Nawalny persönlich, und soll er doch seine politische Haltung haben, wir sind ja ein freies Land, jeder kann sich bei uns politisch betätigen, so viel und wie er will. Aber fatalerweise sind es immer nur Gauner und Kriminelle, die oppositionelle Politik betreiben! Der hier zum Beispiel, der hat doch glatt einen ganzen Wald geklaut! So lautete die Darstellung der Kreml-Medien zum sogenannten KirowLes-Prozess im Jahr 2013. Und dann bestiehlt er auch noch die Post, hieß es weiter in den staatstreuen Medien über den Fall Yves Rocher im Jahr 2014. Und jetzt hat er sogar zahllose einfache Bürger bestohlen, hat sie um ihre Spendengelder betrogen! So tobten die Kreml-Medien 2022, als Nawalny angeklagt wurde, zur Unterstützung der Antikorruptionsstiftung gespendetes Geld für private Zwecke unterschlagen zu haben. Unter dem Druck der Untersuchungsrichter hatten vier von etwa 160 000 Personen, die während der zwölf Jahre ihrer Tätigkeit der Stiftung Geld gespendet hatten, ausgesagt, sie fühlten sich betrogen und seien nicht einverstanden mit der Verwendung ihrer Spenden. In diesem Prozess wurde Nawalny noch einmal zu neun Jahren Freiheitsentzug verurteilt.

Diese Linie – »Er ist ja nur ein schäbiger Krimineller, wir haben nichts gegen ihn persönlich« – war die Strategie des Kremls bis zum Sommer 2023. Der neue Prozess im Juni dieses Jahres jedoch war ein rein politisch motiviertes Verfahren. Alexei Nawalny, Iwan Schdanow, Geschäftsführer der Antikorruptionsstiftung, und meine Person wurden angeklagt des permanenten Verstoßes gegen die russische Verfassung mit dem

Ziel, die Regierung der Russischen Föderation zu stürzen. Grundlage dieser Anklage war unsere gesamte öffentliche politische Tätigkeit seit dem Jahr 2011: angefangen bei der Gründung der Antikorruptionsstiftung über den Wahlkampf bei den Bürgermeisterwahlen von Moskau 2013 und die versuchte Kandidatur Alexei Nawalnys bei den Präsidentschaftswahlen 2018 über die Antikorruptionsermittlungen und das Netz der Nawalny-Stäbe, das wir in den Jahren 2017 bis 2021 aufgebaut haben, bis zu unserem Smart-voting-Projekt bei den Wahlen zu den Regionalparlamenten. All dies, formuliert und verlesen in der bürokratischen Sprache juristischer Schriftstücke, wurde als extremistische Tätigkeit ausgelegt, die nur darauf abzielte, einen Umsturz herbeizuführen. Auf 3828 eng beschriebene Seiten in 196 Ordnern der Strafprozessakte gebündelt, war es die Grundlage für 19 Jahre Freiheitsentzug, diesmal in einer Strafkolonie des Sonderregimes.

So durchläuft die russische Geschichte eine weitere Runde in der traurigen Spirale der Repressionen, die mit den berüchtigten Schauprozessen Anfang der 1930er-Jahre begann, als politische Gegner Stalins allein wegen ihrer politischen Haltung und Tätigkeit reihenweise abgeurteilt und erschossen wurden – der Auftakt zum gigantischen Massenterror der Jahre 1937/38, dem Millionen von Menschen zum Opfer fielen.

Im Russland des Jahres 2023 gibt es noch keinen politischen Massenterror. Die Zahl der politisch Verfolgten ist inzwischen vierstellig, aber noch müssen die vielen Millionen gegen Putin eingestellten Russen, einschließlich derer, die sich immer noch ihre Meinung zu äußern trauen, nicht um ihr Leben fürchten. Aber die großen politischen Prozesse gegen Nawalny und die Antikorruptionsstiftung, die neue Linie der »Extremismusbekämpfung«, zeigen deutlich, dass Putin im Begriff ist, die letzte Stufe zu nehmen, auf der dann Massenrepressionen folgen.

Ein Schlüsselelement in den stalinschen Prozessen der

1930er-Jahre war die Reue der Angeklagten. Bevor ein Delinquent erschossen wurde, sollte er seine Verbrechen gestehen und öffentlich seine Liebe zum Großen Bruder erklären. Erschossen wurde er natürlich trotzdem. George Orwells genialer Roman »1984« war keine Science-Fiction-Story, sondern beschrieb die Wirklichkeit wahrheitsgetreu und in allen Einzelheiten. Stalins Schergen zielten darauf ab, die Menschen vollständig zu brechen, sie seelisch zu zerstören, um sie so zum Schuldgeständnis zu bringen, zum Zweck einer wozu auch immer gewünschten oder benötigten Scheinlegitimität.

Nach dem gleichen Muster geht man nun im Fall von Alexei Nawalny vor. Aus dem Kreml erhielten seine Kerkermeister den Befehl: Tut alles, was man tun kann, um ihn psychisch zu ruinieren. Direkte körperliche Gewaltanwendung ist nicht erlaubt, alles andere darf man. Jede Art von seelischem Druck, sämtliche Varianten von psychologischer Gewalt, alles, was dem Ziel dient, ihn psychisch zu zerrütten und zu brechen, soll angewendet werden, auch die bizarrsten Methoden. So sperrt man zum Beispiel einen vollkommen verwahrlosten Menschen zu ihm in die Zelle, dessen Ausdünstungen die ohnehin schon unterirdische Qualität der Luft noch einmal um Grade verschlechtern. Oder man legt in die unmittelbar benachbarte Zelle einen psychisch schwer kranken Häftling, der ununterbrochen schreit und jammert, den ganzen Tag und die ganze Nacht über. Oder man gestattet Nawalny – was selten genug vorkommt –, sich anständiges Essen im Gefängnisladen zu kaufen, aber in dem Moment, da er es ausgehändigt bekommen soll, wird er aus irgendeinem absurden Anlass wieder in den Strafisolator geschickt, wohin man kein privates Essen mitnehmen darf. Man bringt ihm die gekauften Lebensmittel, zeigt sie ihm und vernichtet sie vor seinen Augen.

Doch Alexei bricht nicht zusammen. Wir, seine Kollegen und Freunde, wissen darüber gut Bescheid, wir halten Verbindung mit ihm, so gut es geht – über seine Anwälte, während der Verhandlungen, über den zwar zensierten, aber noch möglichen Briefverkehr. Und wir sehen etwas vollkommen Bewunderungswürdiges: Trotz all dieser sich immer weiter verschärfenden Haftbedingungen, die man nicht anders als Folter nennen kann, bewahrt er sich einen schier unerschöpflichen Vorrat an Optimismus und mentaler Stärke. Ja, immer wieder ist gerade er es, der uns aufzumuntern und aufzubauen versucht, der uns hilft, bestimmte Probleme zu lösen und Konflikte beizulegen, der uns immer wieder wertvolle politische Ratschläge gibt. Und immer behält er einen absolut nüchternen Blick auf alles, was draußen geschieht, in Russland, der Ukraine und der Welt.

Ich bin vollkommen sicher, dass es Putins Schergen nicht gelingen wird, Alexei Nawalny zu brechen. Das ist ausgeschlossen. Allerdings ist seine Gesundheit einer großen Belastung ausgesetzt. Es ist noch nicht lange her, da hat er einen heimtückischen Giftanschlag nur knapp überlebt. Dessen Langzeitfolgen wurden noch nie untersucht aus dem einfachen Grund, weil es weltweit bisher kaum bekannte Fälle gibt. Aber allein die permanente Isolationshaft, das lange Eingesperrtsein in einer winzigen Zelle ohne Sonnenlicht und frische Luft, ohne anständige Ernährung, ohne die notwendigen Vitamine und Nährstoffe, ohne ausreichende Bewegung, das kann jede Gesundheit ruinieren.

Viele Menschen in Europa, die die Geschichte Nawalnys hören, die vielleicht den oscarprämierten Dokumentarfilm über sein Leben angeschaut haben, die unseren »Strafisolator« kennengelernt haben, halten Alexei Nawalny für einen Helden.

Und das stimmt, er ist tatsächlich ein Held. Aber vor allem ist und bleibt er die Verkörperung einer realen politischen Alternative zu Putins Regime. Mit seinem Beispiel zeigt er, dass es nicht stimmt, wenn man sagt, Russland sei historisch zur

Tyrannei verdammt. Heute, im Jahr 2023, da Nawalnys Team seine Arbeit nur noch vom Ausland aus fortsetzen kann, da die politische Opposition im Land mundtot gemacht wurde, da Russland einen brutalen und blutigen Krieg gegen die Ukraine führt, heute vergisst man leicht, dass noch vor wenigen Jahren ein Wandel durch Demokratie möglich und zum Greifen nah war. Bei den letzten Wahlen zu den regionalen und kommunalen Parlamenten der Russischen Föderation hatten die Kandidaten der Einerwahlkreise, die nicht für die Regierungspartei antraten, nichts zu bieten, was für sie sprach. Während sie durch die tristen Schlafbezirke zogen und um Stimmen warben, wurden sie allein durch die Nawalny-Stäbe unterstützt, die gleichsam ein Schild vor der Brust trugen, auf dem »Volksfeind« und »Verräter« stand. Und doch konnten diese praktisch namenlosen und mittellosen Kandidaten nicht etwa 5 Prozent, nicht 10 und auch nicht 15 Prozent der Menschen für sich gewinnen, sondern sie bekamen die Mehrheit der Wählerstimmen. Während die Kandidaten der Regierungspartei »Einiges Russland«, auf deren Brust »Ich bin ein großer Patriot und persönlicher Freund von Putin« prangte, bei den Wahlen durchfielen. So ging es in vielen Fällen im ganzen Land. Die ganz normalen Russen in den ganz normalen Städten gaben ihre Stimme lieber den von Nawalny unterstützten Kandidaten als den Vertretern der Putin-Partei.

Dieses Faktum widerlegt eindrücklich das Klischee von den Russen, die keine Demokratie wollen und nichts mit ihr anfangen können. Es erklärt zugleich den tiefen Hass, den Putin für Nawalny empfindet, dass Putin von Angst getrieben ist. Darüber hinaus zeigt es, dass man vor dem Russland nach Putin keine Angst haben muss. So wie schon einmal vor gut 30 Jahren, nach dem Zerfall der Sowjetunion, als von überallher Tausende junger Politiker auftauchten, die voller Energie und mit leuchtenden Augen von Tür zu Tür gingen oder handgeschriebene Zettel in die Hausflure klebten und auf diese Art Wahlen gewannen.

So wird es auch im Post-Putin-Russland wieder geschehen. Denn noch immer leben in diesem Russland Hunderttausende junger Aktivisten und werden dort bleiben, die weiterhin über die regionalen Nawalny-Stäbe miteinander vernetzt sind, und viele Millionen russischer Bürgerinnen und Bürger, die allen Zensurmaßnahmen im Internet und aller staatlichen Propaganda zum Trotz eben nicht Staatsfernsehen schauen, sondern sich in den zugänglichen unabhängigen oppositionellen Medien und auf allen noch nicht zensierten Plattformen informieren. Diese Menschen sind nicht verschwunden. Sie werden das zukünftige Russland aufbauen, von ihnen hängt Russlands Zukunft ab. Genau deshalb kämpfen Alexei Nawalny und seine Bewegung um das Recht, diese Menschen vertreten zu dürfen, bei echten und fairen Wahlen. Und die Tatsache, dass Alexei Nawalny gerade in dieser Zeit an der Seite seines Volkes steht, dass er in seinem Land ist und heroisch alle diese Torturen erträgt, die ihm Wladimir Putin auferlegt, ist ein gewichtiger Faktor im Kampf um das Vertrauen der russischen Wähler.

Als Alexei Nawalny im Januar 2021 nach Russland zurückging, konnte er natürlich nicht voraussehen, was niemand hätte voraussehen können, nämlich dass ein Jahr später ein blutiger Krieg beginnen würde. Es hat wenig Sinn, jetzt rückblickend zu fragen, ob er nicht lieber anders hätte handeln sollen. Wichtig ist jetzt, dass in dieser Zeit, da dieser Krieg im Gang ist und sein Ende nicht absehbar, jede Stimme zählt, die sich gegen ihn erhebt. Und die Stimmen der Menschen, die in Russland geblieben sind, zählen um ein Vielfaches mehr als die Stimmen derer, die das Land verlassen haben und sich in relativer Sicherheit befinden. Das Risiko, die Gefahr, die jemand in diesem Moment auf sich nimmt, wirkt wie ein Verstärker, ein Resonanzkörper für seine Worte und Handlungen. Um wie viel mehr aber zählt die Stimme eines Menschen, der bereits im Gefängnis ist, der für jedes Wort, das er sagt, für die ganze Haltung, die er an den Tag legt, schlimmsten Strafen ausgesetzt ist.

Als Alexei Nawalny nach Russland zurückging, nicht ahnend, dass ein Jahr später ein Krieg beginnen sollte, wurde er die zentrale Stimme des Widerstandes gegen Putins Politik. Deshalb bin ich sicher, dass er nichts bereut. In einem seiner Briefe aus dem Gefängnis schreibt er: »Die Politik ist meine Arbeit, und ich liebe diese Arbeit, weil ich an das glaube, was ich tue, weil ich daran glaube, dass das, was ich tue, wertvoll und nützlich ist. Aber jede Arbeit hat nun einmal ihre angenehmen und ihre unangenehmen Seiten. In diesem Moment erledige ich den unangenehmen Teil meiner Arbeit. Aber das ist nicht schlimm, wichtig ist nur, dass jeder das Seine tut.«

Der Kult des Sieges

Im Sommer des Jahres 2020 fand in einem Vorort von Moskau die feierliche Einweihung einer ungewöhnlichen orthodoxen Kirche statt: der Hauptkirche der Streitkräfte Russlands. Diese Kirche wurde nicht etwa zu Ehren irgendeines Heiligen errichtet, auch nicht zur Erinnerung an wichtige Momente der biblischen Geschichte, nein, sie ist den Streitkräften der Russischen Föderation gewidmet, und sie wurde gebaut mit Blick auf den 75. Jahrestag des Sieges im Großen Vaterländischen Krieg, der in Russland am 9. Mai begangen wird und als wichtigster Feiertag im heutigen Russland gilt.

Zur festlichen Kirchenweihe, vollzogen vom Moskauer Patriarchen Kyrill persönlich, traf sich die versammelte politische und militärische Elite Russlands. Der stellvertretende Verteidigungsminister Timur Iwanow unterstrich in seiner Rede die Bedeutung der Kirche für die russischen Streitkräfte und wies darauf hin, dass sie eine Anzahl einzigartiger Reliquien bewahre, darunter einen vollständig erhaltenen Anzug Adolf Hitlers sowie eine seiner Schirmmützen. Diese Objekte sind zweifellos sehr ungewöhnliche kirchliche Reliquien, ihr Sinn wird aber verständlich, wenn man weiß, wofür diese Kirche steht, in der auch Mosaiken mit den Porträts von Putin, Schoigu, Lawrow und Josef Stalin angebracht waren. Dieses pompöse Gebäude, die viertgrößte orthodoxe Kirche Russlands, verkörpert nichts weniger als die Quintessenz der neuen Staatsreligion: den Siegeskult.

Der Ursprung dieses Kultes geht vermutlich zurück auf das Jahr 2005. Damals beging man den 60. Jahrestag des Sieges, und an der traditionellen Parade konnten noch zahlreiche Veteranen des Großen Vaterländischen Krieges teilnehmen. Die jüngsten waren noch nicht einmal 80 Jahre alt. Sie paradierten rüstig über das Pflaster des Roten Platzes vor den Augen der Oberhäupter aller führenden Nationen, die sich zu diesem Anlass in Moskau eingefunden hatten, unter ihnen George W. Bush, Jacques Chirac, Tony Blair und Gerhard Schröder. Sie alle zollten den heldenhaften sowjetischen Soldaten, die die Welt vom Nationalsozialismus befreit hatten, ihren Respekt. Millionen Zuschauer verfolgten die Zeremonie an ihren Bildschirmen, und alle, Teilnehmende und Zuschauer, waren tief ergriffen und bewegt von der Bedeutsamkeit der unbezweifelbaren Verdienste unseres Landes für diesen großen Sieg.

Auch Wladimir Putin selbst. So groß war seine Ergriffenheit, dass er wohl sogar vergaß, wessen Taten hier geehrt wurden: die einer wegsterbenden Generation 80-jähriger Helden. Ihm muss es so vorgekommen sein, als würde an diesem Tag er selbst geehrt und mit ihm das heutige Russland, nicht die sanft entschlafene, 15 Jahre zuvor zerfallene Sowjetunion. Er sah, wie das ganze Land sich im Glanz dieses Sieges feierte, und er begriff, dass sich aus diesen Gefühlen Kapital schlagen ließ. In diesem Moment mag in seinem Kopf der Gedanke entstanden sein, dass sich aus dem Großen Sieg ein, in seiner Terminologie, fundamentales geistiges Band weben lassen müsse, mit dem man die gesamte russische Gesellschaft zusammenschnüren könne. Das war der perfekte Stoff für ein solches Band: ein über jeden Zweifel erhabenes Ethos, das nicht nur jeder in Russland ehren wird, sondern die ganze Welt anerkennen und respektieren muss.

Und so wurde an diesem 9. Mai 2005 eine neue Staatsreligion geboren, deren Herz der Kult des Sieges ist. Dieser Kult weist alle Merkmale und Elemente einer Religion auf, mit seinen Priestern und Propheten, seinen Heiligen Schriften, seinen Tempeln und Ritualen, mit seinen Heiligen – und natürlich auch mit seinen Häretikern, die, wie es sich gehört, verdammt und zur Hölle geschickt werden müssen. Unverschämte Jugendliche zum Beispiel, die am Heiligen Gral, sprich nahe der Ewigen Flamme, die in jeder russischen Stadt auf einem zentralen Platz zum Andenken an die im Zweiten Weltkrieg Gefallenen brennt, in blasphemischer Weise Skateboard fahren oder Schaschlik grillen. Seit 2005 liest man in der Presse mindestens einmal im Monat von solchen Fällen, und immer greift die Polizei hart und konsequent durch.

Nun ist es wohl tatsächlich keine gute Idee, im Angesicht der Ewigen Flamme Würstchen zu grillen. Das war es noch nie. Aber früher bekam man für solchen Unfug vielleicht eine kleine Geldstrafe aufgebrummt. Heute jedoch, im Schatten des Siegeskultes, gilt das als echte Straftat. Sehr zügig wurde das Strafgesetzbuch um eine Reihe von Paragrafen erweitert, die das Andenken an den Großen Sieg mit der geballten Kraft des Gesetzes schützen sollen. Jegliche Erwähnung oder Verwendung der Symbole des Großen Sieges, die aus Putins Sicht nicht angemessen ist, wurde kriminalisiert. Wer den Nationalsozialismus »verherrlicht«, muss nun mit einer empfindlichen Gefängnisstrafe rechnen – wobei als Verherrlichung des Nationalsozialismus alles und jedes gelten kann, schon die Verwendung eines Hakenkreuzes in einem Kunstwerk. Ein Film wie »Jojo Rabbit« hätte trotz seiner pazifistischen Grundhaltung keine Chance mehr, in einem russischen Kino gezeigt zu werden.

Parallel zur Einführung von Verboten für schlechte Symbole arbeitete die staatliche Propaganda mit Hochdruck daran, eine positive Symbolik zu erschaffen. So wurde das Tragen von schwarz-orangen Sankt-Georgs-Bändern ein weitverbreitetes Alltagsritual. Diese Bänder leiten sich ab vom Orden des heiligen Georg, dem höchsten Verdienstorden der russischen Zarenarmee im Ersten Weltkrieg. Zur Zeit der Sowjetunion wurde dieser Orden nicht verwendet, eben weil er für die Zarenzeit stand und keinerlei Ähnlichkeit mit der roten Fahne aufweist. Den Kreml-Propagandisten jedoch schien das Band wohl sehr geeignet, ein augenfälliges Symbol des Sieges daraus zu machen, und so wurde es in jenem Jahr 2005 wieder populär. Die bunten Georgsbändchen waren bald allgegenwärtig, sie flatterten an Autoantennen, leuchteten an Rucksäcken, zierten Kleidungsstücke oder Postkarten. Ein religiöser Kult braucht eine prägnante Symbolik, und das Sankt-Georgs-Band eignete sich vorzüglich dafür.

Der 9. Mai selbst ist in Russland seit jeher ein echter Volksfeiertag. In jeder russischen Familie (wie in jeder Familie der Völker der Sowjetunion) gibt es Veteranen, Gefallene und Überlebende. Und solange es Überlebende des Krieges gibt und das Gedächtnis an die Gefallenen noch wach ist, begeht man die alljährliche Siegesfeier »mit Tränen in den Augen«, wie es in einem der bekanntesten sowjetischen Lieder heißt. Das zentrale Motto dieses Tages aber lautete: »Niemals wieder«.

Doch inzwischen hat sich ein Generationswechsel vollzogen. Die Mehrheit der heutigen Russen hat keinen direkten Bezug mehr zur Kriegszeit, keine persönlichen Kontakte zur Kriegsgeneration. Gute Voraussetzungen für die staatliche Propaganda, Rhetorik und Gehalt des Feiertages in ihrem Sinne zu verändern. Heute steht anstelle des »Niemals wieder« das Motto »Wir können es wiederholen«, und statt schwarz umflorter Veteranenporträts sieht man heute Autoaufkleber mit der Devise: »Nach Berlin!« oder eben »Wir können es wiederholen«. Besonders beliebt – warum auch immer – ist ein Aufkleber mit einem stilisierten Männchen, das statt eines Kopfes Hammer und Sichel auf den Schultern trägt und mit einem anderen Männchen mit einem Hakenkreuzkopf einen homosexuellen Geschlechtsakt vollzieht. Vermutlich soll dieses obszöne Bildchen die Überlegenheit der sowjetischen über die deutschen Waffen zum Ausdruck bringen. Interessanterweise bleiben diese Aufkleber straffrei, obwohl hier ganz offensichtlich gegen das Verbot der Verwendung faschistischer Symbolik verstoßen wird.

Als ich zur Schule ging, war der 9. Mai der Tag, an dem die – noch zahlreichen und relativ rüstigen – Veteranen ihre Medaillen und Orden anlegten, zu uns in die Schule kamen und uns nüchtern und sachlich, nicht allzu detailliert und ohne auf allzu schmerzliche Erinnerungen einzugehen, davon erzählten, was sie im Krieg erlebt und gesehen hatten. Dann wurden die alten Lieder der Kriegsjahre gesungen. Das war traurig, aber auch sehr bewegend. In den zentralen Parks sah man tagsüber kleine Grüppchen örtlicher Veteranen, die ihre lichter werdenden Reihen abzählten und sich ihrer gefallenen und gestorbenen Kameraden erinnerten.

In der Mitte von Putins Regierungszeit lebten kaum noch Veteranen. Pro forma kümmerte sich die Regierung nach wie vor um ihre bevorzugte Versorgung, auch wenn es nicht mehr viele gab, die zu versorgen waren. Tatsächlich ging es den Herrschenden aber längst nicht mehr um die Alten, sondern um die Jungen.

In jenem Jahr 2005 hatten Journalisten des unabhängigen regionalen Fernsehsenders Tomsk TV 2, der wegen der großen Entfernung von Moskau noch relativ frei arbeiten konnte, die Idee, einen Gedenkmarsch zu veranstalten, dem sie den Namen »Unsterbliches Regiment« gaben. Die Bürger sollten am 9. Mai mit den Porträts ihrer Angehörigen, die am Zweiten Weltkrieg teilgenommen hatten, durch die Stadt ziehen und ihrer friedlich gedenken. Der Marsch des »Unsterblichen Regiments« wurde rasch zu einer wirklichen Volksbewegung. Im gemeinsamen Gedenken fand sich das ganze Land emotional geeint. Ich selbst erinnere mich gut daran, wie ich mit meiner ganzen Familie an dem Zug teilnahm, wie wir mit Freude und Stolz die Porträts meiner beiden Großväter trugen, die den Krieg von Anfang bis Ende mitgemacht hatten und glücklicherweise beide lebend von der Front heimgekehrt waren.

Der Marsch des »Unsterblichen Regiments« war eine Volksbewegung, die aus dem Volk selbst, »von unten« kam. Und das konnte und wollte der Kreml nicht dulden. Man schaute sich die Sache zwei, drei Jahre an, dann schritt man zur »feindlichen Übernahme«. In Moskau wurde eine gemeinnützige Organisation gegründet, mit dem gleichen Namen, aber großzügig aus der Staatskasse finanziert und vom Verwaltungsapparat unterstützt. Jetzt kamen die Menschen nicht mehr aus freiem Willen zusammen, um ihre Veteranen zu ehren, jetzt waren sie per behördlichem Erlass dazu verpflichtet. Jeder Verwaltungsbezirk, jede Schule, jede Fabrik und jedes Krankenhaus mussten von nun an eine bestimmte Zahl Teilnehmer abkommandieren, vergleichbar den obligatorischen Demonstrationen am 1. Mai zur Zeit der Sowjetunion, an denen die Bürger zum Jubeln verpflichtet waren.

Von außen betrachtet blieb alles gleich. Wie zuvor zog am 9. Mai eine endlose Menschenmenge mit den schwarz-weißen Porträts der Veteranen durch die Hauptstraßen jeder großen russischen Stadt. Aber jeder wusste vom anderen, dass er nicht freiwillig, nicht aus eigenem Impuls dabei war. Man marschierte auf staatliche Weisung, so wie man auf staatliche Weisung zu den Wahlen ging und für die staatlich angewiesenen Kandidaten stimmte. Jedem war klar: Wir sind auf einer staatlichen Demonstration, die nur dazu dient, die Partei der Macht zu stützen. Innerhalb kürzester Zeit war, was als echte Volksinitiative begonnen hatte, seines lebendigen Sinnes beraubt worden und hatte sich in eine seelenlose bürokratische Prozedur verwandelt. Und so ergeht es allem, was »von unten«, was direkt aus dem Volk kommt. Alles Lebendige, von selbst Gewachsene wird vom Kreml für die eigenen Zwecke vereinnahmt und abgetötet.

Zurück zur Erfindung des Siegeskultes. Natürlich hatte man diese neue staatlich-religiöse Ideologie nicht einfach so geschaffen. Hinter dieser Idee standen ganz konkrete Ziele. Erstens sollte sie dazu dienen, den Blick von der Gegenwart und Zukunft abzulenken und in die Vergangenheit zu richten. Das war notwendig, denn bei der Verbesserung der Lebensbedingungen konnte Putins Regierung keine Erfolge vorweisen, die die Bürger optimistisch in die Zukunft hätten blicken lassen. Je mehr aber die allgegenwärtige Korruption vom zunehmend kümmerlichen Lebensstandard gewöhnlicher Mitbewohner auffraß, desto stärker griff die Propaganda das Bild der ruhmreichen Vergangenheit auf, verklärte unsere russische Einzigartigkeit und Größe.

Früher waren die Bürger stolz auf Raumfahrtprogramme, sportliche Siege oder schlichtes Wirtschaftswachstum und steigende Lebensqualität. Aber die Mittel, die für neue Raumfahrtprogramme notwendig wären, fließen heute in die Privathäuser und Privatjets der Beamten der Weltraumfahrtbehörde; statt die Leistungen und Erfolge russischer Sportler zu bewundern, staunt die ganze Welt über die Dreistigkeit, mit der man zum Beispiel bei den Olympischen Winterspielen in Sotschi die Urinproben der Sportler manipulierte, und statt wachsender Wirtschaft sieht man nur wachsende Korruption.

Um das Volk weiter bei der Stange zu halten, brauchte der Kreml also dringend eine Strategie. Und da erwies sich der Siegeskult, die Glorifizierung des Großen Vaterländischen Krieges und der Heldentaten vergangener Generationen, geradezu als Wundermittel. So ließen sich die miserablen Lebensumstände der Bürger veredeln und die Depression in ein Gefühl von Größe und Stolz verwandeln. Es stimmt, sagt man, wir durchleben gerade schwere Zeiten, aber unsere Großväter, die hatten es noch viel schwerer; es stimmt, der größte Teil der Welt schaut jetzt feindselig auf uns, aber das ging unseren Großvätern schon genauso. Und? Sie haben gekämpft und gesiegt! Was macht es schon, dass wir für eine Weile den Gürtel enger schnallen müssen? Das haben wir ja gelernt, das ist Teil unserer Geschichte, es muss halt sein, damit wir den Feind besiegen können!

Ein weiterer wichtiger Punkt ist, dass sich mithilfe des religiösen Siegeskultes, wenigstens aus Sicht Putins, jeder künftige kriegerische Konflikt legitimieren lässt. Denn eines steht unverrückbar fest: Als die wahren Befreier Europas von den Nazis können wir nicht nicht recht haben. Wir haben den Faschismus besiegt, und deshalb steht die ganze Welt für alle Zeit in unserer Schuld. Russland stand vor 75 Jahren auf der richtigen Seite der Geschichte, deshalb wird Russland für immer auf der richtigen Seite der Geschichte stehen – und niemand hat das Recht, daran zu zweifeln. Dies zu vermitteln, dazu dienen die Salutschüsse, die Gesänge, die Märsche, die bunten Bändchen bei der alljährlichen Parade zum Tag des Sieges am 9. Mai. Dafür hat man auch diese bombastische Kirche errichtet: um den 140 Millionen Russen von heute immer wieder vorzuführen, dass sie die Erben jener 280 Millionen sowjetischer Bürger sind, denen die ganze Welt auf ewig zu Dank verpflichtet ist, die für immer und ewig geachtet und geehrt werden müssen.

Der Cartoon vom Fabrikarbeiter aus einer fernen Industriestadt am Ural, der zum ersten Mal in seinem Leben eine billige Pauschalreise ins türkische Antalya unternimmt, dort auf einen Arbeiter aus einem deutschen Industriebetrieb trifft und ihn im Swimmingpool mit dem Kopf untertaucht, weil er meint, das sei sein gutes Recht als Sieger, hat sich von einer Karikatur in bittere Realität verwandelt. Und der russische Arbeiter wird nicht etwa von einem diffusen imperialen Bewusstsein getrieben, nicht von einem realen Kämpfergeist, sondern von einem Überlegenheitsgefühl, das die staatliche Propaganda der großen Masse weniger gebildeter Menschen mit den Mitteln jenes Siegeskultes in den Kopf eingepflanzt hat.

Letztlich hat der Siegeskult, diese neue Staatsreligion, seine Adepten auf einen neuen Kreuzzug vorbereitet. Als Erben unserer Großväter, lautet der Tenor, sind wir nicht schlechter als sie, und wie unsere Großväter gekämpft haben, um die Welt vom Nationalsozialismus zu befreien, so müssen auch wir vielleicht kämpfen, um Europa wieder einmal vom Faschismus zu erlösen. Im Februar 2022, als sich Putin anschickte, in die Ukraine einzufallen, war er felsenfest davon überzeugt, dass sich die vielen Milliarden Rubel und die gigantischen Ressourcen, die er zum Aufbau der neuen Staatsreligion verwendet hatte, bezahlt machen würden. Umso erstaunlicher scheint es mir, dass das nicht der Fall ist.

Im Westen wurde im Laufe des Jahres 2022 sehr viel darüber diskutiert und spekuliert, welche Unterstützung Putin in der russischen Gesellschaft tatsächlich erfährt. So einige fragten empört, warum die Russen sich nicht auflehnten, warum sie nicht in Massen auf die Straße strömten. Andere verwiesen auf Umfragen, denen zufolge 80 Prozent der Russen kritiklos hinter Putin stünden; wieder andere waren fassungslos darüber, wie es der russischen Propaganda gelingen konnte, Schwarz für Weiß auszugeben, wie es möglich war, der Bevölkerung ihre nicht provozierte kriegerische Aktion gegen das Nachbarland als einen patriotischen Akt der Selbstverteidigung verkaufen zu können. Mir scheint indessen, alle diese Experten übersehen eine doch offensichtliche Tatsache, die eigentlich vor Augen liegt: dass es Putin nämlich in Wahrheit keineswegs gelungen ist, diesen Krieg als eine Sache des ganzen Volkes darzustellen. Das ist eine Tatsache, und sie ist umso erstaunlicher, als er selbst doch voll und ganz davon überzeugt war, dass ihm das gelingen würde. Schließlich hatte er zu diesem Zeitpunkt volle 17 Jahre lang, die Zeitspanne fast einer ganzen Generation, die russische Bevölkerung mit seinem Siegeskult bestrahlt, vor allem die Jugend von klein auf in patriotischer Erziehung auf seine Linie getrimmt, sie in Militärlagern ganz nach dem Muster der Hitlerjugend gedrillt. Der gesamte Propagandaapparat hatte mit allen verfügbaren Tricks und Fallen an diesem neuen patriotischen Bewusstsein gearbeitet.

Trotzdem ist dieser Krieg kein Krieg des Volkes geworden. Im gesamten Verlauf des Jahres 2022 waren nie und nirgendwo Merkmale emotionaler Hochstimmung in der Bevölkerung wahrzunehmen, und auch dem Aufruf zur Mobilmachung folgten keine Warteschlangen vor den Wehrämtern, in keiner einzigen Stadt. Putin und sein Propagandaapparat appellierten auf jede erdenkliche Art an die lange und sorgfältig gezüchteten patriotischen Gefühle der Bürger, dass man angesichts der Bedrohung zusammenzuhalten habe, dass alle Differenzen und Konflikte hintangestellt werden sollten, dass man in einer solchen Zeit zu seiner Heimat stehen müsse, egal wie man sich zu ihrer Führung verhält. Sie erzählten haarsträubende Lügenmärchen von lang gehegten ukrainischen Plänen einer militärischen Aggression gegen Russland, ja der gesamten NATO, fabulierten von amerikanischen Biolabors auf ukrainischem Boden. Die staatlichen Medien waren voll von rührseligen Geschichten über Frauen und Kinder, die angeblich bei ukrainischen Raketenangriffen getötet worden seien und dergleichen mehr. Mit allen Mitteln wurde versucht, die patriotischen Gefühle der russischen Bevölkerung zu entflammen. Aber es ist ihnen nicht gelungen.

Wenn es noch eines Beweises bedarf, dass dieser Krieg nicht vom ganzen Volk getragen wird, richte man seine Aufmerksamkeit auf die bizarre Tatsache, dass noch im Sommer 2022 die russische Armee frischen Nachschub einzig und allein aus den Strafkolonien bezog, in denen man mit dem zweifelhaften Versprechen auf vorzeitige Haftentlassung Strafgefangene in die Kampfeinheiten lockte. Nichts zeigt deutlicher, wie fatal Putin mit dem Versuch gescheitert war, seinem Volk den Krieg gegen die Ukraine als Remake des Großen Vaterländischen Krieges zu verkaufen. Der ganze Propagandaaufwand war fruchtlos geblieben, obwohl die Nachrichtensprecher, wenn sie über die aktuellen Schlachten in irgendeiner Region der Ukraine berichteten, niemals den Hinweis vergaßen, dass »unsere Truppen« an denselben Orten auch schon 1941 oder '44 gegen die Faschisten gekämpft hatten.

Aber es half alles nichts. Vielleicht lag es daran, dass Putin die russischen Bürger mit der gleichen Zielstrebigkeit zu politischer Enthaltsamkeit erzogen hatte, wie er ihnen seine neue Staatsreligion oktroyierte. Die Menschen hatten sich in den langen Jahren putinscher Herrschaft daran gewöhnt, sich jeglicher politischer Aktivität zu enthalten, gleichgültig zu sein gegenüber den Entscheidungen der Regierenden, sie hatten akzeptiert und verinnerlicht, dass sie sich um nichts kümmern sollten, keine Fragen stellen durften. Die Apathie in der breiten Bevölkerung hatte gesiegt. Was nicht heißt, dass damit jeglicher politischer Oppositionsgeist erloschen war.

Protestbewegung

Im Frühling 2012 hatten die öffentlichen Proteste infolge der gefälschten Dumawahlen ihren Höhepunkt erreicht. Sie waren der Beginn der neueren Protestbewegung in Russland. Zugleich befand sich die Opposition in einer Sackgasse. Im März hatte Putin die Präsidentschaftswahl mit überzeugender Mehrheit gewonnen und war ohne Zögern darangegangen, den Widerstand im Land radikal zu unterdrücken. Die Kundgebung anlässlich seiner Amtseinführung im Mai 2012 in Moskau ließ er brutal auseinandertreiben, es sollte die letzte Großdemonstration sein.

Von da an herrschte in der Bevölkerung Angst. Öffentlicher Protest, sogar jegliche regierungskritische Meinungsäußerung war gefährlich geworden. Wie sollte man mit diesen neuen Gegebenheiten umgehen? Diese Frage stellte sich der gesamten Opposition in allen ihren unterschiedlichen Fraktionen und dezentralen politischen Bewegungen. So war es naheliegend, sich künftig gemeinsam über das weitere Vorgehen zu verständigen. Ein sogenannter Koordinationsrat in der Form eines gewählten Organs sollte gegründet werden, in dem alle oppositionellen Gruppierungen vertreten sein sollten. Dieser Rat sollte dann einen konzertierten Handlungsplan für eine künftige Oppositionspolitik entwickeln.

Sehr viele Aktivisten aus dem gesamten Spektrum begrüßten diese Idee begeistert. Eine Wahlkommission wurde gebildet, die die Wahl zum geplanten Koordinationsrat vorbereiten sollte, die Wahl selbst sollte im Oktober stattfinden. Mir wurde die Aufgabe übertragen, diese Wahlkommission zu leiten. Der Koordinationsrat war konzipiert als ein Repräsentativorgan mit 45 Sitzen, um die sich insgesamt 219 Kandidaten bewarben. Für die eigentliche Wahl wurden mehr als 170 000 Wähler registriert, und das trotz des komplizierten Prüfungsverfahrens – die möglichen Wähler mussten ja zweifelsfrei identifiziert und überprüft werden, um etwaige Bots oder Putinisten auszusondern.

Rein technisch war dieses Vorhaben ein gewaltiges Experiment, es handelte sich immerhin um die größte digitale Wahl, die bis dahin weltweit stattgefunden hatte. In politischer Hinsicht allerdings sollte dieses Unternehmen, das mit so großem Enthusiasmus gestartet war, erstaunlich wenig Nutzen bringen. Der Koordinationsrat wurde gewählt, und die 45 Kandidaten aus den verschiedenen politischen Bewegungen machten sich unverzüglich an die Arbeit. Doch sie beförderten keine neuen Ideen zutage. Stattdessen verzettelte man sich in fruchtlosen inneren Konflikten und Zänkereien, und bald wandten sich die Mitglieder einer nach dem anderen vom Rat ab. Im Frühling 2013 fiel das Komitee endgültig auseinander und stellte die Arbeit ein.

Angesichts der Euphorie, mit der die gesamte oppositionelle Bewegung dieses Projekt begonnen hatte, angesichts der leidenschaftlichen Debatten, die im Vorfeld geführt und alle vom einzigen noch verbliebenen unabhängigen russischen Fernsehsender Doshd live übertragen wurden, war das ein bitter enttäuschendes Ende.

Trotzdem gab es auch einen positiven Effekt. Als im Sommer 2013 Alexei Nawalny bekannt gab, zur Wahl um das Amt des Moskauer Bürgermeisters am 8. September anzutreten, stellten sich alle Oppositionellen, die eben noch heillos zerstritten gewesen waren und sich am liebsten gegenseitig mit bloßen Händen hätten erwürgen wollen, vereint hinter ihn. In diesem ganz konkreten Fall waren plötzlich alle zu konstruktiver Zusammenarbeit fähig und bereit.

Für viele gilt Nawalnys Wahlkampf auch zehn Jahre später noch als einer der größten Erfolge der russischen Opposition seit ihrem Bestehen. Sein Wahlkampfstab organisierte Tausende junger Leute und formte aus ihnen eine schlagkräftige und effektive Agitationsmaschine. An jeder der fast 200 Metrostationen der Zwölf-Millionen-Megalopolis Moskau standen Freiwillige, die mit den Moskauer Wählern und Wählerinnen sprachen und ihnen Nawalnys politisches Programm erklärten. Aber nicht nur das, sie versuchten den Menschen auch bewusst zu machen, dass es nicht nur um eine einfache Bürgermeisterwahl ging, nicht nur um die Frage, wer neue Straßen bauen oder Wasserrohre verlegen lässt.

Das zentrale Motto der Kampagne lautete: »Russland verändern – mit Moskau anfangen!« Alexei Nawalny setzte nicht auf wirtschaftliche Themen, sondern führte einen dezidiert politischen Wahlkampf. Er positionierte sich schon im Jahr 2013 klar als Wladimir Putins Konkurrent, als Alternative zum bestehenden Regime.

Unser Wahlkampfstab, den ich damals führen durfte, realisierte innovative Techniken und Strategien, die zuvor in der russischen Politik undenkbar gewesen waren. Wir führten mehrere IT-Hackathons durch und entwickelten eine App, über die Tausende Aktivisten aus anderen Städten Übernachtungsplätze in Moskau fanden bei Menschen, die auf diese Art ihren Beitrag zu unserer Kampagne leisten wollten – eine Art politisches Airbnb. Mittels Fundraising sammelten wir zur Finanzierung des Wahlkampfes mehr als 100 Millionen Rubel an Mikrospenden aus ganz Russland, das sind nach dem damaligen Währungskurs mehr als drei Millionen Euro.

Die Zentrale unseres Wahlkampfstabs hatte große Ähnlichkeit mit dem Büro eines IT-Start-ups. In den zweieinhalb Monaten des Wahlkampfs vergrößerte sich das Team von ursprünglich acht auf fast 250 Mitarbeiter. Die Zahl der freiwilligen Helfer lag bei etwa 17000. Ein 20-stündiger Arbeitstag an sieben Tagen in der Woche war die Norm. Wir glaubten alle fest daran, dass wir Moskau verändern könnten und dies der Beginn von Veränderungen in ganz Russland sein würde.

Die Umfragewerte für Alexei Nawalny, die im Juni 2013 noch bei etwa 3 Prozent gelegen hatten, waren im September bis auf 30 Prozent angestiegen. Die Aussicht auf eine Stichwahl schien absolut realistisch. Nach den Schätzungen unabhängiger Wahlbeobachter sollte der bisherige Bürgermeister Sergej Sobjanin 46 Prozent erreichen, Alexei Nawalny 35. Die offiziellen Zahlen, wir erinnern uns, sahen anders aus, das verkündete Wahlergebnis lautete 51 zu 28 Prozent.

Worin besteht das Geheimnis dieses großen politischen Erfolges von Alexei Nawalny? Warum waren all die oppositionellen Gruppierungen, die eben noch heillos zerstritten gegeneinander operiert hatten, auf einmal imstande, konstruktiv zusammenzuarbeiten? Ganz einfach: Es gab ein klares Ziel und eine konkrete Projektarbeit. Das scheint mir der entscheidende Punkt. Ich sehe keinen Sinn in der Vereinigung an sich, in einem Zusammenschluss um des Zusammenschlusses willen. Eine solche Vereinigung erfordert unendlich viele Mühen und Anstrengungen, jeder muss mit jedem um alles und jedes verhandeln, es müssen Kompromisse geschlossen, Zugeständnisse gemacht, Opfer gebracht werden. Das kostet sehr viel Zeit und Kraft, ohne dass damit zwangsläufig konkrete Ergebnisse einhergehen.

Das heißt, damit solche Mühen überhaupt einen Sinn haben, muss der Mehrwert einer solchen potenziellen Vereinigung all die Opfer und Zugeständnisse nennenswert kompensieren. Für eine Opposition, die so unterschiedliche Interessen verfolgt und so verschiedene Wählergruppen anspricht und überdies durch staatliche Manipulationen marginalisiert ist, scheint das selten gegeben. Sobald aber ein klares und konkret definiertes Ziel am Horizont auftaucht, für das es sich zu kämpfen lohnt, das all die Anstrengungen und Opfer rechtfertigt, sind alle eben noch so unüberwindlich scheinenden Hindernisse auf einmal gar nicht mehr so erheblich, dann sind all die zermürbenden Probleme und Konflikte mit einem Schlag vergessen. Genau das geschah im Sommer 2013.

Ich erzähle das, um meine Reaktion auf eine mir von Journalisten in letzter Zeit besonders häufig gestellte Frage ein wenig zu verdeutlichen. Die Frage lautet, warum die russische Opposition immer noch nicht imstande oder bereit ist, sich endlich zu vereinigen? Was macht sie überhaupt die ganze Zeit, da in der Ukraine Krieg herrscht?

Diese Frage scheint einfach und logisch, doch sie beruht auf einer unausgesprochenen Voraussetzung, die gar nicht gegeben ist, dass nämlich die Opposition korporativ organisiert ist, dass klar strukturierte Organisationen existieren mit einer formalen Mitgliedschaft, konkret formulierten Zielen und einem politischen Programm. Aber die haben wir nicht. Vielmehr gibt es einzelne politische Führer und oppositionelle Gruppen, von denen jede einen eigenen Werdegang genommen hat, mit sehr verschiedenen politischen Auffassungen und strategischer Positionierung. Das wurde an diesem tragischen 24. Februar 2022 sehr deutlich.

Eine markante Figur der Opposition ist zum Beispiel der ehemalige Schachweltmeister Garri Kasparow. Seine sportliche Karriere hat er schon vor vielen Jahren beendet, seitdem betätigt sich Kasparow als öffentlicher Intellektueller und scharfer Putin-Kritiker, er schreibt regelmäßige Kolumnen im *Wall Street Journal* und anderen wichtigen Medien. Sein weltberühmter Name öffnet ihm alle Türen, und er hat vom ersten

Tag des Krieges an seine Prominenz genutzt, um, wo es nur geht, gegen ihn zu protestieren.

Ein zweiter ist der ehemalige Oligarch Michail Chodorkowski, der aufgrund einer konstruierten Anklage zehn Jahre in Putins Gefängnissen verbrachte. Seit seiner Freilassung betätigt er sich vom Ausland aus politisch und humanitär. Von allen relevanten Figuren der russischen Opposition verfügt Chodorkowski über die mit Abstand größten finanziellen Ressourcen, mehr noch, niemand außer ihm hat überhaupt nennenswerte Finanzmittel zur Verfügung. Entsprechend konzentriert sich Chodorkowski auf soziale Großprojekte, die viel Geld kosten, zum Beispiel finanziert er Initiativen, die sich um politische Aktivisten kümmern, die aus Russland fliehen müssen.

Alexei Nawalny wiederum hat sich mit seiner Antikorruptionsstiftung über Jahre hinweg ein weit gespanntes Netz von Anhängern und Aktivisten aufgebaut, Millionen Unterstützer und Follower in den sozialen Netzwerken hinter sich versammelt, eine bedeutende Ressource, mit der seine Stäbe immer noch erfolgreich wichtige politische Arbeit leisten.

Alle diese politischen Potenzen – Kasparows Name, Chodorkowskis Geld, unsere Anhängerschaft – sind keine Gottesgeschenke, die einfach so vom Himmel gefallen sind. Chodorkowski hat sein Geld verdient, Kasparow hat sich seinen Namen erarbeitet, die Antikorruptionsstiftung hat sich ihre Anhängerschaft und das Vertrauen ihrer Unterstützer während der zwölf Jahre ihrer Arbeit erworben, in denen wir immer größere Risiken eingegangen sind, Verhaftungen, Repressionen, Giftanschlägen ausgesetzt waren. Das ist unser besonderes Potenzial, niemand sonst erreicht so viele Menschen in Russland, viele Millionen Bürger und Bürgerinnen nehmen uns wahr. Daher ist es unsere genuine Aufgabe und Pflicht, im Zeichen eines nahezu vollständigen Informationsvakuums, da alle unabhängigen Medien in Russland zerschlagen wurden, diesen Kontakt zur Bevölkerung aufrechtzuerhalten.

Ich will damit sagen, dass jeder dieser relevanten Akteure ein spezifisches Potenzial besitzt und versucht, seine jeweiligen Mittel und Möglichkeiten optimal und effektiv einzusetzen, um Putins Regime maximalen Schaden zuzufügen. Das ist das Prinzip, dem auch die russische Opposition folgt. So wird jeder das bestmögliche Resultat erzielen. Das gilt übrigens nicht nur für die Arbeit der russischen Opposition. Wie ich an früherer Stelle bemerkte, hat der Kampf der gesamten zivilisierten Welt gegen Putins Regime nicht nur auf militärischer Ebene stattzufinden; nicht weniger wichtig sind die ökonomischen und politischen Aspekte dieses Konflikts.

Eben deshalb ist es so wichtig, dass jeder tut, was er am besten kann. Sobald alle versuchen, etwas zu tun, was sie eigentlich nicht können, wird der Erfolg jämmerlich ausfallen. Sollten zum Beispiel die Länder des Westens, statt den wirtschaftlichen Druck auf Putins Regime zu verstärken – wozu sie in der Lage sind –, im Informationssektor aktiv werden und Gegenpropaganda betreiben, also das Feld bearbeiten, auf dem die russische Opposition operiert, dann wäre das etwa so, wie wenn der Autor dieser Zeilen im Tarnanzug und mit einer Maschinenpistole in der Hand losmarschieren würde. Das ist bestenfalls naiv.

Für uns war und bleibt offensichtlich, dass ein Sieg über Putin nur erreicht werden kann, indem man seiner Regierung in möglichst vielen Bereichen möglichst viele Schwierigkeiten macht. Und das muss jeder dort tun, wo er es am besten kann: die Ukraine auf dem Schlachtfeld, der Westen in der Wirtschaft, die russische Opposition in der Politik. Das ist das Prinzip, nach dem wir unsere Arbeit aufgebaut haben und auch nach dem 24. Februar weiter fortsetzen. Wir haben unsere bestehenden Informationskanäle immer weiter verstärkt und konnten so die Reichweite unserer unabhängigen Informationsressourcen verdreifachen, von etwa sieben Millionen Zuschauern monatlich zu Beginn des Krieges auf etwa 20 Millionen im Sommer 2023.

Dabei ist wichtig zu wissen, dass die große Mehrheit der Putin-kritischen Russen in Russland geblieben ist. Sofort nach Beginn des offenen Krieges am 24. Februar 2022 eilten Hunderttausende junger Russen zu den Flughäfen oder rasten auf dem Landweg zu den Grenzübergängen, um das Land möglichst schnell zu verlassen. Das waren oft rein emotionale, nicht selten spontane Entscheidungen, diese Menschen wollten nichts mehr mit diesem Regime zu tun haben, sie wollten es nicht mit ihren Steuergeldern unterstützen, und viele wollten auch einfach nicht in Putins Aggressor-Armee eingezogen werden und in einem Krieg kämpfen, den sie vehement ablehnen.

Im September 2022 wiederholte sich dieses Phänomen in noch größerem Maßstab. Nach Bekanntgabe der Mobilmachung, die offiziell »Teilmobilmachung« hieß, wurde Russland wiederum von einer gewaltigen Emigrationswelle erfasst. Irgendwann hatte man das Gefühl, praktisch alle hätten das Land inzwischen verlassen, jeder konnte etliche Namen von Leuten aus seinem Bekanntenkreis aufzählen, die geflohen waren. Aber das ist nur ein persönlicher Eindruck, und er trügt. Die Statistik liefert konkrete Zahlen und verlässliche Daten, auf sie muss sich letztlich alles politische Planen und Entscheiden stützen.

Die Befragungen, die wir unter unseren Anhängern durchführen, basieren auf einem sehr einfachen Fragebogen, den wir per E-Mail verschicken. Auf diese Weise haben wir seit 2012, dem Jahr, in dem wir mit dem systematischen Sammeln von Daten begannen, eine Datenbank mit etwa zwei Millionen E-Mails von oppositionell eingestellten Russen aufgebaut. Anhand der Angaben in den Fragebogen stellten wir fest, dass sich vor dem 24. Februar 2022 rund 10 Prozent der Befragten außerhalb von Russland aufhielten, weitere 15 Prozent verließen das Land im Lauf des Jahres 2022. Die übrigen 75 Prozent sind in Russland geblieben und haben auch nicht vor, das Land zu verlassen. Diese Zahlen beziehen sich auf die treuesten Anhänger der Antikorruptionsstiftung von Alexei Nawalny, jene, die unsere E-Mail-Fragebogen beantwortet haben. Auch mit Blick auf die Gesamtbevölkerung ergibt sich ein deutliches Bild. Sogar nach den Zahlen der regierungstreuen Meinungsforschungsinstitute, also nach offiziellen Angaben, unterstützen mindestens 20 Prozent der Russen den Krieg nicht. Hält man sich an diese offiziellen Daten, die natürlich drastisch nach unten korrigiert sind, kommt man bereits auf eine absolute Zahl von 30 Millionen Menschen, die nicht hinter dieser Kriegspolitik stehen. Im Verhältnis dazu bilden die maximal 1,5 Millionen Russen, die das Land bis Ende 2022 verlassen haben, eine Größenordnung von weniger als 5 Prozent.

Gegangen sind vor allem junge Menschen mit guter Ausbildung, die über Fremdsprachenkenntnisse, finanzielle Rücklagen und international gesuchte Kompetenzen verfügen – Programmierer, Designer, Manager, Ingenieure, Architekten usw. Von denen, für die all das nicht gilt, konnten sich nur wenige dazu entschließen, den Schritt ins Ungewisse zu tun. 2022 wird noch lange als Katastrophenjahr für Russland wahrgenommen werden, als das Jahr mit einem gigantischen Braindrain, dem größten in der Geschichte des Landes, das Jahr, in dem Russland seine gesamte intellektuelle Elite verlor, seine Zukunft. Aber wieder trügt der Eindruck. Wieder sagt uns ein Blick in die Statistik etwas ganz anderes, nämlich dass die große Mehrheit der gegen Putin eingestellten Russen das Land trotz allem nicht verlassen hat. Die allermeisten sind geblieben.

Aus diesem Faktum, das wir mit eigenen Datenerhebungen

belegt haben, folgt für uns ein ganz wichtiger Schluss: dass wir unsere Ressourcen und Möglichkeiten, die unter den gegenwärtigen Bedingungen notwendigerweise begrenzt sind, auf diejenigen konzentrieren, die in Russland geblieben sind, die unter dem permanenten Druck dieses despotischen Regimes leben, die sich in dieser Zeit allein gelassen fühlen, weil die ganze Welt sie für verblendete Putin-Anhänger hält, für Unterstützer des Krieges, obwohl sie in Wahrheit ganz anders denken. Mit diesen Menschen müssen wir arbeiten, wir müssen ihnen zeigen, dass sie nicht allein sind, dass ihre Ansichten nicht marginal sind, dass gerade sie es sind, auf die sich alle Hoffnungen für eine bessere Zukunft in Russland stützen. Das ist und bleibt jetzt die wichtigste Aufgabe für unsere politische Organisation.

Eines muss betont werden: Es ist nicht richtig, zu sagen, die im Land gebliebenen Russen seien untätig. Richtig ist, dass Demonstrationen, dass jeder öffentliche Protest unmöglich gemacht wurden bzw. mit enormen Risiken verbunden sind. Bei den Antikriegsprotesten der ersten Wochen wurden Zigtausende brutal verhaftet und eingesperrt, die ohnehin repressiven Gesetze wurden weiter verschärft. Die Menschen waren verunsichert und eingeschüchtert, und unsere sozialen Netzwerke wurden buchstäblich überflutet von Hilferufen, von verzweifelten Bitten um Rat. Was sollen wir denn jetzt tun, fragten die Menschen uns. Wir sind in Russland geblieben, wir sind gegen Putin und gegen den Krieg, aber wir haben Angst, auf die Straße zu gehen, wir haben Angst, öffentlich unsere Meinung zu sagen. Was können wir tun?

Unsere Antwort war immer die gleiche. An erster Stelle haben wir den Menschen zu erklären versucht, dass die Alternative zu Kundgebungen und Straßenprotesten nicht Untätigkeit sein kann. Klar, ein normaler Bürger, eine normale Bürgerin hat natürlich Angst, auf die Straße zu gehen und offen gegen

Putin aufzutreten, wenn man wegen eines einfachen Plakats schon für zehn Jahre ins Gefängnis gehen kann. Diese Angst ist ein zentrales und wirksames Werkzeug Putins, sie ist dazu da, den Willen der Menschen zu paralysieren und sie in die Untätigkeit zu zwingen. Aber zwischen dem offenen politischen Kampf auf der einen Seite und dem Untätig-zu-Hause-Sitzen auf der anderen Seite gibt es eine Vielzahl von Zwischenstufen, viele sinnvolle Möglichkeiten, etwas zu tun. Wir erklärten den Leuten, dass jegliche Form von sozialer Aktivität, jede Art der horizontalen Vernetzung und Selbstorganisation sinnvoll ist und sich irgendwann bezahlt machen wird, dass damit wichtige Vorarbeit geleistet und eine Grundlage geschaffen wird, die man braucht, um irgendwann in hoffentlich naher Zukunft eine normale Zivilgesellschaft im Post-Putin-Russland aufbauen zu können.

Zu unserer Freude haben wir gesehen, dass dieser Aufruf Gehör fand. Die Menschen in Russland sind aktiv, sie tun etwas. Zum Beispiel engagieren sich Tausende Kriegsgegner in einer riesigen überregionalen Initiative, die Zwangsverschleppten und aus den okkupierten Regionen Geflohenen hilft, ukrainischen Staatsbürgern, die sich nach dem Überfall unversehens unter russischer Herrschaft befanden, sich aber nicht »russifizieren« lassen wollten und dadurch in Gefahr gebracht haben. Um diesen Menschen zu helfen, hat sich in Russland ein weitverzweigtes und gut organisiertes Netzwerk von Aktivisten gebildet, die sich um ihre Unterbringung, Versorgung und Eingliederung kümmern oder um Möglichkeiten zur Ausreise, wenn es geboten erscheint. Das ist eine grandiose Arbeit, über die man kaum etwas weiß, über die in den Medien nicht berichtet wird. Auch ich kann keine exakten Zahlen nennen, aber es geht mit Sicherheit um Hunderttausende Personen, die dadurch buchstäblich gerettet wurden, und es sind Zehntausende Russen, die an dieser Initiative teilnehmen.

Das ist nur ein Beispiel von vielen. Es zeigt sehr eindrucksvoll, dass es möglich ist, in der Gesellschaft einen politischen Aktivismus an der Basis aufzubauen, es zeigt, dass unsere Anstrengungen und die vieler anderer politischer Kräfte in Russland Früchte tragen.

Nach Prigoschin

Anfang Januar 2023 gab ich in einer politischen Talk-Sendung auf dem YouTube-Kanal »Popularnaja Politika« (Populäre Politik) eine Reihe von Prognosen für das bevorstehende Jahr ab. Der Kanal ist die Informationsplattform des Medienteams von Alexei Nawalny, über sie erreichen wir 20 Millionen Zuschauer monatlich, von denen etwa 85 Prozent in Russland leben. Eine meiner Prognosen lautete: Spätestens bis zum Ende des Jahres wird Jewgeni Prigoschin von der politischen Bühne Russlands verschwunden sein. Ende Februar habe ich dies noch einmal präzisiert. Ich sagte, Prigoschin werde höchstens noch ein halbes Jahr haben. Exakt sechs Monate später, am 23. August 2023, stürzte in der Oblast Twer, gut 50 Kilometer von Wladimir Putins Residenz in Waldai entfernt, ein privater »Learjet« ab und zerschellte am Boden. An Bord befanden sich sieben Passagiere, darunter Jewgeni Prigoschin und Dmitri Utkin, erklärter Neonazi und formeller Führer der »Gruppe Wagner«. Es gab keine Überlebenden.

Meine Voraussage war also ziemlich exakt eingetreten. Aber das ist kein Wunder. Zu Beginn des Jahres war mir so wie vielen anderen auch sehr klar, dass Jewgeni Prigoschin zu hoch gestiegen war und dass sein Sturz schmerzhaft sein würde. Prigoschin hatte seit Beginn des Krieges in der Ukraine dem Verteidigungsministerium unschätzbare Dienste erwiesen, er hatte zuletzt noch im Herbst 2022 der russischen Armee massenhaft Kanonenfutter aus den Straflagern besorgt und die fatalen Lücken an der Front buchstäblich mit den Leichen von Häftlingen gestopft. Aber mit Beginn des Jahres 2023 äußerte er immer offener und mit zunehmender Schärfe Kritik am Verteidigungsministerium. Damit ging er in die direkte Konfrontation mit Verteidigungsminister Sergej Schoigu.

Schoigu aber ist ein gewiefter und äußerst erfahrener Apparatschik, er ist Russlands dienstältester amtierender Minister, seine Karriere reicht zurück bis in das Jahr 1991, den Beginn der Jelzin-Ära. Meine Prognose stützte sich nicht auf vage Verschwörungstheorien, sondern auf mein Verständnis von der Funktionsweise des Systems Putin. Darin gilt Loyalität über alles, Protest dagegen, selbst begründeter, wird nicht geduldet. Und da alle Entscheidungen nur von einer Person getroffen werden, ist ein zentraler Faktor in diesem System die physische Nähe zum Zentrum. Deshalb ist der formale Status, der Posten, den jemand innerhalb dieses Systems innehat, von größter Wichtigkeit.

In seiner Funktion kommt Schoigu regelmäßig mit dem Oberbefehlshaber der Streitkräfte zusammen. Als Verteidigungsminister gehört er auch dem Sicherheitsrat an, dem staatlichen Organ, das in dieser Zeit zu einer Art Kommandozentrale geworden ist. Prigoschin hingegen hat nie einen formellen Status in Putins Regierung innegehabt, auch im Jahr 2023 war er sogar für die offiziellen Kreml-Medien immer nur der Geschäftsmann Jewgeni Prigoschin, ein Unternehmer, »Putins Koch«, keine politisch relevante Figur. Und obwohl er ein langjähriger Freund und Weggefährte Putins war, blieben seine Möglichkeiten, zum Staatsoberhaupt vorzudringen und ihm seine Standpunkte zu vermitteln, immer sehr eingeschränkt. Eben deshalb war seine Niederlage in diesem systeminternen Kampf vorprogrammiert.

Prigoschins Kritik an Schoigu war vollauf berechtigt: Korruption, geringe Kompetenz, Entschlussschwäche, mangelnde militärische Führungsqualitäten, all das traf auf ihn zu. Für Putin aber spielt es überhaupt keine Rolle, ob eine Kritik berechtigt ist oder nicht. Schoigu weiß das sehr genau. Er ist ein schlechter Verteidigungsminister, aber ein fähiger PR-Manager, und er hat einen privilegierten Zugang zum Staatsoberhaupt. Allen Anwürfen Prigoschins zum Trotz saß er fest im Sattel, auch das wusste er sehr gut.

Bis zum Herbst 2022 hatte Putins Krieg kein öffentliches Gesicht – seltsamerweise, denn die Propaganda ist sonst immer sehr schnell im Verbreiten bewegender Schicksale und Leistungen. Jedes Kind der Sowjetunion kennt die Heldentaten des legendären Geheimagenten Nikolai Kusnetsow, der perfekt Deutsch sprach und im Zweiten Weltkrieg als deutscher Offizier Paul Siebert zahlreiche erfolgreiche Operationen gegen die Nazi-Führung in der besetzten Westukraine durchführte. Wir alle kannten Alexander Matrossow, der deutsche Maschinengewehre ausschaltete, indem er die Schießscharte mit seinem Körper abdeckte. Oder den Piloten Nikolai Gastello, der sein brennendes Flugzeug in eine feindliche Panzerkolonne stürzte. Manche dieser Geschichten waren zwar nur erfunden, wie die von den 28 Helden Iwan Panfilows, die angeblich ihr Leben opferten, um eine Panzerkolonne der Wehrmacht vor Moskau aufzuhalten, aber das war nicht so wichtig, man brauchte nun einmal Heldenlegenden zur Beschwörung patriotischer Gefühle, deshalb waren sie immer und überall zu hören.

Für diesen russisch-ukrainischen Krieg jedoch, der am 24. Februar 2022 begann, finden sich in der allmächtigen Propaganda Putins keine Geschichten persönlichen Heldentums. Es gibt keine ruhmreichen Heerführer, obwohl die russische Armee im Allgemeinen ständig als heldenhaft besungen wird, keinen herausragenden Kopf. Nur im Herbst 2022 tauchte nach der vernichtenden Niederlage der russischen Armee bei Charkiw in den Massenmedien ein Name auf: Sergej Surowikin, ein ehemaliger Syrienkämpfer, wurde zum Kommandanten der

Truppen in der Ukraine ernannt – bis dahin war die »Spezialoperation« quasi von selbst gelaufen.

Diese Ernennung kam natürlich nicht von ungefähr. Putin wusste, dass aus erfolgreichen Generälen sehr schnell Volkshelden werden, die den Wunsch nach Veränderung verkörpern konnten. Er erinnerte sich vermutlich noch gut daran, wie prominente Generäle aus dem Afghanistankrieg in der Politik Karriere gemacht hatten, General Boris Gromow als Gouverneur der Moskauer Region, General Alexander Rutskoi als Vizepräsident unter Boris Jelzin, General Alexander Lebed, Kommandant im Transnistrien-Konflikt, der den dritten Platz in der Präsidentschaftswahl 1996 belegte. Putin wusste sehr gut, dass ein General, dem es gelänge, die Geschicke in der Ukraine zum Positiven zu wenden, unvermeidlich zu einem wichtigen politischen Spieler würde, ob er wollte oder nicht. Eben deshalb wollte er seiner »Spezialoperation« von Anfang an kein öffentliches Gesicht geben, zögerte er die medienwirksame Ernennung eines Heerführers dieser Operation so lange wie möglich hinaus. Letztlich wollte Putin dieses »öffentliche Gesicht« selbst sein, er hatte die Operation ja befohlen und rechnete mit einem erfolgreichen Blitzkrieg. Am Ende wollte er allein als strahlender Sieger dastehen.

Als jedoch Gebiet um Charkiw verloren war, als abzusehen war, dass das westliche Ufer des Dnepr preisgegeben werden musste, ernannte er Surowikin zum Kommandeur der russischen Streitkräfte in der Ukraine. Ende September 2022 noch ließ die russische Regierung in vier ukrainischen Regionen, von denen sie nicht eine vollständig unter Kontrolle hatte, Schein-Referenden durchführen und erklärte am 30. September die Oblaste Cherson, Saporischschja, Donezk und Luhansk in einer feierlichen Zeremonie im Kreml für immer und ewig zum Teil der Russischen Föderation. Diese Annexion löste aber durchaus keinen Sturm patriotischer Gefühle aus, sie wurde für Putin im Gegenteil zur Quelle ernsthafter politischer Probleme. Eine riesige Industrieregion war zu einem Teil Russlands erklärt worden, die Stadt Saporischschja, die nie in russischer Hand gewesen war, auch die Stadt Cherson, das Zentrum der Oblast Cherson auf der rechten Seite des Dnepr, die zu diesem Zeitpunkt militärisch schon nicht mehr zu halten gewesen war.

Kurz zuvor hatte die ukrainische Armee Raketen mit erheblicher Reichweite vom Typ HIMARS bekommen. Mit deren Hilfe wurden alle Brücken und Übergänge über den Dnepr zerstört, sodass der Nachschub für die russischen Truppen auf der rechten Seite praktisch unterbrochen war. Die Aufgabe Chersons war also nur noch eine Frage der Zeit. Doch Cherson war jetzt die Hauptstadt einer Verwaltungsregion der Russischen Föderation, unter dem Applaus russischer Hurra-Patrioten war sie feierlich in die Verfassung aufgenommen worden. Und als verfassungsmäßiges russisches Territorium musste die Stadt natürlich bis zum letzten Blutstropfen verteidigt werden, so verlangten es ebenjene Patrioten vehement von Putin. Aus ihrer Sicht gab es keinen Unterschied mehr zwischen Cherson und, sagen wir, Jekaterinburg. Sie hatten selbst die russische Verfassung so umgeschrieben, dass Cherson jetzt eine russische Stadt war, wie also konnte man sie aufgeben? So tönte es aus dem patriotischen Lager, dem Lager der sogenannten zornigen Patrioten.

Deren Stimme war zunächst Igor Girkin, genannt »Strelkow«, ein Kriegsverbrecher, den ein niederländisches Gericht im Zusammenhang mit dem Abschuss einer Boeing der Malaysian Airlines am 17. Juli 2014 in Abwesenheit zu lebenslanger Haft verurteilt hat. Auf ihn folgte Jewgeni Prigoschin als Sprachrohr dieser Flanke des politischen Spektrums in Russland. Die Söldner seiner »Gruppe Wagner« trugen die Hauptlast der Kämpfe an der ukrainischen Front, und als diese immer stärker unter der ineffektiven Logistik, dem ausbleibenden Nachschub und der mangelhaften militärischen Führung zu leiden hatten, wurden die Stimmen aus Prigoschins Umfeld auf Telegram immer lauter, das ist die Plattform, über die sich Informationen über die Lage an der Front in Windeseile verbreiten. Und diese Stimmen begannen jetzt, die russische Militärführung scharf zu kritisieren.

Mit der Ernennung Surowikins sorgte Putin für einen gewaltigen Anstieg der Popularität dieses unscheinbaren Generals. Aus dessen Biografie ist im Wesentlichen seine unrühmliche Rolle als junger Hauptmann beim Putschversuch im August 1991 zu erwähnen. Damals sollte Boris Jelzin als erster gewählter Präsident der Russischen Republik gestürzt und das Sowjetsystem wiederhergestellt werden. Nach drei Tagen war der Putsch gescheitert, die Putschisten wurden verhaftet, auch Surowikin, dessen von ihm kommandierte Panzerfahrzeuge drei Zivilisten überrollt hatten. Sie wurden die letzten Helden der untergehenden Sowjetunion: Wladimir Ussow, Dmitri Komar und Ilja Kritschewski.

Surowikin wurde später von Präsident Jelzin begnadigt, machte Karriere in der Armee und wurde schließlich zum Gesicht des Krieges in der Ukraine. So schließt sich auf wundersame Weise der Kreis. Die ganze »Z«-Gemeinde aber, die versammelten Hurra-Patrioten und Propagandisten, stimmten unverzüglich ihre Preisgesänge an auf den neuen Hoffnungsträger Surowikin, den Retter der Heimat, den General des Armageddon, der endlich die festgefahrene Operation voranbringen und mit den verdammten ukrainischen Nazis kurzen Prozess machen würde.

Nur hatte Putin Surowikin eine ganz andere Rolle zugedacht. Dieser sollte lediglich die Verantwortung für die Aufgabe von Cherson übernehmen, die im November bevorstand. Surowikin hatte die »strategisch notwendige Umgruppierung der russischen Truppen« zum linken, dem östlichen Ufer des Dnepr bekannt zu geben. Putin brauchte Surowikin, um nicht die ganze Wut der Patrioten auf sich zu ziehen als demjenigen, der eine »russische« Stadt dem bösen Feind preisgegeben hat. Nur aus diesem Grund hatte er Surowikin überhaupt zum Kommandierenden der russischen Streitkräfte in der Ukraine ernannt.

Zwei Monate später schob er ihn schon wieder ab und setzte den Chef des Generalstabs Waleri Gerassimow als neuen Kommandierenden der »Spezialoperation« ein. Putin hatte wahrgenommen, wie die »Z«-Patrioten Surowikin sofort nach seiner Ernennung – also vor der Preisgabe von Cherson — zu ihrem Helden erklärten. Für sie verkörperte er die Hoffnung auf die große Wende. Das hatte Putin überhaupt nicht gefallen.

Sergej Schoigu wiederum nahm das sehr genau zur Kenntnis, und ihm wurde ein weiteres Mal bewusst, dass er praktisch unantastbar war. Als Verteidigungsminister taugte er nichts, und er ist maßlos korrupt. Nawalnys Antikorruptionsstiftung hat mehrfach sein gigantisches Luxusanwesen an der Rublowka-Chaussee gezeigt, der vornehmsten Adresse in der Umgebung von Moskau, seine riesige Villa im Stil einer buddhistischen Pagode, all den überzogenen Prunk. Aber seine unbedingte Loyalität Putin gegenüber machte ihn eben unersetzbar. Und wenn auch die Telegram-Kanäle heiß liefen und alle zornigen Patrioten lautstark die Absetzung von Schoigu und Gerassimow forderten – konnte Putin etwa einknicken, konnte er Schwäche zeigen und dem politischen Druck nachgeben? Hätte er sich darauf einlassen können, Schoigu durch einen besseren Minister zu ersetzen?

Genau das konnte er nicht. Denn ein kompetenterer und erfolgreicherer Verteidigungsminister wäre sofort zu einem Helden und Götzen geworden, zum Licht in der Finsternis für alle zornigen Patrioten, für alle die, die bisher an ihn, an Putin, geglaubt hatten, an seine Vision, die russische Welt mit Feuer und Schwert zu verbreiten, daran, dass man den russischen Lebensraum Richtung Westen erweitern müsse, dass man die russischsprachigen Bewohner im Osten der Ukraine gegen die schlimmen ukrainischen Nazis verteidigen müsse. Denn für die, die daran glaubten, lag offen zutage, dass die gegenwärtige Führung unfähig war, diese Vision zu realisieren. Und so waren sie natürlich bereit, jeden wie einen Gott zu verehren, von dem sie meinten, dass er genau das schaffen könnte.

Schoigu fühlte sich also sicher. Einen neuen erfolglosen Verteidigungsminister konnte Putin nicht brauchen, so einen hatte er ja schon. Einen erfolgreichen brauchte er aber auch nicht, denn der wäre für ihn selbst zu einer großen Gefahr geworden. Und Schoigu fühlte sich umso sicherer, je heftiger Prigoschin die russische Militärführung attackierte, je stärker er sich bemühte, von Putin gehört zu werden. Als Prigoschin dazu überging, nicht mehr nur einzelne Mängel im Verteidigungsministerium zu kritisieren, sondern das Ganze, die allgemeine Korruption, die systemische Ineffektivität und schließlich auch Putin persönlich, schaufelte er sich damit sein eigenes Grab. Prigoschins gescheiterter 24-Stunden-Putsch Ende Juni 2023 war nur mehr der Schlusspunkt in der Reihe vergeblicher Bemühungen, Putin zu erreichen und die Lage zu seinen Gunsten zu wenden. Aber er hatte nie die kleinste Chance.

Prigoschins Aufstand vom 24. Juni kam nicht aus dem Nichts, tatsächlich hatte ihn Schoigu provoziert. Er nutzte seine Stellung in der Machtvertikale, die Möglichkeit, Putin regelmäßig persönlich zu sprechen und mit den richtigen Informationen zu versorgen, um seinen Gegner auf bürokratischem Wege auszuschalten. Mitte Juni verkündete Putin einen Erlass, durch den ab dem 1. Juli 2023 alle privaten Söldnertruppen aufgelöst wurden. Ihre Angehörigen wurden verpflichtet, neue Verträge mit dem Verteidigungsministerium abzuschließen und künftig unter der Führung der regulären Armee zu kämpfen. Das bedeutete das Ende der »Gruppe Wagner« in der Form, in der Prigoschin und Utkin sie aufgebaut hatten.

Dieser Erlass, an dem der Verteidigungsminister mitgeschrieben hatte, war der unmittelbare Auslöser für Prigoschins Rebellion. Aber natürlich hatte Prigoschin überhaupt keine Chance, diesen Zweikampf zu gewinnen. Er besetzte das militärische Hauptquartier in Rostow am Don und marschierte mit ein paar Tausend seiner Söldner 1200 Kilometer weit in Richtung Moskau. Einziger Effekt waren einige Stunden allgemeiner Panik, dann sicherte die russische Armeeführung die Zugangswege nach Moskau, nahm Verbindung mit Prigoschin auf und machte ihm klar, dass sein Vormarsch sinnlos war. Man bot ihm ein Gentlemen's Agreement an, das er nicht ablehnen konnte. Seine Privatarmee sollte das russische Staatsgebiet verlassen, zuerst nach Belarus als Zwischenstation, und sich dann ganz zu seinen afrikanischen Projekten zurückziehen. Ihm selbst wurde Straffreiheit und persönliche Sicherheit garantiert. Putin hat nie die Absicht gehabt, Wort zu halten und die gegebenen Sicherheitsgarantien auch zu erfüllen. Prigoschins Tage waren gezählt.

Als sich die erste Aufregung nach der gescheiterten Rebellion gelegt hatte, gab sich Putin sehr sachlich und pragmatisch. In diesen Zeitraum zwischen Prigoschins Marsch Ende Juni bis zu seiner Ermordung Ende August datiert noch ein weiteres wichtiges Ereignis, das in den Medien weithin unbeachtet blieb. Mitte Juli wurde Igor Girkin »Strelkow« verhaftet, und zwar auf Grundlage jenes neuen Paragrafen im Strafgesetzbuch, nach dem so vielen oppositionellen Politikern der Prozess gemacht wird, nämlich unter dem Vorwurf der Diffamierung der russischen Armee (und nicht etwa wegen der tatsächlich von ihm begangenen Kriegsverbrechen). Die Verhaftung von Strelkow war für Putin ein wichtiger Test, denn Strelkow sprach in seinen öffentlichen Auftritten ja genau dasselbe Publikum an wie Prigoschin. Er war ein markantes Sprachrohr der zornigen Patrioten, die meinten, dass der Krieg gegen die Ukraine ein gerechter Krieg sei, die aber die Auffassung vertraten und verbreiteten, dass die Art, wie Putin und seine Generäle diesen Krieg führten, nie zum gewünschten Ziel führen würde.

Strelkows Verhaftung erzeugte einigen Wirbel auf Telegram, aber keinen realen Widerstand, es gab keine Demonstrationen, niemand ging für ihn auf die Straße. Es zeigte sich, dass die zornigen Patrioten, die Putins Propaganda zufolge angeblich so zahlreich waren und von Abermillionen Bürgern unterstützt wurden, in Wahrheit nur ein virtuelles Konstrukt waren. Es gab gar keine große Partei der Patrioten, und schon gar nicht waren diese – im Unterschied zur demokratischen Anti-Putin-Opposition – fähig, sich effektiv zu organisieren und die Leute auf die Straße zu bringen. Zur Gerichtsverhandlung gegen Strelkow fanden sich gerade einmal drei Dutzend seiner ehemaligen Kampfgefährten ein.

Putin wusste nun, dass ihm die Abrechnung mit Prigoschin politisch nicht schaden würde. Er konnte bedenkenlos zur Tat schreiten. Unter einem Vorwand lockte man Prigoschin aus Afrika nach Russland, angeblich zu irgendwelchen Verhandlungen, und sprengte kurzerhand sein Flugzeug in die Luft. Mit dieser demonstrativen Hinrichtung zeigte Putin einerseits seine Stärke und Brutalität, seine erklärte Absicht, das Land weiter nach dem alten Modell zu regieren, dem Modell eines Mafia-Staates. Er hatte getan, was jeder Mafia-Boss tun würde, sollte einer seiner Leute es wagen, seine Autorität infrage zu stellen. Andererseits aber zeigten sich damit auch anschaulich die fundamentalen strukturellen Probleme des putinschen Systems, in dem alles auf der persönlichen Loyalität zum Anführer aufgebaut ist, nicht auf fachlicher Kompetenz, auf uneingeschränkter Korruption statt auf praktischer Effektivität.

Im oppositionellen Segment der russischsprachigen sozialen Netzwerke herrschte in diesen 24 Stunden, während die Panzerkolonne der »Gruppe Wagner« sich von der Stadt Rostow am Don auf Moskau zubewegte und unterwegs Hubschrauber und Flugzeuge der russischen Streitkräfte abschoss, völlige Konfusion. Das war doch seltsam. Absolut niemand wusste, was man in dieser Situation tun sollte. Auf der einen Seite begrüßte man, dass es plötzlich doch jemand gewagt hatte, mit Waffen gegen Putin zu rebellieren, auf der anderen Seite war dieser Jemand aber ein berüchtigter Gewaltverbrecher und Menschenfresser, den nicht wenige für noch schlimmer als Putin selbst hielten. Die einen sagten sich, wir warten lieber erst mal ab; andere, wie Xenia Sobtschak, Fernsehstar und Sparringpartnerin von Wladimir Putin, die bei den Wahlen 2018 liberale Opposition gespielt hatte, riefen dazu auf, sich geschlossen hinter Putin zu stellen. Wenn diese bewaffnete Meuterei Erfolg haben sollte, sagte sie, hätte dies das denkbar schlimmste Szenario für Russland zur Folge. Der ehemalige Oligarch Michail Chodorkowski hingegen rief seine Anhänger dazu auf, Prigoschin jede mögliche Unterstützung zu geben, seine Kolonne mit Diesel zu versorgen oder sogar mit Waffen.

Viel Kritik ging in den sozialen Netzwerken an die Adresse der traditionellen politischen Opposition, der man Untätigkeit vorwarf und überhaupt, nicht getan zu haben, was längst hätte getan werden müssen. Ihr da mit eurer Antikorruptionsstiftung, riefen sie, befasst euch die ganze Zeit nur mit irgendwelchen Recherchen oder Analysen, jetzt könnt ihr von Prigoschin lernen, wie man Putin wirklich stürzen kann.

Aber wir sahen bereits, dass Prigoschins Aufstand zum Scheitern verurteilt war. Wir zweifelten nicht daran, dass Putin mit diesem Marsch auf Moskau mühelos fertigwerden würde. Uns war auch klar, dass damit ein neues Kapitel der politischen Geschichte begann: Andere würden sich finden, die sich gegen

Putin erheben wollen, die vielleicht aus Prigoschins Fehlern lernen werden und ihre Rebellion nicht in Rostow am Don, sondern gleich in Moskau beginnen; und sie würden nicht erst lange Reden auf Telegram halten, sondern sofort schnell und entschlossen gegen den Führer selbst agieren, bevor dieser sich besinnen kann und Gegenmaßnahmen trifft. Eine Palastrevolution heißt ja deshalb so, weil sie für gewöhnlich innerhalb der Paläste stattfindet.

Durch das Scheitern von Prigoschins Rebellion hat Putin nichts gewonnen, auch nicht durch die blutige Abrechnung mit ihm, die zwei Monate später erfolgte. Natürlich hat er Stärke zu zeigen versucht, de facto aber ist er zweifellos geschwächt, und diese Schwäche kommt aus den strukturellen Veränderungen innerhalb der russischen Gesellschaft. Deshalb setzten wir ja in all den Jahren konsequent auf diese eine Strategie, mit allen uns zur Verfügung stehenden Ressourcen jede Gelegenheit zu nutzen, um Putins Regime zu schwächen und die Bevölkerung wachzurütteln. Indem wir den Menschen immer wieder die maßlose Korruption und extreme Ineffizienz demonstrierten, indem wir ihnen anschaulich vorführten, dass Regierung und Eliten nicht im Interesse des Volkes handeln, sondern in krasser Form im Widerspruch dazu. Natürlich hat sich mit Beginn des Krieges gegen die Ukraine unsere politische Agenda auf dieses Thema ausgeweitet, aber vor allem in dem Sinn, dass wir den Millionen Menschen, die wir über unsere Informationskanäle erreichen, verdeutlichen, dass dieser Krieg, den Putin in ihrem Namen führt, nicht in ihrem Interesse geführt wird, sondern ganz im Gegenteil.

Wir wussten, dass diese Strategie bei der Bevölkerung Wirkung zeitigen wird, dass der politische Druck auf Putins Regierung immer weiter wächst, dass dies früher oder später zu ernsthaften Krisen führen wird und dass Putin eine dieser Krisen schließlich nicht mehr in den Griff bekommen wird. Im

Juni 2023 kam so eine schwere Krise. Prigoschin nutzte die gleiche Rhetorik der Kritik an Korruption und Ineffektivität und wandte sie gegen die Zentrale der Macht selbst, vor allem gegen das Verteidigungsministerium und die führenden Generäle, die im Kreml hockten und von der Realität an der Front keine Vorstellung hatten. Der Boden war offenbar gut bereitet. Widerstandslos konnte Prigoschin in eine russische Großstadt einmarschieren und das Hauptquartier der Armee in Rostow am Don besetzen. In ganz Rostow fand sich nicht einer, der bereit gewesen wäre, für Putin in die Bresche zu springen. Im Gegenteil, viele Schaulustige kamen auf den zentralen Platz der Stadt, um Prigoschin Beifall zu zollen. Die örtlichen Exekutivorgane jeder Ebene, Polizei, FSB, Nationalgarde, alle machten sich schleunigst aus dem Staub. Mit seinem politischen Spürsinn hatte Prigoschin offenbar gewittert, dass es in der Gesellschaft ein Verlangen nach einer Führungspersönlichkeit gab, die gegen Moskau, gegen die Korruption und die korrupten Eliten vorging, und er wollte dieser Führer sein.

Er hat sich fatal überschätzt. Aber sein gescheiterter Aufstand hat doch gezeigt, dass die Gesellschaft einen Wandel will, dass sie reif ist für Veränderung. Und das kam nicht aus dem Nichts, sondern wurde vorbereitet durch die zähe und konsequente Arbeit der oppositionellen Kräfte, nicht zuletzt durch die Arbeit von Nawalnys Team und seiner Antikorruptionsstiftung. Deshalb klangen all die Kommentare in den sozialen Netzwerken, die uns erzählen wollten, was man alles nicht gemacht hatte und was man hätte tun sollen, für mich ein wenig sonderbar. Denn es war genau das geschehen, worauf wir hingearbeitet hatten – auf die letzte, entscheidende Krise.

Es ist durchaus möglich, dass nach Putin ein noch schlimmerer Putin seinen Platz einnimmt und die Lage für einige Zeit noch chaotischer sein wird als zuvor. Aber das soll uns keine Angst machen. »Putinland« ist ein autokratischer Mafia-

Staat, alle Macht ist bei einer Person konzentriert. Aber wer immer vorübergehend Putins Platz einnehmen sollte, es wird ein Soldatenkönig, ein Kalif für eine Stunde sein, denn es wird sofort ein gnadenloser Machtkampf einsetzen, Putins Consiglieri werden alle den gleichen Anspruch auf die Rolle des Padrone erheben. Darin liegt unsere Chance. Mit der letzten Krise, die Wladimir Putin selbst vernichtet, wird auch das System Putin aufhören zu existieren. Diese Krise herbeizuführen und zu verschärfen, das ist unsere Strategie gewesen, und das wird sie bleiben.

Dank

An erster Stelle möchte ich meiner Frau Anna und meinen Kindern Mark und Maja meine tief empfundene Dankbarkeit zum Ausdruck bringen. Ich weiß, so etwas schreiben fast alle Autoren fast aller Bücher über ihre Familie. Aber in meinem Fall hat es doch eine besondere Bedeutung, und dazu möchte ich ein paar Worte sagen.

Am 7. November 2017 um 2.15 Uhr morgens wurde in Moskau unser Sohn Mark geboren. Schon um 7.00 Uhr verließ ich die Klinik und fuhr direkt zum Flughafen, weil ich um 12.00 Uhr in Nischni Nowgorod vor Gericht erscheinen musste. Ich war wieder einmal wegen der Organisation einer gesetzwidrigen Demonstration angeklagt, das heißt wegen meiner Tätigkeit als Leiter des Wahlkampfteams von Alexei Nawalny. Im Herbst 2017 befand sich Alexei auf Wahlkampftour durch die Regionen, geplant war eine Serie von etwa vierzig Auftritten in den größten Städten Russlands. Die ersten Veranstaltungen waren sehr erfolgreich verlaufen, in jeder Stadt konnten wir viele neue Anhänger gewinnen.

Dann beschloss man im Kreml, das Ganze zu beenden. Anfang Oktober, genau einen Tag vor der Veranstaltung in Nischni Nowgorod, einer Millionenstadt 400 Kilometer östlich von Moskau, zog der dortige Bürgermeister die Genehmigung für die Kundgebung, die auf einem Platz im Zentrum stattfinden sollte, ohne Angabe von Gründen zurück. Eine solche Absage ist selbstverständlich sogar nach russischer Rechtsprechung gesetzwidrig. Und wir konnten auch gar nicht mehr zurück, wir hatten schon viel Geld investiert, für die Logistik, die Bühnenmiete und die Tontechnik, für Werbung und die Information unserer Anhänger. Außerdem war uns klar, wenn wir uns jetzt durch dieses Verbot tatsächlich davon abhalten ließen, die Veranstaltung durchzuführen, dann stünde uns in den anderen Städten das Gleiche bevor. Deshalb fuhr ich trotz des Verbots zu besagtem Platz, um die Vorbereitungen anzuleiten, außerdem wollte ich die Sache mit der Polizei vor Ort zu regeln versuchen. Dies endete mit meiner Verhaftung wegen des Versuchs der »Organisierung einer nicht genehmigten Demonstration«. Basis der Anklage war der Umstand, dass die Mietverträge für die Rednertribüne und die Licht- und Tontechnik von mir unterschrieben waren.

Am folgenden Tag wurde ich aus dem Polizeirevier entlassen mit der Auflage, am 7. November in Nischni Nowgorod vor Gericht zu erscheinen. Gleich zu Beginn des Prozesses fragte mich der Richter Sweschnikow, bekannt für seine rigide Einstellung gegenüber der Opposition, nach meiner familiären Situation.

Ich antwortete nicht sofort. Dies war keineswegs mein erster Prozess, ich kannte das Prozedere, und diese Frage hatte ich schon etliche Male beantwortet. Aber diesmal war es mir unangenehm, wie ein Coming-out, als ich sagen musste: »Euer Ehren, vor wenigen Stunden wurde mein Sohn geboren.« Richter Sweschnikow fragte mich daraufhin, ob ich beantragen wolle, die Verhandlung zu vertagen. Das tat ich. Und er erlaubte mir, an diesem Tag nach Moskau zurückzukehren.

Wenn Sie jetzt glauben, das sei eine nette Geschichte darüber, dass auch ein besonders hartherziger Richter noch etwas Menschliches an sich habe, muss ich Sie enttäuschen. Drei Wochen später brummte mir Sweschnikow die Höchststrafe auf: dreißig Tage Ordnungshaft. Später musste ich noch einmal für einen Monat in Haft wegen einer anderen Kundgebung. Ein

Retweet von mir hatte genügt, um mich als deren Organisator auszumachen. So kam es, dass ich von Marks erstem halben Lebensjahr, als meine Frau meine Hilfe ganz besonders gebraucht hätte, fast die Hälfte der Zeit hinter Gittern verbrachte. Der Gedanke daran, dass ich während dieser wichtigen Monate nicht bei meiner Frau und meinem kleinen Sohn sein durfte, tut noch immer sehr weh.

Als wir im Sommer 2021 erfuhren, dass Mark bald eine kleine Schwester bekommen sollte, freuten wir uns umso mehr, weil wir glaubten, dass ihre ersten Lebensmonate ruhig verlaufen würden. Die Corona-Epidemie machte uns ja alle zu Stubenhockern, diesmal wollte ich nichts von der frühesten Entwicklung des Säuglings verpassen. Niemand konnte ahnen, dass Maja eben in dem Moment geboren wurde, als in Europa ein verbrecherischer, grauenhafter Krieg zu toben begonnen hatte.

Dieser Krieg zwang uns, das Team Nawalnys, viele unserer Projekte aufzugeben, stattdessen stemmten wir uns nun sieben Tage die Woche rund um die Uhr gegen die Kreml-Propaganda. Wir mussten das Informationsvakuum füllen, das Putin geschaffen hatte, indem er in den ersten Tagen des Krieges alle unabhängigen russischen Medien verbot. Damit wurden wir selbst zum größten unabhängigen Medium russischer Sprache, das der staatlichen Propaganda entgegenwirkte und Millionen unserer Landsleute die Wahrheit über den Krieg erzählte. Diese gewaltige Aufgabe brachte es mit sich, dass wir alle, meine Kollegen und ich, noch weniger Zeit für unsere Familien hatten.

Genau in dieser Situation erhielt ich das Angebot, ein Buch über Putin, Nawalny und Russland zu schreiben. Das erste Gespräch mit dem Verlag Droemer Knaur fand am 10. März 2022 statt, wenige Tage vor Majas Geburt. Mir war klar, was das für die Familie bedeutete, was für eine zusätzliche Last meine Frau zu tragen hätte und wie dieses Projekt in unser Leben eingreifen würde. Doch Anna zögerte nicht eine Sekunde, sie willigte sofort ein. Sie war vollkommen überzeugt davon, dass ich die Aufgabe bewältigen würde und dass es wichtig und notwendig sei, die Geschichte dieses Buches gerade jetzt der Welt zu erzählen.

Ich kann meiner Familie die Monate nicht zurückgeben, in denen ich das alles unter einen Hut zu bringen versuchte: meine normale Arbeit, die Arbeit an unserem neuen Medium, die Arbeit am Buch und, last but not least, ins Bettchen bringen und Windeln wechseln; ein kleiner Trost war, dass ich diesmal wenigstens nicht hinter Gittern saß. Möglich war das alles nur, weil meine Familie mich die ganze Zeit hindurch bedingungslos unterstützte. Ohne das wäre dieses Buch niemals entstanden. Man kann sagen, es war einige Monate lang unser drittes Kind.

* * *

Im Herbst 2018 verbrachte ich ein unglaublich interessantes Semester an der Yale University, wo ich am Yale World Fellows Program teilnahm. Im Rahmen dieses Programms organisierte ich ein Seminar für einige Studenten der Universität, die sich für die aktuelle russische Politik interessierten. Ich hielt etwa ein Dutzend Vorlesungen, die ich auch aufzeichnete. Damals dachte ich zum ersten Mal darüber nach, dass aus meinem Material vielleicht ein Buch entstehen könnte, über den traurigen Weg Russlands von der »Beinahe-Demokratie« der Neunzigerjahre bis zu Putins totalitärer Diktatur heute. Meine Studenten Timothy Rawlinson, Hannah Wood, Sandy Pecht, Riley Tillitt und Anastasia Posnova bestärkten mich in dieser Idee, und die zahlreichen Fragen, die sie mir im Verlauf des Seminars stellten, waren extrem hilfreich dabei, das Material zu strukturieren und für Leser aufzubereiten, die nicht viel Detailwissen vom politischen Leben in Russland haben.

Jekaterina Moschonkina, mit der ich mehrere Jahre lang in Alexei Nawalnys Wahlkampfteam zusammenarbeiten durfte, hat mir selbstlos dabei geholfen, meine Vorlesungen zu lektorieren und zu ergänzen. Damals, im Jahr 2019, gelang es nicht, aus den vorhandenen Texten ein Buch zu machen. Ein wahnsinnig anstrengender Arbeitstag, dazu die ganzen Strafprozesse und der Umzug von Russland nach Litauen – es kam einfach nicht dazu. Aber ohne die Vorarbeit mit meinen Studenten in Yale und mit Jekaterina wäre dieses Buch hier nicht möglich gewesen.

* * *

An fast allen russischen Schulen steht Englisch auf dem Lehrplan. Allerdings ist der Unterricht in der Regel so schlecht, dass ein normaler Schulabgänger kaum in der Lage ist, irgendetwas über sich selbst auf Englisch zu erzählen oder auch nur in einem Restaurant eine Bestellung aufzugeben. Der Zufall wollte es, dass die Schule nahe unserer Wohnung in Jekaterinburg die einzige Schule der Stadt war, in der als Fremdsprache Deutsch angeboten wurde. Und der Unterricht war auch noch grundsolide. Ich habe das immer als ein großes Glück empfunden. Englisch musste ich ohnehin lernen, denn ohne Englisch kommt man weder in der IT-Branche, in der ich zwölf Jahre lang tätig war, noch in der internationalen Politik irgendwie voran. So hat mich die deutsche Sprache von Kindheit an begleitet. Und nicht nur die Sprache, sondern auch das Interesse an der deutschen Gesellschaft und Kultur.

Viele meiner Mitschüler hatten deutsche Brieffreunde, mit denen sie sich regelmäßig austauschten. Und auch ich hatte einen: Klaus Hanselmann aus Calw in der Nähe von Stuttgart.

Wir schrieben uns viele Jahre lang. Calw war dann auch das Ziel der ersten Westeuropareise in meinem Leben. Das war im September 1993. Diese Reise hat mich tief beeindruckt, so gewaltig war der Kontrast zwischen dem Leben in Baden-Württemberg und dem ärmlichen Alltag im mittleren Ural. Ich glaube, dieser Aufenthalt hat in vielerlei Hinsicht auch meine politische Einstellung geprägt, meine tiefe Überzeugung, dass die Menschen in Russland so viel besser leben könnten und dass nur der europäische Weg unserem Land eine Zukunft eröffnet.

* * *

Im Studienjahr 1995/96 war mein Vater als Stipendiat der Alexander-von-Humboldt-Stiftung Gastprofessor an der Technischen Universität Dresden. So verbrachte unsere ganze Familie ein Jahr in der sächsischen Hauptstadt. Ich war damals in der zehnten Klasse. Den Unterricht an meiner russischen Schule setzte ich im Fernunterricht fort und besuchte gleichzeitig das Martin-Andersen-Nexö-Gymnasium in Dresden-Blasewitz, eine ganz ausgezeichnete Schule mit Schwerpunkt Physik und Mathematik. Es mag erstaunlich klingen, aber ebendort hat man mir beigebracht, zu schreiben und meine Gedanken auf Russisch auszudrücken. Der Lehrplan meiner Schule in Jekaterinburg sah viele Stunden im Fach Russische Sprache und Literatur vor, aber alles, was wir dort lernten, war, die Regeln der Grammatik richtig anzuwenden und die Klassiker der russischen Literatur nachzuerzählen. Im Deutschunterricht an der Dresdner Schule hingegen lehrte uns die Klassenlehrerin Frau Krause, selbsttätig zu denken und eigene Gedanken über das Gelesene zu formulieren.

Klaus und seinen Eltern, all den anderen wunderbaren Menschen in Calw, die wir vor dreißig Jahren kennengelernt haben, und meinen Mitschülern in Dresden möchte ich meinen Dank sagen. Sie haben mit ihren Anteil daran, dass dieses Buch auf Deutsch entstanden und erschienen ist.

* * *

Alexei Nawalny ist nicht nur mein Kollege, nicht nur der politische Kopf unseres Teams, sondern darüber hinaus ein enger Freund von mir und ein Vorbild für mich. Das ist eine heikle Kombination: Unsere Projekte verlangen bisweilen kontroverse Debatten einerseits und klare Unterordnung andererseits, was jede Freundschaft und Kollegialität auf Augenhöhe enorm strapazieren kann. Es zeichnet Nawalny – unter anderem – aus, dass sich dennoch niemals wirklich ein Problem daraus ergibt. Ich bin stolz darauf, dass wir seit nunmehr elf Jahren zusammenarbeiten und so vieles gemeinsam durchgestanden haben, und ich glaube daran, dass Alexei Nawalny eines Tages Präsident Russlands sein wird. Aber vor allem glaube ich daran, dass dies für Russland ein Segen sein wird. Ich hoffe, dass Sie diese Überzeugung mit mir teilen werden, wenn Sie dieses Buch gelesen haben.

Alexei Nawalny und Julia Nawalnaja, unseren Freunden und Vorbildern, bin ich dankbar für die Inspiration und die vielen Jahre der Freundschaft. Ich bin überzeugt, dass noch viele gute Jahre der gemeinsamen Arbeit vor uns liegen und dass wir sie in dem freien, wunderbaren Russland der Zukunft verbringen werden.

* * *

Die letzten Jahre waren für meine Familie und mich sehr schwierig. 2019 waren wir gezwungen, Russland eilig zu verlassen. 2020 wurde Alexei Nawalny vergiftet. 2021, nach seiner

Verhaftung, lastete plötzlich eine riesige Verantwortung auf mir, die ich nicht gesucht hatte und auf die ich nicht wirklich vorbereitet war; ich musste die Verantwortung für die politischen Projekte unserer großen Organisation übernehmen und auf internationaler Bühne ihre Interessen vertreten.

Ohne die beständige herzliche und bedingungslose Unterstützung meiner Verwandten und Freunde hätte ich das unmöglich geschafft. 2014, nach der Annexion der Krim, und 2022, als Putin neuerlich einen Krieg gegen die Ukraine begann, kam es in vielen russischen Familien zu ganz unterschiedlichen Bewertungen und damit vielfach auch zu persönlichen Verwerfungen. Vielen meiner Freunde erging es ebenfalls so, auch vielen Menschen an ihren Arbeitsplätzen. In meinem Umfeld blieb ich davon verschont. Alle meine Familienmitglieder, alle meine engen Freunde, alle Mitglieder unseres Teams hielten zu mir und unterstützten mich, und je schwieriger es wurde, desto stärker wurde diese Unterstützung.

Ich kann an dieser Stelle nicht alle Personen aufzählen, deren Zugewandtheit mir in diesen Jahren half, weiterzumachen. Ihre Namen würden Seiten füllen. Dennoch möchte ich, neben meinen Eltern, meinem Bruder und allen meinen Kollegen aus der Antikorruptionsstiftung noch einigen Menschen besonders danken: Grigori Powarow und Aljona Powarowa, Roman Tschernin und Jelena Tschernina und meinen beiden wunderbaren weisen Freunden und Mentoren Rabbiner Schimon Lewin und Rabbiner Motl Gordon.

* * *

Zu guter Letzt gebührt ein riesiges Danke für die Realisierung dieses Projektes dem Verlag Droemer Knaur. So ganz kann ich immer noch nicht begreifen, wie ich mich bereit erklären konnte, bei diesem Abenteuer mitzumachen. Aber fest steht, dass dieses Buch nur zustande gekommen ist, weil Ilka Heinemann und Thomas Blanck an mich geglaubt haben. Und sie haben mich dazu gebracht, selbst daran zu glauben, dass ich dieses Buch schreiben kann. Aber der Glaube allein hätte nicht gereicht, der Prozess musste auch so organisiert werden, dass aus meinen spontanen und sprunghaften Gedankengängen ein zusammenhängender und strukturierter Text in deutscher Sprache entstand. Diese Aufgabe übernahmen Olga Kouvchinnikova-Hoppmann und Ingolf Hoppmann und Jan Strümpel. Und sie haben diese Arbeit glänzend erledigt.

Alexei Nawalny

SCHWEIGT NICHT!

Reden vor Gericht

Der russische Dissident Alexei Nawalny ist die herausragende Stimme im Kampf gegen Korruption, staatliche Willkür und Menschenrechtsverletzungen. Seine Reden vor der Verurteilung zu mehrjähriger Lagerhaft legen Zeugnis ab von seinem unerschütterlichen Glauben an eine freie und gerechtere Welt.

»Nawalny steht in einer Reihe mit vielen mutigen Menschen überall auf der Welt, die ein sehr großes persönliches Risiko auf sich nehmen, um für die Wahrung der Menschenrechte einzustehen.«
Gerhart Baum

Mit einem Vorwort von Gerhart Baum und den Reden im russischen Original.

DROEMER

Wolodymyr Selenskyj

REDEN GEGEN DEN KRIEG

»All dies geschieht vor den Augen der ganzen Welt.«
Wolodymyr Selenskyj

Seit dem russischen Überfall auf die Ukraine wendet sich der ukrainische Präsident Wolodymyr Selenskyj mit Ansprachen an sein eigenes Volk und die Weltöffentlichkeit. Seine Reden zeichnen ein eindrückliches Bild des Krieges in seiner menschenverachtenden Brutalität und legen Zeugnis ab: vom Widerstand gegen den übermächtigen Aggressor und den Fehleinschätzungen des Westens. Ein leidenschaftlicher Appell für den Frieden und die Freiheit.

DROEMER

Udo Lielischkies

IM SCHATTEN DES KREML

Unterwegs in Putins Russland

Seit Wladimir Putin 1999 an die Macht kam, berichtete Udo Lielischkies als ARD-Korrespondent aus dem riesigen Land. In dieser Zeit hat er nicht nur die russische Politik, sondern auch den Wandel des russischen Lebens unter Putin hautnah miterlebt. Udo Lielischkies erzählt von seinen Erlebnissen zwischen Kreml und russischer Provinz und vor allem von den stillen Helden in den Weiten Russlands. Ein einzigartiges Bild des facettenreichen wie widersprüchlichen Landes.

»Udo Lielischkies ist wie kein Zweiter in die entlegensten Winkel fernab von Moskau gefahren, um Russland verstehen zu lernen. Nicht mit Vorurteilen bepackt, sondern als einer, der wirklich Antworten sucht. Sein Buch ist ein beeindruckend authentischer Bericht über dieses Land.«
Christian Neef

Mit einem aktuellen Vor- und Nachwort zum russischen Überfall auf die Ukraine.

DROEMER

Mark Urban

RUSSLANDS NEUER SPIONAGEKRIEG

Putins langer Arm in den Westen

Ein weltpolitisches Duell im Verborgenen

Bespitzelung, Infiltration, ja sogar Mordanschläge – das sind die Waffen, mit denen Russland seit Jahren einen Schattenkrieg gegen den Westen führt. Das Ziel der Geheimdienste unter Führung Wladimir Putins: Sie wollen Russlands Stellung als globale Supermacht zurückerobern. Jüngstes Beispiel dafür ist der eiskalte Giftanschlag auf den Ex-Doppelagenten Sergej Skripal und seine Tochter, der die Welt erschütterte.

Mit exklusivem Zugang zu Skripal und zu unzähligen Informanten führt Investigativjournalist und Bestsellerautor Mark Urban tief hinein ins finstre Herz der russischen Geheimdienste. Seine minutiöse Recherche legt die Hintergründe, Strategien und Taktiken des neuen Spionagekriegs zwischen Moskau und dem Westen offen. Und ist dabei spannender als jeder Thriller.

»Lückenlos recherchiert, wichtig, rechtzeitig
und ernüchternd ehrlich.«
John le Carré